經典對話系列 4

四種哲學對話

Four Religious Philosophy

儒、釋、道與基督教

主編 何光滬 許志偉

目錄

知識論（認識論）

知識的對象與可能性；知識的方法或途徑；
知識的性質與限度

本體論（本根論）

宇宙之本源：「道」、「天」、「眞如」、「上帝」等等之實在與空無；
「道」、「天」、「眞如」、「上帝」等等之內在與超越

神性論（道論、天論、佛性論）

「道」、「天」、「佛性」、「上帝」等之性質；神人關係（天人關係等）；

絕對性與終極性

結語

致台灣讀者

何光滬

　　為了給這兩本書的台灣版寫這篇短序，我把在大陸初版時所寫的那兩篇「序」讀了一遍，讀後不禁感慨萬端！

　　在第一篇「序」中，我提到文化衝突會引發戰爭悲劇，為了避免悲劇發生，不同的文化傳統必須增加相互的理解，進行真誠的對話。

　　後來，出現了「九一一」悲劇；現在，又發生了伊拉克的戰爭！

　　如果把這些事件解釋為「文明衝突」，就可能會導致這樣的結論：衝突最終的根源既然是文明之間的差異，這麼重大複雜的差異又無法消除，那麼，衝突當然不可避免，我們就只好坐等悲劇發生！對惡事無所作為就在助長惡事，所以，這種結論會導致亨廷頓(Samuel Huntington)警告過的可能性——「惡的預言」的「自我實現」(self-fulfilling)！

　　所以，我們絕不應該做出這樣的解釋！這個「絕不」，不僅僅符合「善」的要求，而且也符合「真」的事實——不論是「九一一」事件，還是伊拉克戰爭。根源都在於政治上的衝突，恐怖主義和伊拉克問題，是中東政治的直接產物。文化或宗教的差異也許是其中的原因之一，但絕對不是主要的原因。如果把圍繞中東的複雜多變的政治，完全歸因於文化和宗教的衝突，那就無法解釋：為什麼同樣都是穆斯林，巴勒斯坦人大量死於約旦人的槍下（1970年代），什葉派伊拉克人大量死於薩達姆的鎮壓（1991年和以前）；為什麼同樣都是穆斯林，伊拉克人要攻打伊朗人（1980—1988），接著又殺掠科威特人（1990—1991）。同樣也無法解釋：為什麼作為基督教主導的國家，美國要出兵幫助回教國家科威特（1991），還要出兵幫助波斯尼亞

和科索沃的回教徒（1990年代後期）；為什麼作為回教主導的國家，巴基斯坦要幫助美國（「九一一」以後），海灣各國也幫助美國（現在）。如果僅僅從文化或宗教差異來解釋衝突，我們甚至會無法解釋，為什麼屬於同一文化圈的海峽兩岸，有不少人彼此缺少互信、存有誤解！另一方面，不同文化和宗教之間和平共處的事實，比比皆是，同一文化和宗教內部衝突紛爭的事實，也俯拾即是。

所以，儘管會減少這兩本書的份量或重要性，我還是要說，現在世界上的衝突，多半都是由於政治的差異，而不是文化和宗教的差異！

不過，這絕不是說「對話」就不再需要了，因為，不同文化和宗教的和平共處，也是廣義「對話」的結果；因為，我至少現在沒有放棄「對話二」結尾處的觀點：「對話意味著生命，對抗意味著死亡。」我的意思只是說，從現實情況來看，比文化對話和宗教對話更加迫切的需要，是政治對話。也許，對世界各國而言，都是如此。

我的「感慨萬端」，還由於大陸版的第二篇〈序〉。在那篇〈序〉中，我提到「在這個手足相依、唇亡齒寒的時代，人類卻在你爭我奪、自相殘殺」，「作為整體的人類正在自戕、自殺」；又提到作為人類整體的病因和險境，有六大類的幾十個難題需要解決。這些問題既彼此糾結，又生死攸關，既深刻複雜，又迫在眉睫。這些問題的解決，固然不可能依靠一本小書，不可能依靠一群書生，然而，我們離那時定下的小得多的目標——闡明儒、釋、道和基督宗教對這些問題的基本態度，也還相差十萬八千里！因為，我們的力量的確太小了！

新世紀伊始的悲劇表明，這些問題已經更加迫在眉睫、更加生死攸關了！我想，大家都很明白，這些問題的解決，需要的是千百萬人的努力，千百萬人的智慧。但是，我們不能等待別

人，因為那樣的話，結果可能是人人都在相互等待，而問題卻在積累；我們也不能等待上帝，因為古話說得好：天助自助者（God helps those who help themselves）！

由於這種種理由，我要把種種愧疚丟在一邊，在此邀請台灣的讀者，為解決這些問題貢獻智慧！謝謝你們的參與！

2003年4月3日

序

何光滬

關於這本書的緣起、宗旨和主要特點，讀者要得到一個簡明的概述，不妨讀讀下面這封約稿信：

新年好!

當今，人類文化在物質層面日益趨同，制度層面日益接近的情勢下，精神層面的差異顯得十分突出。文化的多元並存，本屬正常，亦爲美事，但由之引發對抗、衝突和戰爭，則是令人痛心而應避免的悲劇。悲劇的發生，常常起源於相互的誤解。所以，爲了人類的和平共處，不同的文化傳統必須增加相互的理解，進行眞誠的對話。我想，這是您我都同意的。

由於具有以上的認識，所以，當加拿大不列顛哥倫比亞大學附屬維眞學院中國研究部委託我組編《對話：儒釋道與基督教》一書時，我意識到這會是一部很有意義、很值得大家合力促成的好書，因爲作爲中國人，我們都十分關心以儒釋道爲核心的中國傳統文化同以基督教爲核心的西方傳統文化之間的相互理解和眞誠對話。儘管研究儒釋道和基督教的著述可説是汗牛充棟，但是，著眼於雙方「會而不通」的事實，立足於雙方「需要對話」的現實，努力使自説自話甚至時有對立的雙方坐到一起（進入同一本書和同一些問題之中），以便更切近地相互傾聽而後對話，這樣的做法還是比較獨特，值得一試的。故此，我希望借重於您的聲望、學識和文筆，以助其成。

鑒於這一領域的國際會議所發表的文集，多爲就會議主題撰寫的側重某一專題的專業論文，既不宜顧及問題的系統、基本和全面(這是正確的相互理解所需要的)，也不易得到公眾的注意瞭解和共鳴(這是預期的社會效應所需要的)，所以，這本

書的編輯方針，一是在系統的框架內，把儒釋道三教和基督教
關於一些根本問題的基本觀點盡可能全面地予以羅列（用經典中
的原文說話）；二是對各種觀點的敘述力求客觀、概括，盡量簡
明、扼要，只宏觀地敘述作爲中西文化精神核心的各大宗教（或
具宗教性的哲學）的總體觀點，而不注重一教之中各家各派的區
別劃分，不進行微觀的學術討論。這樣的方針所要求的文章，
對於您這樣本領域內有數的專家來說，當然是有如輕車熟路，
可以如爲遊客指點江山，登高俯瞰，如對學子授課演講，一氣
呵成罷！

　　當然，您會看到，這本書還只以前述宗旨的第一部分，即
「相互的理解」爲目的，因爲它主要以客觀陳述各教觀點爲內
容。我們希望，在這本書「聚焦」似地集中了由海內外著名學
人表述的各教基本觀點之後，大家能閱讀本集內的文章並在續
集內展開比較和討論，從而促進「眞誠的對話」這一宗旨的實
現。

　　切盼您能在百忙中抽一點時間，參與這項富有意義的工作！

中國社會科學院世界宗教研究所

何光滬　1997年元旦

附件一：全書提綱；

附件二：有關事項；

附件三：承諾回執。

　　讀者可以看出，這本書既不是坊間常見的那種發表過的文
章之彙集，也不是那種雖爲未發表的專稿但卻是爲某一會議而
作的論文之彙編。可以說，這是一部由研究四大教[1]的專家按照

1　關於把「儒教」作爲宗教與其他三教並列的理由，詳見「導言」。

2　關於用六個極富哲學色彩的問題來概括宗教觀點的理由，詳見「導言」。

統一體例合力寫成的基本著作。

說它基本，是說它簡明地概述了四大教關於六大基本問題[2]的總體觀點，而這樣做的目的，是要為進一步的「真誠對話」提供「相互理解」這一基本前提。當然，關於四大教的總體觀點，已經有了無數的著作，既有概述，也有詳述，不過，這本書的與眾不同之處，一是把這種概述濃縮在相對於如此龐大的主題來說是很小的篇幅之中，二是各教觀點的概述在寫作時就已瞄準了層次分明的各項問題，從而使各教在同一問題上的異同之處容易凸顯。編者的意圖，正在於以此避免常見的「不對口徑」或「交不上鋒」，即看似熱鬧而其實所談問題互不相關的無聊爭論，從而使得未來的對話能夠客觀而且友好地「對上口徑」，取得實質性進展。此外，還有幾點是需要對讀者作出交待的：

第一、目錄中標明某作者撰寫「某某教觀點」，並不表示該作者必定站在該教信仰的立場上為該教立言，而只表示其作為學者在此介紹的是某某教的觀點而已。事實上，各位作者對其所介紹的各家觀點的認同程度彼此不一，有一些還持有合理的批評態度。

第二、儘管力求敘述客觀，但有些作者有時難免會顯示出自身的理解或立場，它們當然不一定是編者的理解或立場。

第三、儘管編者擬定了界線分明不相重疊的六大論題，但各位作者在論述中仍有少量相互交叉之處，例如寫本體論的作者與寫宇宙論的作者之間，寫神性論的作者與寫人性論的作者（尤其是從佛教觀點撰寫者）之間均有這種現象。這有時是由於作者與編者對問題的理解不同所致，有時是由於某宗教的特點所致（如佛教的佛性論既是本體論又是人性論）。但是編者更看重（也希望讀者更看重）的，是實質內容而不是術語名相。而且，這種現象恰恰表明這些問題的多面性、複雜性和豐富性，

表明對它們的全面表述也需要有心的讀者來參與。

由於本書要談的是極其博大精深的精神文化，而且從內容來說幾乎是人類世界的一大半精神文化，所以我們當然不能奢望它作出完備的反映。也許，它只像某些「微縮景觀」一樣，是一種貧弱可憐的反映，而且，由於其中的介紹常常也只是一家之言，還有可能是走樣失真的反映。儘管如此，每一位作者在百忙中為此書所作的努力和貢獻，仍然是編者要衷心感謝的。這感謝，更多地應是為讀者而發。因為不管怎麼說，這二十四位作者，是在這場對話的長途接力中開了一個頭。

我相信，對於書中涉及的許多問題，有很多的讀者和潛在的參與者會有很多的話要說要寫。正因為如此，讀者從讀者變成作者，從旁觀者變成參與者，乃是編者的最大希望。

1997年9月於北京

導言

一、文化對話的意義、基礎與方法

何光滬（中國社會科學院世界宗教研究所 研究員）

一

人生就是對話。卡西勒（Ernst Cassirer）說人是「象徵的動物」，[1] 然而象徵（或符號）的功能是什麼呢？是交流，是對話。人若是長期無人對話，就會鬱積成疾；若是獨處荒島之上，就會同自己對話，同自然事物對話，同自然背後的力量對話——「與天地參」。因為人的本質在於精神，而精神的本質在於流動和交流；凝固的東西不是精神，正如僵死的東西不再是人。不論是漩渦還是激盪，精神總要流動；不論用言語還是用文字，人總要交流。總而言之，人是在對話中度過一生的，沒有對話就沒有人生。

人又總是結群而居的。結群生活使他同群體內的人相互依存，所以，群體之內的對話從來是必須的、自然的、發達的。這使得群體的內部關係能維持生存所需的和諧。[2] 然而，與此同時，結群生活又使他同本群體以外的人相互隔離，所以，群體之間的對話一直是不發達的、受限制的，而且在許多情況下被視為並非必需。在迄今為止的人類歷史中，情況大致如此。當然，在不同的群體中，在不同層次的群體之間，這種情況的程度各不相同。這方面最為明顯的是，在以往的歷史中，民族群體之內的各層次群體對話較為容易，而民族群體之間的對話則甚為困難。[3] 在技術和其他因素造成的民族之間相互距離很遠，

1　animal symbolicum，見卡西勒所著《人論》，上海人民出版社，1985年，頁34。
2　不能維持這種內部關係和諧的群體是不能生存的。小到家庭破裂的日常經驗，大到（如湯因比所說的）文明滅亡的歷史教訓都證明了這一點。
3　這裡的對話，不是指個人之間親身進行的談話或交談，而是指關於群體的心態、意願、習慣、處境等方面的資訊，不論以何種方式，即使是無意識的，或非計劃的方式（只要是非暴力或和平的方式）所進行的整體性的相互傳達和相互理

相互依賴程度很低的條件下，這種缺乏對話的情況不會威脅到民族群體和人類整體的生存，因為相互關係的缺乏自然也減少了關係和諧的重要性。然而，歷史發展到今天，情況已經發生了質的變化：由於人口的增加、技術（首先是交通和通訊技術）的進步，以及社會、政治、經濟等方面的擴展，各民族之間的相互距離已經大大地縮短了，相互依賴程度已經大大地提高了，這種彼此接近（在一些地區國家甚至是彼此混雜）的程度，已使得相互的瞭解和理解成為必須，使得相互關係的和諧成為民族群體和人類整體存在的必要條件。這特別是因為戰爭技術和大規模毀滅性武裝的出現，致使戰爭從僅僅毀滅部分人類的現象，變成了有可能毀滅人類整體的現象。而戰爭常常來源於民族國家之間的衝突，民族國家之間的衝突又常常來源於對有關民族的心態、意願、習慣、處境等方面情況的誤解，這種誤解則是由於缺乏廣義文化的交流和溝通，即缺乏文化上的相互傳達和相互理解，也就是說，缺乏我們所說的對話。[4] 撇開戰爭這種極度負面和消極的現象不論，再就互利的貿易或經濟合作等正面的和積極的現象而言，它們對廣義文化上的相互瞭解和相互理解的需要，也是十分明顯的。換句話說，在現代世界上，民族群體要繁榮興旺，固然需要文化對話，即使只要平

解。在這個意義上，民族內部即使是等級森嚴的各階級之間，也是有對話的，而兩個民族的個別的個人即使結為好友或親屬，也不說明這兩個民族之間有了對話。

4 的確，正如人們通常所認為的，歷史上戰爭的主要原因在於利益的衝突。然而第一，人們可能忽略了文化衝突的原因在很多戰爭中起著重要作用。第二，現代人類的相互依賴已到了這樣一種程度，使得和平共存成了最大的利益，成了各方共同的利益，這種利益是遏制戰爭的因素。這從反面表明了缺乏文化對話才是戰爭的主要原因如從最近的以巴衝突到波黑戰爭所例證的。在以往，爭奪土地和土地所意味著的各種資源常常是戰爭的原因，而現在越來越多的人已經意識到，取得資源（實質上也就意味著土地）的最好方式是貿易和談判，而戰爭則是成本最高的方式（從第二次世界大戰至今的日本歷史是鮮明的例證之一）。在這種情況下，戰爭就更顯出乃是觀念錯誤而非利益衝突的結果。

安地生存下去，也需要文化對話，對人類整體而言同樣如此。總而言之，人類群體在過去缺少文化對話，從現在起卻必須進行文化對話。沒有文化對話，就沒有人類的未來。

二

所謂文化對話，是指各個不同文化之間的對話。

所謂不同文化，是指各個不同民族的文化。在以往的歷史中，人類分裂為不同的民族，生活在不同的地域，由於不同的自然環境而形成了不同的生活方式，也就是不同的廣義文化。各種文化之間的不同，首先表現為語言的不同。語言是人類存在的基本形式。由於語言的不同，而有思維的方式和習慣的不同，由於思維的方式和習慣的不同，而有對價值的判斷和對世界的看法的不同，而有世界觀和人生觀等等的不同。而語言說到底，不過是用來表徵人類對實在之感受的象徵符號，不過是用來表達人類精神之內容的象徵形式。以語言為基礎形成的人類文化，實際上也就是某種象徵符號的體系或象徵形式的總和。

如果說文化體系呈現的只是外在形式，那麼它的內在本質又是什麼呢？這個問題涉及到文化的這樣一種定義：所謂文化，就是自然的人化，就是人類活動的產物，就是人造的非自然事物的總和。簡而言之，文化是與自然相對的東西，文化就是非自然。然而奇怪的是，文化的創造者即人類，自身乃是自然的組成部分，更確切些說，人除了精神之外的所有部分，本身就是自然事物，而自然事物本身是不可能超越自然的。從這個事實只能得出這樣的結論：文化的起源，乃在於人要超越自然和超越自身這樣一種趨向；文化的動因，乃在於人的非自然部分即人的精神。總而言之，文化形式的最終根源和內在本質，是不同於自然性的那一部分人性，即人的超越精神。

人只要還是人，只要還有精神，就都具有這種超越的精神。人只要還是人，只要不是禽獸，就都具有非自然的或人所特有的生活方式，即文化。換言之，超越精神是人類共同的或同一的特性，也構成了文化共同的或同一的本質。正因為如此，儘管不同的個人和人群處於不同的自然條件下，自然地、必然地會以不同的方式表現這種精神，會與不同的文化形式相聯繫，會在超越精神的推動下創造出不同的文化成果，但在紛紜萬象的外在形式（包括與語言相關聯的不同概念、不同觀念等等）的掩蓋之下，卻有著共同的內在本質。

於是，事情已變得十分清楚：不同民族的文化能夠進行對話，這件事有著最為深厚和最為寬廣的基礎，那就是不同文化形式下面潛藏的共同的文化本質，即超越的精神。

三

人類超越的目標有遠有近、有高有低、有深有淺，其中最遠、最高和最深者，就是宗教學所謂「終極者」或「神聖者」。正因為如此，宗教在各民族的文化起源時包容其各種形式，在各種文化形式分化和發展後仍在文化中處於深層或核心地位。宗教是文化精神的集中代表，是各個文化部類的深度之維。所以，當一個民族完全喪失了以其宗教為代表的精神之時，它的文化也就在世俗化的同時平面化、膚淺化了。不僅如此，它還可能因精神的喪失而僵滯衰朽、分崩離析，因為指向終極的超越精神，既是活力的源泉，也是統一的源泉。

宗教是超越精神的表現，因此也是人類統一精神的表現。但是在此又有一個悖論：宗教既然不是超越精神本身，而只是它的表現，既然在外在形式上是人的產物，它也就呈現出紛紜萬千的形式，展現了一派分裂和對立的景象。統一與分裂的矛盾，在宗教中表現得最為觸目。宗教作為文化精神，同超越精

神的統一性最為接近；宗教作為文化形式，[5]則帶有一切象徵形式所具有的紛繁多樣性。其他的文化形式，因為距離最深遠也最統一的超越精神較遠，所以其環境造成的多樣性不會與其內在精神的統一性形成像宗教這麼鮮明的對照。這就使得我們在考慮涉及「一多」關係的文化對話時，不能不把焦點對準宗教。可以說，以對話的難度而言，宗教之間的對話成了各種文化之間對話的一個「硬胡桃」。

在現代世界上，各民族文化在物質層面上的一體化已成了明白的事實，在制度層面上的相互接近正在加速進行。[6]在這種情況下，精神層面上的文化對立不但形成了尖銳的反差，而且成了阻礙人類和諧共存的巨大阻力。而為這種文化對立的最終辯護，往往具有宗教的性質，甚至直接表現為不同宗教的對立。因此可以說，在文化對話中，宗教之間的對話不但是根本的，而且是緊迫的。

宗教是文化的精神，因此文化對話的關鍵在於宗教對話。宗教精神體現了文化形式中的統一性，因此文化對話的基礎性工作就在於宗教對話，文化對話最終成功的希望也繫於宗教對話。然而，宗教作為實存事物所具有的紛繁形式，即不同宗教的不同象徵體系，為各種宗教執著的信徒們熱烈維護的各自的象徵體系，又成了宗教對話的最大障礙。這就提出了宗教對話的最大難題，即對話的根本方法問題。

事情十分明顯：如果執著於不同宗教具體的象徵體系，首先是各自特有的語言、術語、概念及其所表現的思維方式和觀念形態，那就永遠不可能進行成功的對話，正如各操不同方言的兩個人之間無法進行有效的交談一樣。也正如這樣兩個人要

---

5 宗教在實存中必然表現為理論學說、組織制度、禮節儀式等有形的形式，這些東西均可成為文化形式。
6 市場制度的擴張是最鮮明的例證之一。

擺脫聾子對話的局面，就必須放棄各自的語言，而採用一種雙方都懂得的共同語言，同樣地，不同的宗教之間要進行有效的對話，也必須把自己特有的語言、術語和概念轉換為一套各方都可以接受的語言、術語和概念。一種宗教的信徒，很難接受另一種宗教信徒的帶有信仰和情感色彩的語言和概念，卻比較容易接受另一套非宗教的不帶有信仰和情感色彩的語言和概念，即使這套語言和概念不屬於自己的傳統。這可以說明為什麼基督教徒可以接受伊斯蘭教徒創造的阿拉伯數字，非基督徒又可以接受基督徒發展的科學和技術。

就宗教的對話而言，這種各方都可以接受的語言、術語和概念，只能是哲學的語言、術語和概念。因為在現代人所熟悉的一切學術或符號體系中，唯有哲學在宗教信仰之外探究了宗教所關注的那些基本問題，因此而可以表達那些問題。同時，理性的哲學語言和概念又可以不帶有信仰和情感的色彩，因此而較易為雖有自己的信仰但又有人類共通的理性思維的宗教徒所接受。

綜上所述，我們的結論是：文化對話的關鍵的核心，在於宗教對話；而宗教對話的有效的方法在於採用哲學的語言和概念。

最後，還必須作一點題外的說明，這特別是主張「儒教並非宗教」的讀者所關心的。我應當簡略地說明在此書中把儒教與各宗教並列，即視之為一種宗教的理由。我曾在一些文章[7]（一）中國歷史上有否一種非佛非道的正統宗教？（二）若有，可否稱之為儒教？（一）問題的答案是「有」，即自殷周至明清被奉為官方正統，至今仍被相當多的民眾信奉的「敬天祭祖」；[8]問題（二）的答案是「可」，因為儒家同這種宗教的關

---

7 如〈中國宗教改革論綱〉，《東方》1994年第四期；〈中國文化的根與花〉，《原道》第二輯，團結出版社，1995年。

係之深刻全面，在各家各派之中是唯一的，足以稱之為儒教，而且此一稱呼是古已有之的，不應該也沒必要為這種宗教另取新的名稱。在歷史上，這種深刻、全面而唯一的關係表現為：（1）從先秦直到近代的儒家代表人物和廣大普通儒生，幾乎全都贊成這種宗教基本的思想觀念（信天、敬祖）、情感體驗（畏天命、重親情）、禮儀活動（祭禮、葬儀）和組織制度（家族、宗法）；（2）這種宗教的基本理論幾乎全都是由儒家提出或論證的；（3）這種宗教的禮儀活動不但由儒家制定規則而且常常由儒生協助或組織實行；（4）這種宗教的情感體驗得到儒家的傳揚，其組織制度得到儒教的辯護，在歷史上，儒生乃是這種宗教得以維持的社會中堅。當然，由於考慮到這種宗教產生於「儒家」之前，又考慮到「儒教」一詞在歷史上雖然有「宗教」含義（否則不會與佛道並列），但也有「教化」之意（儘管宗教都有教化功能），所以我認為：第一，不能說儒學即儒教，儒學就是宗教，因為它包含著哲學、倫理學、社會政治理論等許多非宗教內容；第二，對儒教應該作出確切定義，即定義為「以對天的信仰為核心，包括天帝觀念、天命體驗、祭祀活動和相應制度，以儒生為社會中堅，以儒學中相關內容為理論表現的一種中國原生宗教」。

這樣定義之後的儒教，當然可以作為宗教而與佛道並列。至於本書中「儒教觀點」項下多有所謂「儒學」的內容，那既是由於有些作者同我在這個問題上觀點不盡相同，也是由於前面說過的原因所造成的結果——既然宗教對話宜採用宗教的語言

---

8 這個問題當然涉及宗教的定義，以及一種信仰體系是否符合該定義的問題。我對宗教的定義是：「宗教是一種社會體系，它由對終極者的信仰所激勵，並由與此信仰相關的思想觀念、情感體驗、行為禮儀、組織制度所構成。」（參見我的〈協作、開放與非形式主義化——世界現代化中的宗教改革〉一文，載《學人》第三輯，江蘇文藝，1992年。）而下文說明，中國的「敬天祭祖」是符合這一定義的。

和概念，那麼儒釋道與基督教之間的宗教對話，就應該是這些宗教之哲學的對話，對於，正如道教的哲學觀點多有「道家」哲學的內容，基督教的哲學觀點多有希臘哲學的內容，毫不奇怪，儒教的哲學觀點當然也就會多有「儒學」的內容了。更何況，在以這些宗教為核心的傳統文化中，側重於知的哲學與側重於行的宗教之間的界線，本不像在現代學術中這麼判然分明的。

二、宗教對話的需要與形式

許志偉（加拿大維真學院 博士）

一

「全球化」帶來的需要

現代的科學文明所帶來最具體鮮明的「地球村」訊息，就是人類可以從電視螢幕上看到太空人從太空所拍攝的一幀震撼人心的地球照片。這是人類有史以來，第一次目睹全人類的居所—— 一個渾圓的整體地球。在此以前，人類因為不同地區、種族與文化，在意識上來說，大多數只想到一己之地區性群體、民族或國家；充其量或可擴展到自己是那一個洲的人，例如，亞洲人。因著這濃厚的地區性意識，各群體並沒有特別的理由去建立一種視地球為一個整體的觀念。但這一種看法都給人類的太空發展改變了。從太空人的照片中，我們看見整個美麗的地球，如珍珠般懸掛在黑漆的宇宙中。在這二十一世紀的前夕，它給人類帶來一個前所未有的新意識—— 一個「全球化」的意識。

隨著世界「全球化」的轉變，世界各地的不同文化不斷地被種種不同的因素愈拉愈近，逐漸匯聚起來。新的全球共通「語言」開始產生；當中犖犖大者，冒現於科學、政治及經濟等領域。

首先，在本世紀之初，科學與科技使世界文明大大提高。世界各國，包括發展中國家有見及此，都不約而同地致力發展科學，而共同的科學語言便成為在思維方式上把全球連結起來的首項普遍語言。另一股使世界「全球化」的力量，則是科技賴以高度發展背後的政治動力，民主體制。世界聯合國於過去半個世紀在世界不同的政治土壤種下大量的「民主」種子，現已逐漸開花結果。蘇維埃聯邦的瓦解以及民主政治在東歐之建

立，顯示出民主政治漸漸成為世界的第二種普遍言語，把世界不同文化的政治群體聯合起來。

在最近二、三十年，人們看見人類文化另一層面——它的經濟領域——正愈來愈國際化，把世界的不同群體及其利益或災難緊密地相連起來。舉例而言，中東石油的價格只要維持在一個合理的水平，世界各地的經濟自然就蓬勃發展；若任何國際金融中心，如美國華爾街或香港的股市價格大幅滑落，世界各國的股民便無可避免地受波動。經濟貿易更逐漸成為左右各國間決策最具決定性的因素。這一切都已被視為司空見慣的事。經濟語言明顯地成為地球村另一種重要的共通語言。

毫無疑問，世界正漸漸被這三種語言：科技、政治、經濟連結起來。這令人類愈來愈覺得彼此的生活不但息息相關，更有唇寒齒亡之感，由此經歷到一份具體切實的聯繫。但與此同時，不同文化及不同地域的人又經常發現在這些共同語言背後，潛伏著某些不協調、不和諧的因素。舉例而言，在「全球化」的趨勢無可避免地增強的同時，各地區的文化亦存在「處境化」的要求，以致在「全球化」與「處境化」之間出現矛盾和張力，使人們在這個本應熱熱鬧鬧的地球村內，不僅不能享受到熱誠的友情交流，反有一種異鄉人的冷漠感覺；更甚的是，因為「全球化」背後的科技、經濟及政治發展都包含龐大的勢力，使它常以壓倒性的姿態出現，而作為一個保護及維持地方性或「處境化」文化的行動就相對顯得軟弱無力，人們甚至因而不時會感到地球村的其他村民都是懷有敵意的陌生人。這些現象的背後原因是不論是科技、政治或經濟發展，本身都蘊含著某種價值觀及世界觀。換言之，它們並不是價值中立的。當文化活動背後的價值觀出現不協調，衝突及矛盾時，第四種共同語言——價值語言——的需求便愈來愈明顯。

但每一個文化的價值觀其實都是種種文化深層現象的結晶

品;其中至為重要的是個別文化的世界／宇宙觀及宗教信仰。故此要尋求一個普遍性的全球共同價值語言就絕不容易了。但朝著這目標作出的努力仍然不少。令人注目的,有由當代基督教學者漢思昆推動的「世界倫理」。他在圖賓根寫成的《世界倫理宣言》,主張沒有新的世界倫理就沒有新的世界秩序。但亦有學者意識到一個世界倫理背後或許更需要一個世界宗教為基礎。有美國學者在八〇年代開始編著一套二十五大冊的《世界靈性》,[1]為的正是尋求世界不同文化、宗教及信仰背後的某些普遍的信仰本根。在這個熱潮當中,比較倫理學、比較宗教學成為熱門的學科;宗教對話成為一種需要迫切進行的活動。換言之,就如科技、政治及經濟等領域,世界各宗教再也不能孤立地生存與發展。隨著不同文化領域的交流、資訊的發達,宗教思想也透過種種不同的媒介相遇而互相影響、衝擊和挑戰。在一個普世教會的氣氛下,過往的孤立、敵對和操控支配等態度都逐漸消失。取而代之的是一個新的宗教意識,從個體宗教意識轉化成全球化的宗教意識。[2]

共同價值的語言提醒我們一個重要的理念,就是科學、經濟、政治與宗教之間存在著緊密的互動關係。多時人們都以為宗教群體只應處理宗教的事宜,科學是大學、研究院的範圍,政治歸政府部門管理,經濟科技則由大機構、大企業負責,而地球村的生態與公義問題都不是宗教領域內的問題。這些觀點是不正確的。因為這些非宗教領域和宗教其實都有密不可分的

1 Ewert Cousins, Gen. ed., *World Spirituality: An Encyclopedic History of the Religious Quest*, (New York: Grossroad Publishing Company).

2 有學者稱之為第二個軸心期的開始。這說法或許有些誇大之處,但全球化帶來宗教對話的客觀條件卻是不爭的事實。學者對此點似已達到共識。當代美國宗教學者大衛塞斯(David Tracy)指出:「我相信除非我們與其他宗教嚴肅地對話,否則我們很快便會看見我們沒有可能嘗試建立自己基督教的系統神學的那一天。」另一宗教學者威弗列特史密斯(Wilfred C. Smith)也說:「任何基督教信仰的嚴肅的理性宣告必須包括某些關於其他宗教的教義。」

關係。面對世界地球村的種種生態、公義問題時，宗教群體的參與更是無可避免的。換言之，宗教對話的客觀條件不僅是因為宗教對話者都是從事宗教活動的，更重要的是因為他們代表的不同宗教傳統，均承載著不同文化的價值觀念，對地球村的問題，一方面有關懷注視的義務，另一方面也有透過宗教對話承擔世界尋求共同價值語言而努力的責任。

地球村面臨的災難與挑戰

在全球人類明白到各種文化背景的群體，已因著各文化層面不斷的發展而連結起來時，地球村的村民又同時面對著經濟科技發展帶來的三種嚴重問題與災難。這些危機直接地威脅著地球的存在，迫使我們必須放下成見，一同去面對。

首先，在科技的輸出以及市場經濟在世界各地的拓展中，大部分的輸入國明顯感受到種種不同的剝削、利用、控制及壓制。在地球村富有村民與貧窮村民的生活標準差距愈來愈大。在歐美各地有不少人天天過著「富人一席菜，窮人半年糧」的奢華生活的同時，地球村竟有四分之一的人口──貧窮的鄰居──活在「絕對的貧窮」中，沒有足夠的收入去購買維持身體健康最起碼營養份量的食物。當地球村有一億五千萬的兒童因為營養不足而面臨身體及精神上永久性的缺陷，而地球村內卻同時有同一數目的人因過度飲食而患有過肥症時，人們有理由懷疑地球村繼續生存下去的能力。[3]

其次，由跨國際企業推動鼓勵的消費主義與市場經濟，為要滿足人類無限的物質欲望與需求，亦毫無節制地去開發地球有限的天然資源。根據大部分專家估計，僅就現時消耗的水平來預測，即在不試圖計算發展中的國家逐步趕上已發展國家的

---

3 何以地球村經濟強盛地區的居民每分鐘要花一八○萬美元去裝備軍隊，卻眼巴巴望著在經濟弱的地區，每分鐘就有二十五個小孩因為飢餓及營養不足而病逝呢？地球村在這種不公義、剝削狀態下能否支持下去，是一個很值得反思的問題。

能源消耗量之情況下，地球所能提供的能源到西元2050年便會用光。耕地亦正因為長期嚴重的過度畜牧與過度耕作受到嚴重的土質破壞和不可修補的表土流失，導致世界各地大量土地質素下降，逐步淪為沙漠。據估計，僅就亞洲來說，每年就損失二十五億噸的表土。與此同時，為了提供紙張及土地作商業用途，森林的砍伐遠遠超過樹木的再生率；人類每年大約用光六八八萬公頃的樹林，面積相等於約半個芬蘭。換言之，人類的下一代很有可能會目睹現在看來相當繁榮富庶的地球村，變為廢墟。

最後，隨著自然資源的濫用，人類更無法解決隨著消耗資源而來的廢料，以致整個地球村的生態正被空氣染污及酸雨所嚴重破壞。大氣層中二氧化碳及其他氣體的急劇增加，導致全球氣溫上升。專家警告這趨勢若不中止，在下世紀末，地球溫度可能上升攝氏三至八度，並必然給地球村帶來災難性的後果。此外，平流氣層的臭氧洞使北半球的皮膚癌症發病率直線上升；食水的短缺則使大約十二億人沒法獲得安全的食水。這類型的例子實在不勝枚舉。

這一切的地球村現象也為宗教對話提供三種重要的動力。首先，貧富不均、能源耗盡、生態破壞、水糧短缺、環境染污不僅直接影響著人類和地球本身的安危，也對地球村作為一個群體及其採用的政治經濟體制的存在與延續構成威脅。當地球村的成員面對著一個全球性的共同災難時，大家都強烈感覺到要同心協力去面對。但如何面對苦難，就如上文所討論的價值觀問題一樣，是文化深層的問題。不同文化背景、不同宗教傳統對苦難與救贖都會有不同的理解與方法。因此，如何共同面對這全球性災難是宗教對話的一個重要動力來源。

其次，人們都同意，面對地球村的種種問題，不同地區、國家、民族的宗教傳統，都有責任運用各自所有的精神資源去

協助解救這全球性危機。然而宗教家都不會否認，多時宗教正是人類災難的來源，而非這些災難的答案。故此各宗教都首先需要對自己的傳統作出檢討，從而對自己傳統的限制與不足有足夠的瞭解，以及對自己的個體利益有一定的認識。在有此準備後，再進一步作出宗教與宗教間的對話，認識對方向自己提出的對比、衝擊與挑戰，使彼此能夠從對方立場看到自己的盲點。換言之，面臨地球村的災難，不同宗教必須有反思與對話的機會。

最後，世界不同民族的宗教群體，都有一個傾向聲稱自己擁有通往終極真理的途徑。但全球化的趨勢及地球村的共同災難使人必須承認沒有人應該及能夠再堅持在殖民時代那種擁有普遍性真理的霸權姿態；取而代之的應是一種相互尊重、強調互惠的夥伴形式。換言之，僅承認不同信仰傳統的存在，及「各家自掃門前雪」的「和平共存」已不足以解決地球村面臨的種種災難。我們所需要的是不同文化的傳統及信仰能夠溝通與合作，為自己和鄰居謀求解救地球村的生態災難之道，以及消除在這互相依賴的社群中的不公義，力求建立一個真正和諧／複合的地球村群體。這在亞洲地區而言尤其重要，因為亞洲的特色正是擁有多個截然不同的宗教傳統及意識型態；與此同時，亞洲各地區亦顯著地政治化，再加上普遍的貧窮和種種欺壓剝削的情況，以及宗教群體的衝突，人們開始自覺到除非宗教與宗教間能夠和平相處，否則國與國之間也不能長久和平共存。如漢思昆所說：「在宗教之間沒有和平，就沒有世界和平。沒有宗教間的對話，宗教間就沒有和平。而宗教間若沒有精確的相互認識，就不會有宗教對話。」[4]從這個角度而言，宗

---

4 漢思昆（Hans Kung），Christianity and World Religions: Dialogue with Islam, in Leonard Swidler ed.,*Toward a Universal Theology of Religion*, (Maryknoll, NY: Orbis. 1987) p.194.

教對話是人類不可迴避的責任，更不是一個可有可無的文化活動。

二

那麼，宗教與宗教間怎樣才會真正出現對話？對話又應該以甚麼形式進行？這問題其實與上節所論述到的宗教對話之需要是息息相關的。

「獨白」式的宗教對話

長久以來，不少的宗教群體對個別宗教的獨自發展並不覺得是一件太值得憂慮的事，對地球村面臨的種種困難亦不感到有特別的責任，就真理的認識而言，亦往往假定自己已獲得真理的全部。在這種情況下，宗教對話基本上就成為一種宣揚本身某種信仰立場的獨白。不同的宗教群體（如猶太教、伊斯蘭教、部分基督教派）有持所謂「排他論」主張的，在真理問題上持有一種絕對化的態度；在「對話」時所採取的形式就比較近乎「發言」而非真正對話。因為一方只作宣講，另一方則只聆聽的份。後者接受與否當然不是不重要，但對發言者而言，他們的責任只是宣告自己的立場，將所知的傳遞給那「無知的一群」。這種「對話」不要說充分暴露了發言者自己的優越感與缺乏謙虛的態度，單就基本對話形式而論，它也沒有符合正常對話最起碼的相互性要求，所以不能稱之為合法、合理的對話形式。而真正的宗教對話也不會在這形式中出現。

「工具」式的宗教對話

另一種比較開明的宗教對話形式，是邀請對終極存有持有不同認識及立場的宗教代表聚首一堂，在彼此承認對方宗教的獨立價值和意義，及在互相尊重各方的宗教經歷的前提下，進行交流與研討。這種對話積極去建立一種誠懇及互相欣賞的氣氛，消除彼此間存在的誤解，以求達到互相瞭解。在宗教與宗

教間對話中有持所謂「兼容論」者，他們的對話往往就表現出這種態度，有一種特別融洽客氣的氣氛，給人一種分外和諧與團結的印象，而且處處突出彼此宗教立場上共通之處。

但「兼容論」者的特徵是在願意肯定各宗教間有連貫的地方的同時，亦堅持自己的宗教信仰才具備最絕對真實及完整的真理。換言之，其他宗教只擁有真理的部分內容，但這些部分內容都具有非常積極的意義，因為它們有引導人進到那全部真理的作用。天主教中主張兼容論的拉納，其著名的「匿名基督徒」論說[5]就是在這立場上建立出來的。既然所有的宗教信仰最終原來都僅是不完整或未完整的基督信仰，通過對話消除種種誤解，大家自然便能夠共用那完整的真理。但明顯這類對話主要發揮了一種「工具」的功能，使各宗教都能殊途同歸，回到一個普世統一的宗教。而這種「工具」性的對話，表面強調融洽客氣，但骨子裡卻另具一番霸氣。因為不管對方同意與否，兼容論者的意圖是把對方歸納於同一的真理之內，中間明顯的包含著一份較對方優越的姿態。故此漢思昆就曾不客氣地問：「若有人向一個基督徒說他是個『匿名的伊斯蘭教徒』，那基督徒會高興嗎？」[6]故此，「工具」性的對話不符合正常對話中雙方平等的要求，所以也不能被接受為恰當的對話形式。這種對話形式也不會成為真正對話的基礎。

「敘事」式的宗教對話

一種真正相互性且具平等地位的對話，首先必須承認彼此的宗教信仰具有獨立的價值與意義。在這基礎上，雙方以朋友或夥伴的態度相待，互相渴望瞭解對方以至能夠肯定及欣賞對方，而不是否定對方對終極現實的認知與經歷。在這對話過程

---

5 見拉納（Karl Rahner）*Theological Investigations*. Vols. 6 and 12.（London : Darton, Longman and Todd, 1969, 1974）.
6 漢思昆，p.203.

中，雙方願意進入對方的意識，極力爭取在對方之立足點上去經歷對方的價值。這種對話的基本態度是不把對話看為達到某種目標的工具或活動；對話被理解為地球村內不同文化、傳統及信仰的群體之間應有的基本關係。從建立關係的立場去進行對話，不僅肯定各方平等的地位、尊重互相有別的特殊性，更彼此肯定對方有異於己的觀點的獨特與價值，希望在不同的價值架構，甚或在不同超越實存的追求中，通過對話的關係，彼此充實，互相建立，提供選擇。這種對話態度就有異於某些所謂宗教多元論者的「求大同、存小異」之對話模式。[7]後者相信對話的根本可能性是因為「條條大路通羅馬」──世界不同的宗教傳統皆同樣有效地獲得真理。問題是，誰來決定那一個傳統才是「大路」？更重要的是，我們如何知道世界不同的宗教傳統都希望通到「羅馬」呢？這是否意味著多元論者其實對不同宗教預設了同一個共同核心，假定彼此都追求同一超越實存呢？這兩種預設都具有對「朋友／夥伴式」的對話極為不利的因素。把某一宗教界定為「大路」或「小徑」，其實預設了對宗教某些特定的理解架構，使對話出現濃厚的排他性；預設宗教具有同一核心，則把單元主義的壓迫因素引進對話。這都不符合「朋友／夥伴式」對話的要求與標準。

　　「朋友／夥伴式」的對話是一種互相參與的對話。這種對話

---

7 多元論有持普遍論或獨特論兩種，但以前者為主導，其主要代表人物為約翰‧希克（John Hick）。持獨特論的多元主義認為不同宗教所追求的超越實在有本質上的差別，故不要求「條條大路通羅馬」，但同時卻也很難與「排他論」區分出來。

8 在此敘事（narrative）包括故事（story）與情節（plot），前者集中在事件和人物的描述，後者的焦點在事件的條理及次序。近代哲學界與宗教界都強調敘事對表達人類歷及哲理的功能，尤為著名的有保羅‧日琮爾（Paul Ricoeur，名著為三巨冊的 Time and Narrative）及麥農帖（Alastair MacIntyre）等。諾貝爾得獎人猶太學者艾莉‧溫瑟（Eli Wiesel）曾說：「上帝造人因為他喜愛故事。」

的基本態度是敘事[8]多於宣揚；敘事不同於宣揚之處在於後者的目的主要是宣告某一種道理，而前者關注的是敘述一個故事。一個故事的內容不僅包括某些觀念，更包括交代故事中不同角色所經歷的種種情節、處境，以及這些角色的人格、感情和情節及處境之間的關係。保羅·日琮爾對故事如展示一個人的身分有精闢的見解。在他的分析中，每一個故事都有一個情節，而故事中的角色（character）的身分是完全沿著故事的情節被建立起來的。角色與情節相關的密切程度使日琮爾說：「角色本身就是情節。」[9]由此充分強調敘事的重要性。而應用在基督教的教義上，基督教《新約》所欲表述的上帝，也是透過一個故事將上帝的身份去陳述的。而這故事亦是由三個互相關連的故事所組成的，它們分別是聖父、聖子和聖靈的故事。我們對誰是神，他是如何的上帝這些問題的理解和認識，完全在於聖父、聖子、聖靈這三個角色及他們的生平故事。對基督教所相信的上帝最大的誤解，往往在於輕率地把聖父、聖子、聖靈三個可區別、彼此有異的角色及他們之間的複雜關係置於一旁，只尋求認識那統一的上帝。敘事作為對話的態度不在堅持宣揚某一個立場，更不要求聽眾作出理念上的選擇作為回應。敘事的主要任務是引動聽眾的想像力，把聽眾帶進故事中豐富繽紛的情節及融入不同人物的生命中，經歷他們的遭遇，理解他們的異象，分擔他們的使命，感受他們的情懷。換言之，敘事式的對話讓聽眾投入並參與在故事中，受故事中的情節及人物感染，以期達到與自己生命的故事共鳴（或爭鳴），而適當的回應往往就在感染與共鳴／爭鳴中產生出來。我們有理由相信在任何有效的對話中，恰當的回應是其應有的效果。換言之，一個成功的對話應該是一種經歷，大衛·塞斯就曾經說過，宗教對

---

9 見保羅·日琮爾（Paul Ricoeur），*Oneself as Another*, trans. Kathleen Blarney (Chicago, University of Chicago, 1992) p.143.

話本身不僅是有宗教成分的談話，而且宗教對話本身就是一個宗教經歷。我們很認同這個說法，更認為敘事式的對話形式具備這種條件，因而也就大大增加這種效果的可能性。這種對話形式無論應用於個人、宗教與文化之間都是適切的。因為無論是個人的生命、宗教的認知與操守、文化實質與表達都不是抽象的哲學理念，而是知與行、靈與肉、體與用的結合，真正的人與人、宗教與宗教、文化與文化間的對話都應是敘事式的對話。人願意分享自己的故事，人願意聆聽對方的故事；通過敘事，人彼此被對方的故事感動，並在自己生命故事的處境中被對方的故事感動，回應對方的故事。在彼此的敘述、感染、投入與回應中，敘事式的對話成了最真實的對話，滿足了對話的要求；平等的，相互性的，也更體現了關係作為對話真正本質的訴求。

又因為我們強調對話的本質是群體間基本的關係，敘事式的對話具有下列特徵：第一、因為敘事式的對話首要的任務是能夠進入對方的故事情節中，作為聽故事的，對敘事者的處境、需要、限制及立場等必須具有高度的敏感。為了進入對方真實的故事中，聽者不存有任何先決的預設或結論，而是非常敏感地聆聽對方的敘述，避免誤解或扭曲對方的經歷與信念的描述與表達。如此，對話的特徵是能夠互相以敏感的心靈去聆聽及理解對方的故事。第二、因為聆聽是敘事式對話的基本姿態與動作，很自然的，謙虛的態度是對話的另一個特徵。雖然宣講式或其他的對話形式不一定代表傲慢，但這些對話形式總是使對話者之間保持一個相當的距離。但當謙虛地互相聆聽是對話的主要行動時，雙方的距離就必然地大大縮短。在短距離、互相接近，以致彼此能夠聆聽時，雙方便能夠聽到一切細緻的故事內容，在這種環境下，雙方很有機會發現彼此共同的弱點、失敗及限制，更可能發現彼此有不少相通的共同點。在

這情況下，彼此不會再存在任何優越的心態，或任何壓倒對方
的欲望。通過聆聽對方的故事，彼此建立起一種謙虛相待的態
度，不僅期望進入對方的故事中瞭解對方，更希望透過對方的
經歷和共有的困難與弱點，增加對自己的認識。最後，當每一
位對話者都採取這種敏感及謙虛的態度去聆聽對方的故事時，
對話的人一方面其實正替自己定下一個目標（也替自己製造一
個機會），就是堅持要聽到對方真實的經歷與心中的信念；另一
方面，亦鼓勵自己在敘述自己的故事時，保持高度的誠信。宣
揚式的對話或目的式的對話，往往使某些對話者把某些故事內
容誇張地突出，或畏縮地隱藏。這些表現都大大削弱了對話的
誠信程度。敘事式的對話提供了一個敏感與謙虛的條件，使對
話者堅持把真相暴露，因而得以維持對真理持最認真態度的原
則。這是本書所持的對話原則與形式。

1997年10月14日
定稿於北京勺園

知識論 (認識論)

知識的對象與可能性
知識的方法或途徑
知識的性質與限度

儒教觀點

余敦康（中國社會科學院世界宗教研究所　研究員）

一、知識的對象與可能性

　　在儒家的思想中，知識論作為內聖心性之學的一個有機組成部分，一直是與道德實踐、人格理想緊密聯繫在一起來進行探討的。照儒家看來，道德實踐不能脫離認知活動，認知活動也必須落實到道德實踐上來，因而儒家並不片面地強調道德而否定知識，也不片面地強調知識而否定道德，而是一貫主張「尊德性而道問學」，追求二者的統一，來造就一個理想的人格。就實際的表現而言，由於人們的稟賦氣質不相同，在追求的過程中不免時有所偏，或偏於道德實踐的「尊德性」而成為一個仁者，或偏於認知活動的「道問學」而成為一個智者。孔子對這兩種類型的個性特徵作了細緻的比較，認為智者與仁者的人格之美都是值得讚賞的。他說：「仁者安仁，知者利仁」。[1]「知者樂水，仁者樂山；知者動，仁者靜；知者樂，仁者壽」。[2]至於孔子本人，則是把仁智統一而不陷入一偏的聖人樹立為最高的理想，進行不懈的追求。《孟子‧公孫丑上》記載：「昔者子貢問於孔子曰：夫子聖矣乎？孔子曰：聖則吾不能，我學不厭而教不倦也。子貢曰：學不厭，智也；教不倦，仁也。仁且智，夫子既聖矣」。後來儒家普遍繼承了孔子的這個理想，並且從不同的角度反覆討論了其中的內涵和意義，由此而形成了一種共識。比如《中庸》指出：「誠者物之終始，不誠無物。是故君子誠之為貴。誠者非自成己而已也，所以成物也。成己，仁也；成物，知也。性之德也，合外內之道也，故時措之宜也」。董仲舒指出：「莫近於仁，莫急於智」、「仁而不智，

---

1 《論語‧里仁》。
2 《論語‧雍也》。

則愛而不別也；智而不仁，則知而不為也。」[3]張載指出：「仁智合一存乎聖」。[4]從這些討論可以看出，儒家認為，關於道德與知識的結合，仁與智的統一，既有必要，也有可能。如果割裂了二者的關係，光有道德而無知識，仁而不智，就會愚昧而不明事理，缺乏清醒客觀的理性精神，愛而不能別；或者光有知識而無道德，智而不仁，這就喪失了人文的情懷，雖知而不為，缺乏把理性知識轉化為道德行為的情感動力。[5]前者可稱為單向度的道德人，後者可稱為單向度的知識人，此二者皆不符合全面發展的理想，所以有必要把道德與知識結為一體，必仁且智，使之雙向互動，彼此促進，有如車之兩輪，鳥之雙翼，不可偏廢。其所以可能，是因為仁與智皆吾性之固有，本來就是結為一體存在於人性之中。儒家一貫認為，作為一個完整的人，既是道德實踐的主體，也是認知活動的主體。分而言之，其惻隱愛人的一面謂之仁，其靈明知覺的一面謂之智，合而言之，這就是所謂誠。誠者物之始終，不誠無物，貫穿於實現人性的全過程，包括成己與成物兩個階段。在這兩個階段中，孔子都作出了光輝的榜樣，給後人啟示了仁智統一的可能性。比如孔子一方面把成己看作知識的內在積累，學而不厭以求智之所以自明，把成物看作道德的外在擴展，教而不倦以求仁之所以及物；另一方面又以成己來界定仁，著眼於道德的自我完善以求體之存，以成物來界定智，著眼於知識的合理運用以求用之發。這就是表明，孔子無論是成己或成物，都是以仁智互為體用，至誠不息，從而完美地實現了自己的人性，達到了內與外合、主與客合、知與行合、真與善合的理想境界，塑造了一

---

3 《春秋繁露・必仁且智》。
4 《正蒙・誠明篇》。
5 孔子曾說：「好仁不好學，其蔽也愚；好知不好學，其蔽也蕩。」（《論語・陽貨》）。

個人格的典範。因此，「仁智合一存乎聖」，既然聖人能夠把仁智結合得恰到好處而無任何偏失，那麼這種可能性也就是確實存在，不容置疑了。

　　實際上，關於仁智統一的可能性，歷代的儒家只是作為一種價值的預設和人格的理想而堅信不疑，至於作為一個哲學問題如何作出令人信服的理論的證明，在儒家史上並沒有得到真正的解決，而是出現了各種各樣分歧的說法，爭論不休。比如先秦時期，孟子和荀子的觀點相互矛盾，宋明時期，程朱和陸王的意見也彼此對立。就儒家的共同的哲學信念而言，都是一致認為仁智統一於人性，人性源於天道，由於天人合一，所以這種統一的可能性具有本源的意義，存在於天道之中。但是，究竟什麼是天道的本質，則是有的見仁，有的見智，看法互不相同，各種各樣的分歧都是圍繞著這種對天道的不同的看法而產生的。比如孟子有見於天道之仁，把天道主要看作是一個道德的實體，其本質為適合於主觀所期望的應然之善；荀子有見於天道之智，把天道主要看作是一個無心而成化的自然的實體，其本質為客觀世界所固有的本然之真。按照這兩種不同的看法，仁智統一在本源的意義上都成了問題。孟子的困難在於不能證明何以道德能夠蘊含知識，應然之善能夠蘊含本然之真；荀子的困難在於不能證明何以知識能夠蘊含道德，本然之真能夠蘊含應然之善。孟子由道德之天推導出人性本善，主張盡心、知性以知天，這條思路勢必要以仁統智，用主觀的道德來取代客觀的知識。荀子由自然之天推導出人性本惡，強調人的「天官」、「天君」的認知能力，這條思路勢必要以智統仁，用客觀的知識來取代主觀的道德。這兩條思路雖然相反，其共同的缺點都是割裂了仁智的關係，使之形成兩橛。從儒家共同持有的價值預設和人格理想的角度來看，無論是用道德排斥知識或是用知識排斥道德，都是不能接受的，所以孟子和荀子並

沒有把他們的思路推到極端的地步，而是容忍了理論上的自相矛盾，肯定了二者事實上的同時並存。比如荀子指出：「水火有氣而無生，草木有生而無知，禽獸有知而無義，人有氣、有生、有知亦且有義，故最為天下貴也。」[6]知是認知能力，義是組合社會群體的道德能力。這就是認為，人性的本質在於「有知亦且有義」的雙重規定，既有知識，也有道德。孟子指出：「耳目之官不思，而蔽於物。物交物，則引之而已矣。心之官則思，思則得之，不思則不得也。此天之所與我者，先立乎其大者，則其小者弗能奪也。」[7]耳目之官是感性知覺，心之官是理性思惟，理性思惟高於感性知覺，此二者皆天之所與我者。這也是認為，人性的本質在於雙重規定，既有天賦的道德能力，也有天賦的認知能力。很顯然，孟子和荀子的這種看法與他們的僅有單一屬性的天道觀形成了矛盾，不能自圓其說。由此看來，為了避免理論上的自相矛盾，必須對天道採取一種全面的整合的看法，使之同時具有雙重規定，既是自然之天，也是道德之天，只有這樣，才能對仁智統一的人格理想，作出合理的證明。

成書於戰國末年學術大融合時期的《易傳》，總結了先秦儒家的探索成果，提出了一個完整的天人之學的體系，在天道觀上取得了突破性的進展。它指出：

> 一陰一陽之謂道。繼之者善也，成之者性也。仁者見之謂之仁，知者見之謂之知，百姓日用而不知，故君子之道鮮矣。[8]
> 昔者聖人之作《易》也，將以順性命之理，是以立天之道曰陰與陽，立地之道曰柔與剛，立人之道曰仁與義。[9]

6《荀子・王制》。
7《孟子・告子上》。
8《周易・繫辭上》。
9《周易・說卦》。

　　所謂「一陰一陽之謂道」，這個道是統天地人而言的，也叫做「性命之理」。這是認為，天地人三才，莫不有陰陽，莫不受道的支配，人作為其中的一個組成部分，是隸屬於宇宙之全體的。單就天道之陰陽而言，鼓萬物而生，無心以恤物，這是客觀外在的宇宙秩序的本然，但是，本然蘊含著應然，而與人道之仁義息息相通，所以統天地人而言的「性命之理」既有自然的意義，也有道德的意義，是一個既仁且智的全體。就此「性命之理」外在於人而言謂之「理」，就其內在於人而言則謂之「性」。「理」是客觀性的原則，「性」是主觀性的原則。天人之間的溝通，關鍵在一個繼字，繼是繼承、繼續，繼之則善，不繼則不善。如果人不繼承天道之陰陽，就沒有本源意義的善。如果人不發揮主觀性去實現此本源意義的善，就不可能凝成而為性。所以繼善成性是一個主客契合的過程，包括「窮理」與「盡性」兩個方面。「窮理」是窮得物理，「盡性」是盡得人性。「窮理」是就「知」字上說，「盡性」是就「仁」字上說。「知」是以外在於人的物理為對象，撇開了人的價值關懷從事客觀的研究，以求得理智的瞭解。「仁」則是以內在於人的人性為對象，灌注了人的價值關懷，著眼於主觀的研究以求得情感的滿足。由於天人合一，物理與人性皆統一於「性命之理」，作為一種本源性的存在，本來就沒有內外之分，主客之別，只是相對於人而言，才成為一種對象性的存在，開始有了內外之分，主客之別。人以此「性命之理」為對象，只有把「窮理」與「盡性」兩個方面緊密結合起來，既窮得物理，又盡得人性，才能完整地把握對象之全，做到內與外合，主與客合，仁與智合，而復歸於本源。但是，許多人往往蔽於一曲，而暗於大方，有的偏於「窮理」，著重在「知」字上追求本然之真，有的偏於「盡性」，著重在「仁」字上追求應然之善，這就

是以偏概全，只能把握全體的某一個局部，所以「仁者見之謂之仁，知者見之謂之知」。實際上，就「性命之理」本身而言，是一個既仁且智的全體，其所以見仁見智，問題不在於客體，而在於主體的稟賦和志趣。從《易傳》的這個思想來看，就可以理解孟子和荀子在天道觀上何以會產生歧異的現象了。孟子屬於仁者的類型，所以有見於天道之仁而不見其知。荀子與孟子相反，屬於智者的類型，所以有見於天道之知而不見其仁。《易傳》認為，這都是認識上的片面，只知其一，不知其二，雖然如此，一陰一陽之道作為認識的客體和對象，無論人們受主體的局限見仁見智，或者「百姓日用而不知」，始終具有既仁且智的雙重屬性，卻是毫無疑義的。

《易傳》的這種天道觀整合了孟子和荀子的看法，看來是比較全面，為儒家的人格理想提供了理論的依據，但是仍然有一些問題沒有解決，需要進一步探索。就其犖犖大者而言，第一，何以天道之陰陽即是人道之仁義，本然之真與應然之善究竟有著什麼樣的相似性與同構性；第二，既然人之所以靈於萬物在於繼善成性，那麼首先繼承的究竟是道德能力還是知識能力；第三，如果說「窮理」之學是自然科學，「盡性」之學是人文科學，那麼此二者究竟有著什麼樣的關係，應以何者為優位。宋明時期，儒家圍繞著這些問題進行了深入的討論，提出了各種看法。

關於第一個問題，這個時期的儒家主要是把天道理解為一種生成之理，然後與人道之仁義或仁義禮智一一相配，就二者的相似性進行比附，使之歸於同一。比如周敦頤指出：「天以陽生萬物，以陰成萬物。生，仁也。成，義也。」[10]邵雍指出：「不知乾，無以知性命之理。」[11]他以乾之元亨利貞四德為天道

10《通書‧順化》。
11《皇極經世‧觀物外篇》。

之變，代表春夏秋冬四時的循環，以仁義禮智為人道之應，認為此二者互相對應，密切相配，宇宙生成之理本身就蘊含著人文的價值。張載指出：「氣有陰陽，推行有漸為化，合一不測為神」。「神不可致思，存焉可也；化不可助長，順焉可也。存虛明，久至德，順變化，達時中，仁之至，義之盡也。」[12]這是認為，存神即仁，順化即義，人道之仁義本於天道陰陽的神化之理。二程按照這條思路，把天地生物之心進一步理解為「天體物不遺」的一片仁心。比如明道指出：「萬物之生意最可觀，此元者善之長也，斯所謂仁也。」[13]伊川指出：「心譬如穀種，生之性便是仁也。」[14]朱熹總結了北宋五子的探索成果，用一個「仁」字來概括天心與人心的共同的本質。他指出：「天地以生物為心者也。而人物之生，又各得夫天地之心以為心者也。故語心之德，雖其總攝貫通，無所不備，然一言以蔽之，則曰仁而已矣。請試詳之。蓋天地之心，其德有四，曰元亨利貞，而元無不統。其運行焉，則為春夏秋冬之序，而春生之氣無所不通。故人之為心，其德亦有四，曰仁義禮智，而仁無不包。其發用焉，則為愛恭宜別之情，而惻隱之心無所不貫。」[15]這個「仁」字是就廣義而言的，既是天地生物之心，也是人的惻隱之心，不僅是應然之善，而且是本然之真，此二者總攝貫通，也就成為廣義的知識的對象。人以此統包四德的廣義的仁為對象，從事「識仁」、「體仁」的活動，這就可以把「窮理」與「盡性」緊密結合起來，既窮得物理，又盡得人性。但是，「識仁」與「體仁」這兩個概念，含義並不完全相同。「識仁」著眼於客觀的認識，「體仁」著眼於主觀的體驗，前者偏於知識，後者偏於道德。既然如此，那麼在主客契合以把握對象的

12《正蒙‧神化篇》。
13《河南程氏遺書》，卷十一。
14《河南程氏遺書》，卷十八。
15 〈仁說〉，《朱子大全》，卷六十七。

過程中，究竟應該首先從客觀的認識入手，還是應該首先從主觀的體驗入手？這就引發出了第二個關於人性本質的問題。

關於第二個問題，主要有兩種不同的看法，可以周敦頤與邵雍為代表。周敦頤認為，在宇宙的演化中，人獨得陰陽五行之秀而為萬物之靈，具有與萬物不相同的五常之性以及為善為惡的道德選擇，這種道德屬性就是人性的本質。因而人之繼善成性，首先繼承的就是道德。邵雍與周敦頤不同，強調的是人的接受宇宙信息的能力。照邵雍看來，人雖為宇宙中之一物，但是人對天地之四象無不感應，人之耳目口鼻能夠全面地接受萬物之聲色氣味，特別是人類有心而物類無心，人類之心有意言象數，能夠主動地窮盡物類之性情形體，人性的這種智慧就是高出物類的本質所在。因而人之繼善成性，首先繼承的就是認識之心。可以看出，周敦頤與邵雍的這種分歧是從孟子與荀子的分歧發展而來的。孟子認為，人之所以異於禽獸者幾希，庶民去之，君子存之。這種微妙的區別就是天賦的道德能力。荀子把人的耳目口鼻的感官叫做「天官」，把心的思惟器官叫做「天君」，認為這種天賦的認知能力是人性的本質。他指出：「人生而有知」。「凡以知，人之性也；可以知，物之理也」。「人何以知道？曰：心。心何以知？曰：虛壹而靜。」[16]按照周敦頤的看法，繼善成性就偏重於求道德上的應然之善，按照邵雍的看法，就偏重於求知識上的本然之真。往後發展下去，就形成了程朱與陸王的分歧了。程朱一派的理學強調「道問學」，偏重於追求客觀的知識，表現了知識主義的傾向。陸王一派的心學強調「尊德性」，偏重於追求主觀的道德，表現了道德主義的傾向。由此看來，宋明理學儘管在天道觀上達成了某種程度的共識，在人性的層面上仍然沒有解決仁智統一的問題。究竟應該怎樣來研究天與人的合一，從理論上來證明本然之真與應

16《荀子·解蔽》。

然之善相互蘊含，是採用分而治之的辦法，把「窮理」之學與「盡性」之學分成兩個不同的學科分別進行研究，還是採用一種整合的循環論證的辦法，使之合而不分地齊頭並進呢？這就引發出了第三個問題。

關於第三個問題，涉及到歷代儒學一貫的主題。《周易·賁·彖》有云：「觀乎天文，以察時變。觀乎人文，以化成天下。」文是由剛柔相雜所形成的一種井然有序的狀態，在天謂之天文，在人謂之人文。如果單以天文為對象進行專門的研究，只以求真為目的而不管其是否合乎應然之善，可以發展為一種較為純粹的自然科學；如果單以人文為對象進行專門的研究，只以求善為目的而不管其是否合乎本然之真，則可以發展為一種較為純粹的人文科學。但是儒家從來沒有採用這種分而治之的辦法，而是視天人為一體，以性與天道之間的關係作為研究的對象，由此而發展為一種合而不分的天人之學。這種天人之學言天必下及於人，言人必上溯於天，一方面援引天道來論證人道，另一方面又按照人道來塑造天道，實際上是一種循環論證。照儒家看來，這種循環論證是合情合理的。因為他們對於天道的研究不能排除對人道的關懷，目的是為人道尋找合理性的根據，所以往往按照人道來塑造天道，極力使天道符合人道的理想；但是另一方面，為了證明人道的理想不是主觀臆想，而是符合天道的自然法則，所以往往援引天道來論證人道，極力使人道具有如同天道那樣的客觀確實性的根據。關於這種天人之學的主題，歷代儒學有不同的表述。孔子稱之為「性與天道」。孟子以「誠」為天道，以「思誠」為人之道。《中庸》表述為三個經典性的命題：「天命之謂性，率性之謂道，修道之謂教。」宋明理學則概括為天道性命。邵雍曾說：「學不際天人，不足以謂之學。」17其〈天人吟〉云：「天學修

17《皇極經世·觀物外篇》。

心，人學修身。身安心樂，乃見天人。」18因此，這種天人之學的對象把外在於人的物理與內在於人的人性整合為一個統一的整體，本體論、知識論、行為論混然不分，科學理性與價值理性緊密結合，既是整個的人把握世界的方式，也是整個的人安身立命的生存方式。從這個角度來看，「窮理」以求客觀的知識，「盡性」以求主觀的道德，此二者應該是不分軒輊，並不存在何者為優位的問題。但是，由於本然之真與應然之善究竟何以能夠相互蘊含，是困擾著古今中外哲人的一道難題，至今尚未得到確解，在論證的過程中，總是免不了要陷入一偏，或偏於「窮理」，或偏於「盡性」。偏於「窮理」者自然表現出一種以知識為優位的傾向，偏於「盡性」者也自然表現出一種以道德為優位的傾向。在儒學史上，從先秦的孟荀到宋明時期的程朱陸王，這兩種不同的傾向既彼此對立，又相互補充，形成了一種緊張的張力，雖然共同豐富了儒學的內涵，促進了天人之學的發展，但是關於仁智統一的問題，並沒有得到真正的解決。

既然儒家難以從理論上證明仁智的統一，為什麼又把它作為一種價值的預設和人格的理想而堅信不疑呢？《中庸》的一段言論對這個問題作了很好的回答。它指出：「君子之道費而隱。夫婦之愚，可以與知焉，及其至也，雖聖人亦有所不知焉；夫婦之不肖，可以能行焉，及其至也，雖聖人亦有所不能焉。天地之大也，人猶有所憾。故君子語大，天下莫能載焉；語小，天下莫能破焉。《詩》云：『鳶飛戾天，魚躍於淵』。言其上下察也。君子之道，造端乎夫婦，及其至也，察乎天地。」這就是認為，儒家對仁智統一之道堅信不疑，最原始的根據就是人倫日用之常，也就是普通的生活常識。人們的日常行為從來沒有把認知活動和道德實踐割裂為兩橛，總是把二者緊密地

18《伊川擊壤集》，卷十八。

結為一體，否則就無法在世界上生存，這種植根於愚夫愚婦的生活經驗層面的常識，是誰也不能懷疑的。至於上升到哲學理論的層面來證明，以及在實踐上把二者結合得恰到好處來克服事實與價值的背離，連聖人也難以做到。因此，儒家並不過分重視理論體系的建構，往往是依據常識來糾正理論的偏頗，把人倫日用之常的生活經驗看作是衡量人的認識是否全面的客觀標準。也正是由於這個原因，所以儘管在儒學史上誰也沒有真正解決仁智統一的問題，但是所有的儒家全都堅信，這種統一的可能性存在於百姓日用之間，是確定無疑的。

二、知識的方法或途徑

《論語‧顏淵》記載：「樊遲問仁。子曰：『愛人』。問知。子曰：『知人』。」仁是道德，知是知識，道德的本質在於主觀的應然之善，知識的本質在於客觀的本然之真，因而求仁與求知的方法或途徑是不相同的。孔子以愛人來界定仁，是強調仁是發自內心的一種道德情感，應該從主觀出發，從內心出發，按照由內而外、由主而客的途徑來求仁。他指出：「仁遠乎哉？我欲仁，斯仁至矣。」[19]至於求知的途徑，孔子則是強調應該反其道而行之。《論語‧子罕》記載：「子絕四：毋意、毋必、毋固、毋我。」這是認為，求知不能從主觀的私意出發，不能從自我的成見出發，應該尊重客觀事實，多聞多見，擇善而從，務求使自己的主觀符合於客觀。孔子的這個思想，樸素無華，從常識的角度來看，完全可以理解，也沒有形成什麼矛盾。每個人都可以根據自己的生活經驗體會到求仁與求知的這兩種途徑雖相反而實相成，結成一對互補關係辯證地統一於人們每日每時都在進行的道德實踐與認知活動之中。但是，在儒學史上，關於知識的方法或途徑的討論，卻是一直存在著

19《論語‧述而》。

兩派彼此對立的看法，相持不下，誰也說服不了誰。一派著眼於道德，把求仁的途徑置於首位，主張以主觀的內省體察為依據來擴充存養，另一派則是著眼於知識，把求知的途徑置於首位，主張以客觀事實為依據來即物而窮理。換句話說，一派主張「尊德性」，另一派主張「道問學」。其所以產生這種分歧，除了由於他們對天道性命的本質的看法不相同以外，還因為問題的本身涉及到人的稟賦志趣諸多方面，糾纏扭結，十分複雜，並且人們在求仁與求知的過程中，事實上也確有先後次序之不同。《中庸》曾說：「自誠明，謂之性；自明誠，謂之教。誠則明矣，明則誠矣。」誠是由盡性之學所得到的道德，明是由窮理之學所得到的知識。「自誠明」是說首先從道德入手可以進一步通向知識。「自明誠」是說首先從知識入手可以進一步通向道德。就最後所達到的結果而言，「誠則明矣，明則誠矣」，此二者殊途而同歸。《中庸》的這一段言論只是表述了儒家的共同的哲學信念或者共同的研究綱領，至於進入到具體的實際的研究中來，人們往往是各執一端，有的偏於「自誠明」，強調主觀途徑的重要，有的偏於「自明誠」，強調客觀途徑的重要，由此而在儒學史上形成了兩個對立的派別。這兩派都以激烈的言詞相互攻訐，加上後來受到爭奪道統正傳的意識形態的干擾，增加了問題的複雜性。如果我們超越學派成見從儒學整體的角度來看，「自誠明」與「自明誠」的兩個途徑都是實現儒家的人格理想所不可或缺的，因而兩派並無高下優劣之分，他們的矛盾鬥爭構成了儒學發展的內部動力，並且從不同的側面豐富了儒學的內涵。

先秦時期，孟子屬於「自誠明」的一派，荀子則屬於「自明誠」的一派。由於他們都是儒家，所以孟子雖然重視道德，卻沒有取消知識，只是極力想把知識從屬於道德，使道德能夠蘊含知識；荀子雖然重視知識，卻沒有取消道德，只是極力想

把道德從屬於知識，使知識能夠蘊含道德。孟子認為：「人之所不學而能者，其良能也；所不慮而知者，其良知也。孩提之童無不知愛其親者，及其長也，無不知敬其兄也。親親，仁也；敬長，義也。無它，達之天下也。」、「萬物皆備於我矣，反身而誠，樂莫大焉。強恕而行，求仁莫近焉。」[20]可以看出，這是對孔子的「為仁由己」、「我欲仁，斯仁至矣」的思想的一種詮釋和發揮。所謂「萬物皆備於我」，其準確的含義就是如同宋儒所說的「仁者渾然與物同體」，指的是通過求仁而得仁所體驗到的一種主客契合的精神境界。既然求仁是從主觀出發，那麼判斷主客是否契合，精神境界是否真實，也就只能依據主觀的體驗，所以說「反身而誠，樂莫大焉」，如果反躬自省，合於求仁的本心之誠而無愧無怍，便會感到莫大的快樂。但是，這種主觀的體驗並不與客觀相悖，否則便不可能做到渾然與物同體。因為求仁雖然是從主觀的自我出發，卻是以他人的客觀存在為前提的，只有隨時隨地考慮到他人的客觀存在，以他人的意願作為確定自我出發點的前提，這才是求仁的最切近的方法，所以說「強恕而行，求仁莫近焉。」《論語·衛靈公》記載：「子貢問曰：『有一言而可以終身行之者乎？』子曰：『其恕乎！己所不欲，勿施於人』。」這個「恕」字打通了主與客、自我與他人的界限，實際上是一種價值理性，一種從主觀出發而又具有客觀內容的道德律令。因此，孟子以這種求仁的途徑為據作出進一步的推論，認為主觀的道德可以蘊含客觀的知識，知識從屬於道德。他指出：「君子所性，仁義禮智根於心。」[21]心有四端，與生俱來，惻隱之心為仁之端，羞惡之心為義之端，辭讓之心為禮之端，是非之心為智之端。擴充四端謂之盡心，盡心是從主觀出發的，但是智也自然蘊含於其中。荀

20《孟子·盡心上》。
21《孟子·盡心上》。

子與孟子恰恰相反，把求知的途徑置於首位，著重發揮了孔子的「毋意、毋必、毋固、毋我」的思想，認為知識是人的認知能力（能知）與客觀對象（所知）相結合的產物，客觀對象是獲得知識的必要條件，應該從客觀出發，而不能從主觀出發。他指出：「所以知之在人者謂之知，知有所合謂之智。」[22]前一個「知」字是指先天所固有的認知能力，後一個「智」字是指後天所獲得的知識或智慧，這種知識或智慧是認知能力以客觀外在的事物為對象作出如實的反映以後才產生的，所以說「知有所合謂之智」。這也是一種主客契合，但與孟子所說的「萬物皆備於我」不同，不是使客觀契合於主觀，而是使主觀契合於客觀。為了判斷後天所獲得的知識是否做到主客契合，也就不能依據主觀的體驗，而必須依據客觀的標準。所以荀子指出：「心有徵知。徵知，則緣耳而知聲可也，緣目而知形可也，然而徵知必將待天官之當薄其類然後可也。五官薄之而不知，心徵之而無說，則人莫不然謂之不知。」[23]「徵知」即對知識的驗證，驗證的標準是「當薄其類」，考察是否合乎客觀事物本然的類別，如果耳不能知聲，目不能知形，心不能對客觀事物作出恰如其類的說明，每個人都會把這種情況叫做「不知」。荀子的這個思想和孔子一樣，立足於人們的常識，單就求知的途徑而言，本來是無可懷疑的。但是荀子據此作出進一步的推論，認為求仁的途徑也應該向外追求，客觀的知識可以蘊含主觀的道德，道德從屬於知識。他指出：「凡性者，天之就也，不可學，不可事。禮義者，聖人之所生也，人之所學而能，所事而成者也。」、「凡禮義者，是生於聖人之偽，非故生於人之性也。」[24]既然人性只有天賦的認知能力，禮義並不生於內在的人

22《荀子・正名》。
23《荀子・正名》。
24《荀子・性惡》。

性，只能生於聖人外在的人為，那麼聖人究竟憑藉什麼來創制禮義道德呢？荀子回答說，聖人所憑藉的就是一個「明」字，也就是最全面的知識，最高度的智慧。他指出：「不聞不若聞之，聞之不若見之，見之不若知之，知之不若行之。學至於行之而止矣。行之，明也，明之為聖人。」[25]可以看出，孟子著眼於「尊德性」，強調主觀途徑的重要，偏於「自誠明」，荀子則是著眼於「道問學」，強調客觀途徑的重要，偏於「自明誠」。這兩條思路從不同的側面發展了孔子的思想，其持之有故，其言之成理，本身都具有一種相對的合理性，但是，用於求仁者未必可以用於求知，用於求知者未必可以用於求仁，如果各執一端，以偏概全，把分屬於不同領域的道德與知識混為一談，就會產生一系列理論上的分歧而無法統一。孔子以後，儒學的分化主要是圍繞著孟子和荀子的這兩條思路而展開的。

宋明時期，關於知識的方法或途徑的討論，成了熱門話題。在這種討論中，雖然人們並沒有存心要把求仁與求知對立起來，而是極力想使二者趨於統一，但是實際上仍然分化成了兩派。比如張載指出：「天人異用，不足以言誠；天人異知，不足以盡明。所謂誠明者，性與天道不見乎小大之別也。」、「自明誠，由窮理而盡性也；自誠明，由盡性而窮理也。」[26]張載的這個思想，說的就是本體與工夫的關係，這也是理學的重大的主題。「性與天道不見乎小大之別」是本體層面，「自明誠」與「自誠明」是工夫層面。知識的對象問題屬於本體層面，知識的方法或途徑的問題屬於工夫層面。這兩個層面是不可分割地緊密聯繫在一起的。如果對本體的看法有分歧，勢必影響到對工夫的處理。即令對本體持有相同的看法，在工夫上究竟是先窮理還是先盡性，仍有不同的處理方法。如果對工夫

25《荀子‧儒效》。
26《正蒙‧誠明篇》。

的處理不同，反過來也直接影響到對本體的看法。因此，工夫層面的問題在理學中佔有十分重要的地位，甚至具有決定性的意義，到後來逐漸演變凝結為「工夫即本體」的著名理學命題。這種對工夫層面的重視，說明了理學的實踐品格。由於人們的實踐既是求仁與求知的統一體，同時又存在著入手工夫的先後次序之不同，所以理學的分化是不可避免的，早在北宋年間理學開創時期，就出現了兩種不同的思路。

周敦頤屬於「自誠明」的一派，強調首先從道德修養入手，由盡性而窮理。他並不否認尚有另一條「自明誠」的思路，但卻認為「自誠明」是聖人，「自明誠」是賢人，應以聖人作為效法的榜樣，窮理的方法比盡性的方法要低一個等級。他指出：「聖，誠而已矣。誠，五常之本，百行之源也。靜無而動有，至正而明達也。」[27]這是說，聖人的本質就是一個「誠」字。誠是道德的本體，心性的本體，聖人就是這個本體的化身，是誠的完美體現。所謂「至正而明達」，是說在這個道德本體中自然蘊含著知識和智慧。因此，「聖希天，賢希聖，士希賢。」如果能夠像聖人那樣以誠為本，從事盡性的工夫，就可以做到寂然不動，感而遂通，明通公溥，仁智合一，達到理想的境界。邵雍與周敦頤不同，主張由窮理而盡性，屬於「自明誠」的一派。他指出：「天使我有是之謂命，命之在我之謂性，性之在物之謂理。理窮而復知性，性盡而後知命，命知而後知至。」[28]邵雍把自己的哲學思想叫做「觀物」。觀是一種客觀的理性認識活動，不是指人的主觀的道德修養。觀這個概念本於《周易》。《觀卦・彖傳》：「觀天之神道而四時不忒」。《賁卦・彖傳》：「觀乎天文以察時變，觀乎人文以化成天下。」〈繫辭下〉：「古者包犧氏之王天下也，仰則觀象於天，俯則觀

27《通書・誠下》。
28《皇極經世・觀物外篇》。

法於地，觀鳥獸之文與地之宜，近取諸身，遠取諸物，於是始作八卦，以通神明之德，以類萬物之情。」邵雍據此而提出了觀物的思想，以觀物作為認識世界的基本方法。他指出：「夫所以謂之觀物者，非觀之以目而觀之以心也，非觀之以心而觀之以理也。」[29]照邵雍看來，人之觀物有三種不同的觀法，一是觀之以目，二是觀之以心，三是觀之以理。以目觀物是指用自己的感覺器官去觀物，此種觀法可見物之形，只能得到一些表面的感性知識。以心觀物即以我觀物，是指用自己主觀的好惡之情去觀物，此種觀法可見物之情，但卻受到主觀的蒙蔽，昏而不明，只能得到一些片面的知識。以理觀物即以物觀物，是指順應物之自然本性、尊重物之本來面目去觀物，此種觀法避免了偏而暗的主觀成見，公而且明，可見物之性，使主體與客體合而為一。因而聖人的本質，關鍵在一個「明」字，能夠窺出物理，照破人情，把人文的價值理想建立在對天地萬物自然之理的客觀的認識基礎之上。

南宋年間，朱熹與陸象山圍繞著知識的方法途徑問題進行了多次激烈的論辯，促使理學分化為兩個公然對立的學派。從此以後，關於朱陸異同的問題成了理學史上的一大公案，持續討論了數百年。黃宗羲對這場討論作了客觀公正的評述。他指出：「先生（陸象山）之學，以尊德性為宗，謂先立乎其大，而後天之所以與我者，不為小者所奪。夫苟本體不明，而徒致功於外索，是無源之水也。同時紫陽（朱熹）之學，則以道問學為主，謂格物窮理，乃吾人入聖之階梯。夫苟信心自是，而惟從事於覃思，是師心之用也。兩家之意見既不同，……於是宗朱者詆陸為狂禪，宗陸者以朱為俗學，兩家之學各成門戶，幾如冰炭矣。」黃宗羲接著指出，朱陸除了相異的一面以外，尚有相同的一面，而且同大於異。他說：「二先生同植綱常，

29《皇極經世·觀物內篇》。

同扶名教，同宗孔孟。即使意見終於不合，亦不過仁者見仁，知者見知，所謂學焉而得其性之所近。」「況考二先生之生平自治，先生之尊德性，何嘗不加功於學古篤行，紫陽之道問學，何嘗不致力於反身修德，特以示學者之入門各有先後，曰此其所以異耳。」[30]

朱熹的方法論思想集中體現在《大學》的格物致知補傳中。他指出：「所謂致知在格物者，言欲致吾之知，在即物而窮其理也。蓋人心之靈莫不有知，而天下之物莫不有理，惟於理有未窮，故其知有不盡也。是以《大學》始教，必使學者即凡天下之物，莫不因其已知之理而益窮之，以求至乎其極。至於用力之久，而一旦豁然貫通焉，則眾物之表裡精粗無不到，而吾心之全體大用無不明矣。此謂物格，此謂知之至也。」[31]可以看出，朱熹的這個思想與荀子、邵雍是同一條線索。所謂「人心之靈莫不有知」，說的是認識的主體，「天下之物莫不有理」，說的是認識的客體，客體獨立於主體之外，所以認識必須以客體為對象，今日格一物，明日格一物，即物而窮理。如果單就求知而言，朱熹的這個方法合乎人們的常識，無可厚非，但是朱熹卻進一步把這個方法用於求仁，以為從格物入手，可以使「吾心之全體大用無不明」，悟出一個如同孟子所說的「萬物皆備於我」的精神境界，這就不能不引起人們正當的懷疑。因為求知的本質在一個「知」字，求仁的本質在一個「悟」字，知是客觀的理解，悟是主觀的體驗，前者屬於知識的範圍，後者屬於道德的範疇，用於求知者未必可以用於求仁。陸象山正是緊緊抓住了如何求仁的問題對朱熹進行批評的。陸象山談到他和朱熹的分歧時說：「朱元晦曾作書與學者云：『陸子靜專以尊德性誨人，故遊其門者多踐履之士，然於道問學處

30《宋元學案・象山學案》。
31《大學章句》。

欠了。某教人豈不是道問學處多了些子，故遊某之門者踐履多不及之。』觀此，則是元晦欲去兩短，合兩長。然吾以為不可，既不知尊德性，焉有所謂道問學。」[32]照陸象山看來，所謂「尊德性」，就是把理擺在心之內，先立乎其大者，收拾精神，自作主宰。所謂「道問學」，就是把理擺在心之外，泛觀博覽，日積月累。前者「易簡」，後者「支離」。如果依著「道問學」做去，只能做到「揣量模寫之工，依仿假借之似，其條畫足以自信，其習熟足以自安」，[33]結果將失去本心。因此，陸象山把「格物」解釋為只是發明本心，離開了發明本心，無所謂「格物」。他指出：「今人略有些氣焰者，多只是附物，原非自立也。若某則不識一個字，亦須還我堂堂地做個人。」[34]如果單就求仁而言，陸象山的這個方法簡易直截，立足於主體的自覺和道德的自律，並且在人們的日常經驗中有著切實的依據，的確很有道理，但是他混淆了道德與知識的界限，犯了和朱熹同樣的錯誤，把求仁的方法用於求知，以為只要從發明本心入手而不必即物窮理，就可以做成一個「無所不知無所不能之人」。這就在理論上產生了很大的困難，不能自圓其說了。

黃宗羲企圖找到一個客觀公正的說法來平息朱陸之爭，認為他們理論上的分歧不過是仁者見仁，知者見知，至於從他們「生平自治」的行為實踐上來看，陸象山之尊德性未嘗不致力於道問學，朱熹之道問學未嘗不致力於尊德性，事實上都在追求二者的互補和統一，因而他們的思想並無實質性的不同，區別只在於「示學者之入門各有先後」而已。黃宗羲的這個說法超越了學派門戶之見，可以在很大程度上得到人們的共識。但是，關於求知與求仁的途徑究竟應以何者為優先的問題，從先

---

32 《陸九淵集・語錄上》。
33 《陸九淵集・與朱元晦》。
34 《陸九淵集・語錄下》。

秦的孟荀開始發展到後來，一直是爭論不休，而且愈演愈烈，始終未能平息，這也是一個歷史的事實。據此而論，儒學史上所形成的這兩派，同中有異，異中有同，各有其合理的內核，也各有其片面性的局限，我們不可只知其一，不知其二。

三、知識的性質與限度

關於知識的性質問題，孔子作過一些表述，充分顯示了儒家的知識論思想的特色。比如他指出：「知之為知之，不知為不知，是知也。」[35]這是認為，知識的性質，關鍵在於求知過程中的務實態度，而不在於既得的知識成果，若人能於其知者以為知，於不知者以為不知，自知其不知而不強以為知，這種務實的態度本身就是一種「知」。孔子經常強調他並不是生而知之的聖人，也沒有取得至矣盡矣的知識成果，他所一貫堅持的僅僅只是這種自知其不知的務實態度和對知識的不懈追求。他指出：「我非生而知之者，好古敏以求之者也。」、「蓋有不知而作之者，我無是也。多聞擇其善者而從之，多見而識之，知之次也。」[36]「吾有知乎哉？無知也。有鄙夫問於我，空空如也，我叩其兩端而竭焉。」[37]孔子對知識的這種看法，主要是著眼於實踐理性而不是理論理性。就理論理性而言，人們往往過分相信概念的知識，師心自用，自以為是，強不知以為知，但是一旦落實到實踐的層面上來，立刻暴露出嚴重的缺陷，不能發而皆中節，做到恰如其分，無過無不及。因為實踐是一個動態的過程，處於時間不斷的流轉之中，此時所是，過時即非，必須適應這種變動不居的情況隨時調整自己的行為。人們的行為實踐是受理性指導的，但是這種理性並不是理論理性，而是實踐理性。孔子把這種實踐理性叫做「中庸」。他指出：「中庸之為

---

35 《論語‧為政》。
36 《論語‧述而》。
37 《論語‧子罕》。

德也，其至矣乎，民鮮久矣。」[38]中庸之所以成為最高的美德，是因為它是衡量人的各種行為的一般性標準，實際上是指導人們行為實踐的價值理性，也是一種執兩用中的知識。孔子認為，這種知識是很難達到至矣盡矣的境界的，一個人在這一件事上合乎中庸，不能在其他的事上也恰到好處，所以只能抱著一種務實的態度進行不懈的追求，盡可能地不犯大的錯誤。後來《中庸》對孔子的這個思想作了詳盡的發揮。它指出：

道之不行也，我知之矣，知者過之，愚者不及也；道之不明也，我知之矣，賢者過之，不肖者不及也。人莫不飲食也，鮮能知味也。

舜其大知也與！舜好問而好察邇言，隱惡而揚善，執其兩端，用其中於民，其斯以為舜乎！

人皆曰予知，驅而納諸罟擭陷阱之中，而莫之知避也。人皆曰予知，擇乎中庸而不能期月守也。

天下國家可均也，爵祿可辭也，白刃可蹈也，中庸不可能也。

君子之道四，丘未能一焉：所求乎子以事父，未能也；所求乎臣以事君，未能也；所求乎弟以事兄，未能也；所求乎朋友先施之，未能也。庸德之行，庸言之謹，有所不足，不敢不勉，有餘不敢盡，言顧行，行顧言，君子胡不慥慥爾。

照儒家看來，合乎中庸雖然困難，卻並不高不可攀，無法實行。庸就是平常的意思，在人倫日用之常中得其中道，即為中庸。因此，中庸是和人們的日常生活聯繫在一起的，是包括愚夫愚婦和聖人在內的所有人無時無刻都在實行的，所謂「庸德之行，庸言之謹」，這種極平凡極普通的常識，就如同布帛菽粟一樣，是人們須臾不可離的。但是，也正因為中庸只是一種

---

38 《論語·雍也》。

常識，不是理論的知識，不是概念的知識，而是一種指導人們
行為實踐的執兩用中的知識，這種關於行為的知識包羅萬象，
成己成物，仁智統一，除了極平凡極普通的一面以外，尚有極
高明的一面，所以對於這種知識無法作出明確的定性，只能歸
結為一種自知其不知的務實態度，一種永無止境，不斷探索的
過程。

儒家認為，心為一身之主宰，在人們的行為實踐中，心是
能動性的主體。這個心一方面以其天賦的認知能力而求知，同
時又以其天賦的道德能力而求仁，通過這兩個途徑所得到的知
識是不相同的，由求知所得到的是關於客觀外物的科學知識，
由求仁所得到的是關於主觀內心的道德知識，但是，此二者皆
為一心之二用，統一於同一個主體，所以合而言之，謂之人倫
日用之常，也就是包括科學知識與道德知識在內的普通常識。
從這個角度來看，所謂知識，就存在著一個廣義與狹義之分的
問題。由於儒家不大重視概念的分析，往往把各種不同的知識
混為一談，加上有的見仁，有的見知，各執一端，以偏概全，
所以儘管他們在行為實踐上普遍關注人倫日用之常，著眼於廣
義的知識，但是在理論邏輯上總是陷入混亂，不能自圓其說。
這種情況發展到宋代，有了一定程度的好轉，開始重視概念的
分析，區別各種不同的知識。比較起來，張載的說法是具有代
表性的。他指出：

大其心則能體天下之物，物有未體，則心為有外。世人之
心，止於聞見之狹。聖人盡性，不以見聞梏其心，其視天下無
一物非我，孟子謂盡心則知性知天以此。天大無外，故有外之
心不足以合天心。見聞之知，乃物交而知，非德性所知；德性
所知，不萌於見聞。[39]

39《正蒙・大心篇》。

　　張載把人的知識區分為兩種，一種是「德性所知」，另一種是「見聞之知」。張載認為，「德性所知」源於人的「天地之性」，「見聞之知」源於人的「氣質之性」，只有「德性所知」才能超越自我的局限，大其心以體天下之物，實現人之所以為人的道德價值，而「見聞之知」則為外物所累，止於聞見之狹，不足以合天心以盡性。在張載的思想系統中，「見聞之知」是個泛稱，不僅指感性知識，也包括由思慮所得的理性知識，這種知識建立在「天人異用」、「天人異知」的基礎之上，主客二分，以滯而不通的有形之物為對象，是一種由氣質之性所獲得的關於客體的知識，不能合內外之道，通物我之情。張載並不否認「見聞之知」存在的合理性，但卻認為，與「德性所知」相比較，是一種大小本末的關係，如果擺正了這種關係，對於盡心盡性實現人的本質可以起到啟發心思的積極的作用。「德性所知」也叫做「天德良知」、「誠明所知」。這種知識雖然不以具體的感性的事物為對象，但仍然是有一個確定的客觀外在的對象的。這個對象就是至大無外之天，包容萬象的宇宙之全，也就是天地之道，神化之理，絕對普遍永恒而與天地同在的價值本體。因而「德性所知」乃是以人之本質與天之本質相溝通，是一種本質的直觀，價值的體認，也是人之所以繼善成性與天合一的唯一通道。

　　張載對知識所作的這種區分，是從他的人性論的思想出發的。張載認為，人是神與形的統一，既有天地之性，也有氣質之性，此二者內在地具於一心，但是唯有神才是人的本質所在，形只不過是血肉之軀的有限的個體，區區之一物。因此，源於氣質之性的見聞之知局限於一己之身，常於軀殼上起念，通過耳目感官與物相交，這種知識不可能產生人文價值，如果過分誇大這種知識的作用，或者止於聞見之狹，就會見物而不見人，徇物而喪己。源於天地之性的德性所知則是人文價值的

泉源。這種人文價值以神化之理落實於人性層面的仁義之道作為確定的內涵，具有本體論的意義。為了把握這種價值本體，不能通過以物為對象的客觀知識的途徑，因為對於客觀知識來說，這種價值本體是不可知的。張載認為：「性於人無不善，係其善反不善反而已。」[40]所謂「反」，就是由物回到人，由外回到內，由客觀回到主觀，通過德性所知來發掘人性本身所存在的價值。這是人的價值的自我實現，也是一個自強不息的道德實踐的過程，需要高揚主體精神，向著這個目標進行不懈的追求。

可以看出，張載的這種思想屬於「自誠明」的一派，過分地強調「尊德性」而忽視了「道問學」，並不是一種全面的說法，而且也與他的主觀的哲學信念相背離。他曾說：「必仁知會合乃為聖人也」。[41]所謂「仁知會合」，應該是「德性所知」與「見聞之知」完美的統一，道德知識與科學知識有機的結合，也就是人文主義與自然主義、應然之善與本然之真不見乎小大之別，但是張載實際上所得出的結論仍然是陷入一偏，有見於仁而不見知，不能把握「仁知會合」之全。雖然如此，張載對知識的性質與限度作出了概念清晰、邏輯嚴謹的分析，是理學史上的一個重大的理論創造，得到了很多人的讚揚，特別是他圍繞著「仁知會合」的人格理想所進行的討論，涉及到客觀知識與人文價值的關係問題，這是一個十分深刻的哲學問題，至今仍有重大的現實意義。從儒學的整體來看，在歷史的長河中，有的偏於「自誠明」，有的偏於「自明誠」，無論採取何種思路，都不能對「仁知會合」的人格理想作出令人信服的理論證明，也許這種人格理想本身並不是什麼屬於知識論的哲學理論問題，而是一個以中庸作為價值導向的行為實踐的問題，人們

40《正蒙・誠明篇》。
41《橫渠易說・繫辭上》。

只能抱著一種務實的態度，像孔子那樣，不斷的探索，不斷的追求，爭取達到某種相對的合理性，來安身立命，成己成物。

佛教觀點

方立天（中國人民大學哲學系 教授）

一、認識的對象與可能

　　佛教為了追求人生的最終解脫，著重運用因果律分析人的構成因素，認為人是由色、受、想、行、識五種因素構成，其中既包括了肉體的物質因素，也包括了感情、意志、思惟、意識即精神因素。這些因素各有善與惡、染與淨等不同性質的內容，並按照因果法則不斷地流動。佛教強調人們應當瞭解這些因素的活動情況，認識到人並沒有永恒的絕對的實體，以便控制、減少和停止活動，達到寂靜狀態，進入涅槃解脫境界。

　　小乘佛教以人的認識為基點而展開了對人與事物的分析，認為人的認識是一個複合現象，是由不同因素間的相依緣起的動態過程，是人的認識器官攀緣、接觸外境而產生的結果，這種「依根緣境生識」即「三法和合」說，構成小乘佛教典型的認識論內容。後來大乘佛教進一步提出「萬法唯識」、「唯識所變」的思想，從主客一體的角度強調一切存在都是主體意識的變現，並相應地提出了「三類境」即三種認識對象的新說。

「依根緣境生識」說

　　《阿毗達磨大毗婆沙論》和《阿毗達磨俱舍論》對於「根」作了詳盡的論述。前書云：

　　二十二根：眼根、耳根、鼻根、舌根、身根、女根、男根、命根、意根、樂根、苦根、喜根、憂根、捨根、信根、精進根、念根、定根、慧根、未知當知根、已知根、具知根。[1]

　　「根」，是如草木的根具有成長發展的能力，能衍生出枝幹花葉果實，人體的器官、機能、能力，亦有助於人類的覺悟或

---

1 《阿毗達磨大毗婆沙論》卷一四二，《大正藏》第二十七卷，頁728下。

給人類帶來痛苦，故稱為「根」。此處二十二根是指人體及多種強有力的功能、作用而言。二十二根中，眼、耳、鼻、舌、身、意六根具有認識作用，女、男、命三根，是指性命與壽命，樂、苦、喜、憂、捨五根是能感受外界的印象感覺，信、精進、念、定、慧諸根有助於根除煩惱，歸於解脫，至於未知當知根、已知根和具知根是有益見道、修道和證道的根。

關於眼、耳、鼻、舌、身、意六根，《阿毗達磨俱舍論》卷第一〈分別界品第一〉說：「頌曰：色者唯五根，……論曰：言五根者，所謂眼、耳、鼻、舌、身根。」[2]又說：「識謂各了別，此即名意處。」[3]這是講，人的肉體器官唯有五根，是司視覺、聽覺、嗅覺、味覺、觸覺的五官及其機能。「意處」即意根，這裡「處」是心理活動和意識產生的意思。意根也就是心。具有「了別」作用的意識活動，依賴於心。意根或心是具有思考作用的認識機能。佛教有的派別認為：「眼謂內處，四大所造，淨色為性。」[4]這是說，眼根係由地、水、火、風四要素構成，具有見的機能；它自身清淨透明，眼不能見，卻在內佔有空間。這相當於不可見的眼神經系統。這稱為淨色根或勝義根。所謂眼等五根則指此種具有取境發識作用的根。另外，如眼球等具體的肉體器官，稱為扶塵根，只具有扶助感覺產生的作用，並不屬五根。有的派別則認為五根之體，以肉團為性，別無淨色，不能取境，即以扶塵根為五根。再者，眼等五根屬感覺器官或感覺機能，由物質（色）所形成，故也稱五色根，而意根（心）則稱為無色根。

佛教有的派別還認為，五根各於四事有增上的作用，故稱為根。四事是：「一、莊嚴自身，二、導養自身，三、為識等

2《大正藏》第二十九卷，頁2中。
3《大正藏》第二十九卷，頁4上。
4《大正藏》第二十九卷，頁2中。

依，四、作不共事。莊嚴自身者，雖有妙身支分具足，三根隨缺，人不喜觀。導養自身者，由此三根受用段食，令身久住，以段食是香味觸故。為識等依者，鼻識及相應法依鼻根生，舌識及相應法依舌根生，身識及相應法依身根生。作不共事者，唯鼻能嗅，唯舌能嘗，唯身覺觸，各非餘根。」[5]莊嚴身，謂眼、耳等莊嚴於身，使人完美，若有缺根，便成殘陋。導養自身，謂眼能見安危之色，耳能聞美惡之聲，鼻能嗅香臭之氣，舌能嘗甜苦之味，如此皆能分別，導引於身，趨好避惡。為識等依，識是分別義。此指五根緣境能生分別之識及相應法。不共事，是說諸根各作所用，不相雜亂。然也有的派別認為，以上四事並非是五根的作用，而是識的增勝作用。又，「意根於二處增上：一、能續後有，二、自在隨轉。」[6]意根與前五根不同，有二個增勝之處：一是前剎那的六識落謝，意根即能引起次剎那的六識，二是意根所對的境是心法，即以意識所觸及的如觀念、概念、想像等為對象，是隨其所轉自在無礙的。

　　佛教所講的「境」，即對象、現象、外界的存在。境作為感官與心所知覺所認識的對象，也稱作「塵」，有時且塵境運用。塵是有染污的意思，指境猶如塵埃對人的情識有染污的作用，故稱。佛教一般以眼、耳、鼻、舌、身、意六根的對象為境，相應地稱為六境、六塵。這也就是通常所說的外境，或客觀世界。

　　《阿毗達磨俱舍論》卷第一載文云：

　　頌曰：色二或二十，聲唯有八種，味六香四種，觸十一為性。論曰：言色二者，一顯二形。顯色有四：青、黃、赤、白，餘顯是此四色差別。形色有八，謂長為初，不正為後。或二十者，即此色處復說二十，謂青、黃、赤、白、長、短、

5《阿毗達磨大毗婆沙論》卷一四二，《大正藏》第二十七卷，頁731上、中。
6《大正藏》第二十七卷，頁731中。

方、圓、高、下、正、不正、雲、煙、塵、霧、影、光、明、
暗。……聲唯八種，謂有執受或無執受大種爲因，及有情名非
有情名差別爲四，此復可意及不可意，差別成八。……味有六
種，甘、醋、鹹、辛、苦、淡別故。……香有四種，好香、惡
香、等不等香，有差別故。……觸有十一，謂四大種，滑性、
澀性、重性、輕性及冷、饑、渴。[7]

這是說，色境有青、黃等十二種顯色與長、短等八種形
色。聲境指分別由生物身體或其他物質所發出，各有表示事物
之理的言說與聲音，以及拍手、哭聲等非言語之聲，又復有快
聲與慢聲之分，共爲八種。香境指好、惡、等、不等四種香與
臭。味境有苦、辛等六種。觸境有堅、濕、暖、動「四大」等
十一種。

《阿毗達磨俱舍論》卷第一又云：

論曰：……受、想、行蘊及無表色、三種無爲，如是七
法，於處門中立爲法處，於界門中立爲法界。[8]

「受、想、行蘊」爲心理現象。「無表色」指外表上沒有呈
現出來的行爲，這種行爲被視爲物質性的存在，故稱。「三種
無爲」，「無爲」是不由因緣、條件而成的東西，此指虛空無
爲、擇滅無爲、非擇滅無爲三種無爲。這是以受、想、行等七
法爲意根作用的對象，稱爲法處或法界，也即法境。

佛教詳盡地論述了根、境、識三者的關係，闡發了依根緣
境生識的認識論學說。

《中阿含經》卷第七《象跡喻經》云：

若內眼處壞者，外色便不爲光明所照，則無有念，眼識不

7《大正藏》第二十九卷，頁2中、下。
8《大正藏》第二十九卷，頁4上。

66

得生。…若內眼處不壞者，外色便爲光明所照，而便有念，眼識得生。…若內耳、鼻、舌、身、意處壞者，外法便不爲光明所照，則無有念，意識不得生。…若內意處不壞者，外法便爲光明所照，而便有念，意識得生。[9]

意思是說，沒有正常的認識器官、機能以及這些器官、機能作用的對象，就不能產生認識。強調若果器官、機能損壞，認識是難以形成的。佛教的宇宙觀是緣起論，認為一切事物都是因緣和合而起的，沒有形成關係，或關係離散，認識就不能生起。認識的成立必須具備三個因素：認識器官、機能（根）、客觀的對象（境）和主觀的認識（識）。

在認識過程中，認識器官、機能與認識對象的關係如何呢？佛教各派對此作了認真的探索，並形成不同的觀點。《成實論》卷第四《根塵合離品》有一段長文記載了有關的論說，文云：

問曰：……今爲根塵合故識生，爲離故生耶？答曰：眼識不待到故知塵，所以者何？月等遠物，亦可得見。月色不應離月而來，又假空與明故得見色，若眼到色則間無空明，如眼篦觸眼則不得見，當知眼識不到而知。耳識二種，或到故知，或不到而知。耳鳴以到故知，雷聲則不到而知。餘三識皆到根而知，所以者何？現見此三，根與塵和合故可得知。意根無色故，無到不到。問曰：汝言眼色不到而知，是事不然。所以者何？眼中有光，是光能去見色。光是火物，眼從火生，火有光故。又若不到能見，何故不見一切色耶？以眼光去有所障礙，不遍到故，不見一切。又經中說，三事和合故名爲觸，若不到者，云何和合？又五根皆是有對，以塵中障礙故名有對。鼻香中、舌味中、身觸中、眼色中、耳聲中，若不到則無障礙。又

現在五塵中知生，是故五識到故能知。若不到能知，亦應知過去、未來色，而實不知。又眾緣合故知生，是故眼光去與塵合，以光到色，故名和合。聲亦以到耳故聞，所以者何？人在遠處，小語則不聞，若聲如色不到而知，小聲亦應可聞，而實不聞，故知以到故聞。又聲可遠聞，若不到聞則無遠近。又聲以壁障則不可聞，若不到可聞，雖障亦應聞。又聲遠聞則不了，近聞則了，若不到而聞則無差別，以到耳故，有是差別，故知音聲到故可聞。又聲順風則了，逆風不然，故知到故可聞。又聲可盡聞，若不到而聞，不應盡聞，如色不到而見故不盡見，故知聲不同色，若不到可聞，則與色同。如色一分見，餘亦待明故見，聲亦應爾，而實不然，是故不到不聞。汝言耳等根塵不到而知，是事不然。[10]

　　這裡討論的認識形成是否要認識器官、機能與認識對象接觸、和合的問題，一派認為眼根不需要和色如天上月亮相接觸，就能見到；耳識的形成有合有離二種不同情況；至於鼻、舌、身三識則都需要根和境和合才能形成；最後，因意根無色，意識的形成沒有根與境合不合的問題。另一派對於上述眼根不需和境相合就能生識，以及耳識生成有根境合離二種情況的說法，提出種種理由表示異議。

　　《雜阿含經》卷第八說：

　　二有因緣生識，何等爲二？謂眼、色，耳、聲，鼻、香，舌、味，身、觸，意、法。[11]

　　這裡說二種因緣產生認識，一種是眼、耳、鼻、舌、身、意「六根」，一種是色、聲、香、味、觸、法「六境（塵）」，六根和六境合稱為「十二處」。如上所說，「處」是生長的意思，生長即指生長識而言。十二處是認識力的十二個根據。由所依

10《大正藏》第三十二卷，頁268上、中。

的六根和所緣的六境而分別相應地產生六識,可列表如下:

以上六根、六境和六識又合稱為「十八界」。十八界和十二處密不可分,是在十二處的基礎上再增加相應的六識而成。佛教認為,十八界攝盡宇宙一切現象,是對宇宙萬有的總的分類。這種分類是以人的認識為中心,是說由能夠發生認識功能的六根,作為認識對象的六境,以及由六根與六境相接觸而產生的六識,共同構成為和人身相統一的宇宙萬有的基本要素。對於十八界的內在要素與外在要素的區分和聯繫,《阿毗達磨俱舍論》卷第二這樣說:

> 十八界中幾內幾外?頌曰:內十二眼等,色等六為外。論曰:六根六識,十二名內。外謂所餘色等六境。我依名內,外謂此餘,我體既無,內外何有?我執依止故。假說心為我。故契經說:由善調伏我,智者得生天。世尊餘處說調伏心。如契經言:應善調伏心,心調能引樂,故但於心假說為我,眼等為此所依親近,故說名內。[12]

這是說,六根六識是內在要素,六境是外在要素,內在的即主觀的,外在的即客觀的。但從根本上講,「我體既無,內外何有?」人的自我是空無自性的,個體人格並不存在,依賴於自我的存在構成要素又如何可能區分內在或外在呢?「假說心為我」,佛教是在主體意識上假說為我,所以特別重視調伏心,重視控制自我意識。這裡包含了否定內部與外部世界的區分,進而取消外部世界實在性的思想傾向。

佛教還對感覺與意識在認識過程中的地位、作用、關係展開了富有理論意義的探討。

佛教有的派別認為「根無知識能知」，《成實論》卷第四〈根無知品〉云：

非根能知，所以者何？若根能知塵，則可一時遍知諸塵，而實不能，是故以識能知。汝心或謂根待識共知，不離識知者，是事不然，無有一法待餘法故。能有所作，若眼能知，何須待識？[13]

認為「根能知」或「根待識共知」都是不對的，只有「識能知」。「識能知」是什麼意思呢？《阿毗達磨俱舍論》卷第三十說：

經說諸識能了所緣，識於所緣爲何所作？都無所作，但以境生，如果酬因，雖無所作，因似因起，說名酬因。如是識生雖無所作，而似境故，說名了境。如何似境，謂帶彼相，是故諸識雖亦托根生不名了根，但名爲了境。或識於境相續生時，前識爲因引後識起，說識能了，亦無有失。世間於因說作者故。如世間說鐘鼓能鳴，或如燈能行，識能了亦爾。爲依何理，說燈能行，焰相續中假立燈號，燈於異處相續生時，說爲燈行，無別行者；如是心相續假立識名，於異境生時說名能了，或如色有色生色住，此中無別有生住者。說識能了理亦應然。[14]

「所緣」，認識對象。這是說，識對於對象毫無所作，只是相應於對象而出現，和對象相配合，瞭解對象。識由感官活動

11 《大正藏》第二卷，頁54上。
12 《大正藏》第二十九卷，頁9下。
13 《大正藏》第三十二卷，頁267上。
14 《大正藏》第二十九卷，頁157中、下。

而起，但與感官性質不同，識是對對象的認識而不是對於感官的認識。識對對象的瞭解，是說持續性的識的系列活動，前一剎那是後一剎那的原因。識的作用僅僅表現為這種原因。如同鐘鼓鳴，鐘鼓並沒有作什麼，而是鐘鼓聲的前一剎那引發後一剎那的響聲。又如燈光是不斷閃現的火焰系列的名稱，識也是這種一系列剎那認識活動的名稱。當它不斷改變自身的位置，即與另一對象相配合而出現時，我們說識瞭解對象。識若離開自身不斷剎那生滅的閃現，就沒有在認識東西。物質的產生和存在也是構成元素的和合，並非另有物質的存在。

對於感官和意識在認識中的關係，《阿毗達磨俱舍論》卷第二還說：

如經說，梵志當知，以眼為門唯為見色，故知眼識依眼門見。亦不應言門即是見。豈容經說以眼為見唯為見色，若識能見，誰復了別？見與了別二用何異？以即見色名了色故。譬如少分慧名能見亦能簡擇，如是少分識名能見，亦能了別。[15]

認為感官如眼根是意識了知某一顏色的門戶，並不是說眼睛有看見的結果。眼能看見顏色是意識的構成因素。至於「看見了某一色」和「知道（了別、意識到）了某一色的存在」這兩種用語，可以不加分別地運用。

唯識「三類境」說

大乘佛教瑜伽行派闡揚觀念論，特別重視感覺以外的認識，並將之區分為心（第六意識）、意（第七末那識）、識（第八阿賴耶識）三種。末那識是自我意識的基礎，阿賴耶識是前七識的可能基礎，最為重要。此派還認為，由八識所變現的認識對象（「相分」），按其性質的不同，分為三種：性境、獨影境、帶質境，稱為唯識「三類境」。「性境不隨心，獨影唯隨

15《大正藏》第二十九卷，頁11上。

見，帶質通情本，性種等隨應。」[16]這一頌，揭示了三境之間的區別。

性境。《宗鏡錄》卷六十八云：「性境者，性是實義，即實根、塵、四大及實定果色等相分境。言不隨心者，為此根塵等相分皆自有實種生，不隨能緣見分種生故。」[17]「種」，種子，指生起行為或現象的一種精神力量。「見分」，指認識主體。性境不是隨心由見分種子產生，而是由實際的種子產生，是有實性的認識對象，也即真實的對象。具體指第八識所變的三境（種子、五根、器界）相分、前五識、五俱意識所緣的相分與漏、無漏定心所緣的相分等。

獨影境。《宗鏡錄》卷六十八解釋說：「獨影境者，謂相分與見分同種生，名『獨影唯從見，即如第六識緣空華免角過未及變影，緣無為並緣地界法，或緣假定果極迥極略等，皆是假影像，此但從見分變生，自無其種，名為從見。』」[18]又說：「獨影者，獨者單也，單有影像而無本質，故相名獨，如緣龜毛石女等相，或雖有質相分，不能薰彼質種，望質無能，但有假影，亦名為獨，如分別心緣無為相及第八識心所相，及餘準此知。」[19]獨影境是由第六意識見分的妄想分別而起的虛妄影像，猶如免角、空華，是完全沒有客觀存在性的幻覺、幻象。

帶質境。《成唯識論掌中樞要》云：「帶質之境，謂此影像有實本質，如因中第七所變相分，得從本質是無覆無記等，亦從見分是有覆所攝，亦得說言從本質種生，亦得說言從見分種生，義不定故。」[20]《宗鏡錄》卷六十八也解釋說：「帶質者，即心緣心是，如第七緣第八見分境時，其相分無別種生，

---

16 《成唯識論掌中樞要》卷上末，《大正藏》第四十三卷，頁620上。
17 《大正藏》第四十八卷，頁797下。
18 《大正藏》第四十八卷，頁798上。
19 《大正藏》第四十八卷，頁798下。
20 《大正藏》第四十三卷，頁620中。

一半與本質同種生，一半與能緣見分同種生。從本質生者，即
無覆性。從能緣見分生者，即有覆性。以兩頭攝不定故，名
『通情本』。」[21]這是說，認識對象具有本質，但不能如實描示本
質之相，是依實際的本質與非實的妄情而現的一種相分，是介
於性境與獨影境之間的存在。如第六意識追想過去的事情而成
其相分，第七識緣第八識的見分而成其相分，都是帶質境。

佛教論「識」，既指知性範疇的認識，也指心理學意義的情
識。唯識三類境的立說是為了排除妄情妄識，同時也在觀念論
的範疇內為人們瞭解認識對象的多樣性提供了思想資料與有益
啟示。

二、認識的方法或途徑

佛教創始人釋迦牟尼在宗教實踐中，積極提倡正確的見
解、思惟和語言，後來佛教眾多派別又相繼闡發了種種認識方
法、途徑，其間涉及世間知識與佛教智慧、冥想直觀、語言功
用等若干重大認識論問題。

五明與般若－世間知識與佛教智慧

《成唯識論掌中樞要》卷上本云：

依《瑜伽論》第三十八云：謂諸菩薩求正法時當於何求？
當於一切五明處求：一內明處，二因明處，三聲明處，四醫方
明處，五工業明處。諸佛語言名內明處，如是乃至一切世間工
巧業處名工業明處。[22]

「五明處」，即「五明」，是印度古代所指的五種學問。明是
闡明物事之理，而成就學問。內明是闡明自身的宗教旨趣的學
問。因明為邏輯、論理學。聲明即文法學、訓詁學，特別是指

21《大正藏》第四十三卷，頁798上、中。
22《大正藏》第四十三卷，頁617中。

文法學。醫方明指醫學、藥學。工巧業明是有關技術、工藝、歷數方面的學問。佛教認為，菩薩要求正法，應當從五種學問中求。第一種內明是特指佛教而言，其他四種通於佛教內外，也就是提倡五明兼備，內外兼明。

《大方廣佛華嚴經》卷第三十六〈十地品〉云：

> 佛子，⋯⋯此菩薩摩訶薩（指五地菩薩）為利益眾生故，世間技藝靡不該習，所謂文字、算數、圖書、印璽、地水火風，種種諸論，咸所通達；又善方藥，療治諸病：顛狂、乾消、鬼魅、蠱毒，悉能除斷；文筆、讚詠、歌舞、伎樂、戲笑、談說，悉善其事；國城、村邑、宮宅、園苑、泉流、陂池、草樹、花藥，凡所布列，咸得其宜；金銀、摩尼、眞珠、琉璃、螺貝、璧玉、珊瑚等藏，悉知其處，出以示人；日月星宿、鳥鳴地震、夜夢吉凶、身相休咎，咸善觀察，一無錯謬；持戒、入禪、神通無量、四無色等，及餘一切世間之事，但於眾生不為損惱，為利益故，咸悉開示，漸令安住，無上佛法。[23]

這是說，欲入菩薩第五地，必須學通百科技藝，智貫古今，成為世間全才，否則不過此位，何況成佛。於此可見佛教對世間知識的重視。

佛教重視世間知識，同時又認為，求得人生痛苦解脫的覺悟的主要因素是智慧，這種智慧通常稱為「般若智」。佛教智慧雖也有知解意味，但主要是直覺作用，而不是在主客對待的格局中認識對象的思辯作用；它不是在時空條件下理解外物的經驗性質，而是直接把握、體悟外物的本質、本性。

佛教不同派別對「智」有多種不同的分類，如小乘佛教《阿毗達磨俱舍論》有〈分別智品〉，把智分為十種，文說：

> 智有十種，攝一切智：一世俗智，二法智，三類智，四苦

23《大正藏》第十卷，頁192中。

智，五集智，六滅智，七道智，八他心智，九盡智，十無生智。如是十智，總唯二種，有漏無漏，性差別故。如是二智相別有三，謂世俗智、法智、類智。前有漏智，總名世俗。……後無漏智，分法、類別。[24]

「漏」，煩惱。「有漏智」是未離煩惱是非的智慧，「無漏智」是已離煩惱是非的智慧。文中世俗智是隨順世間一般俗事的智慧；法智，以欲界的四諦為境而起，斷欲界煩惱的無漏智；類智，以色界、無色界的四諦為境而起，煩其煩惱的無漏智；苦智、集智、滅智、道智，分別以苦諦、集諦、滅諦、道諦為對象，各斷所屬煩惱的智慧；他心智，依有漏的世俗智及無漏的法智、類智、道智而起的智慧；盡智，無學的聖者知苦、斷集、證滅、修道的智慧；無生智，在對苦、集、滅、道的知、斷、證、修中，得非擇滅，而觀無生的智慧。十種智說是和佛教的解脫學說密切相連的。

佛教智慧中，最重要的是大乘佛教的般若，這是一種觀照空理的智慧，被稱為大智、根本智慧。詮釋《大品般若經》的論著《大智度論》闡發四種智：道慧、道種慧、一切智、一切種智。文說：

道名一道，一向趣涅槃，於善法中一心不放逸，道隨身念。[25]

道慧是知一道則去向涅槃的智慧。道有多種，二道、三道乃至一百六十二道。接著《大智度論》又說：

如是等無量道門，如是諸道盡知遍知，是為道種慧。……是道皆入一道中，所謂諸法實相。初學有種種別，後皆同一無

---

24 《大正藏》第二十九卷，頁134下。
25 《大正藏》第二十五卷，頁257頁下。

有差別。……行者爾時觀是世間出世間，實不可見。不見世間
與出世間合，亦不見出世間與世間合，離世間亦不見出世間，
離出世間亦不見世間，如是則不生二識。所謂世間出世間，若
捨世間不受出世間，是名出世間，若菩薩能如是知，則能為眾
生分別世間出世間道、有漏無漏一切諸道，亦如是入一相，是
名道種慧。[26]

　　道有無量差別，能知二道乃至無量道門，而知皆為一道，
並無差別之智，是為道種慧。

　　關於一切智與一切種智，《大智度論》云：

　　問曰：一切智一切種智有何差別？答曰：有人言無差別，
或時言一切智，或時言一切種智；有人言總相是一切智，別相
是一切種智；因是一切智，果是一切種智；略說一切智，廣說
一切種智；一切智者，總破一切法中無明暗，一切種智者，觀
種種法門，破諸無明；一切智，譬如說四諦，一切種智，譬如
說四諦義。一切智者，如說苦諦，一切種智者，如說八苦相；
一切智者，如說生苦，一切種智者，如說種種眾生處處受生。
復次，一切法名眼色乃至意法，是諸阿羅漢辟支佛，亦能總相
知無常、苦、空、無我等，知是十二入故，名為一切智。聲聞
辟支佛尚不能盡別相，知一眾生生處好醜事業多少，未來現在
世亦如是，何況一切眾生？如一閻浮提中金名字尚不能知，何
況三千大千世界？於一物中種種名字，若天語若龍語，如是等
種種語言名金尚不能知，何況能知金因緣生處好惡貴賤，因而
得福，因而得罪，因而得道？如是現事尚不能知，何況心心數
法？所謂禪定智慧等諸法，佛盡知諸法總相別相故，名為一切
種智。[27]

---

26 《大正藏》第二十五卷，頁258中、下。
27 《大正藏》第二十五卷，頁258下—頁259頁上。

　　一切智是了知內外一切諸法總相的智慧，也就是關於所有存在的普遍的抽象的知識。諸法總相即空相，一切智是知一切諸法的空寂本性的智慧。此智慧為聲聞、緣覺所有。一切種智為佛所有，這是圓滿了知一切諸法總相和別相，即一切諸法的空寂本性與各自殊相的智慧，也就是同時了知存在的平等相與差別相，即平等即差別，即差別即平等，平等與差別，不一不二，如此了知的智慧，為一切種智。

　　上述佛教四智說涉及認識領域的個別與一般、共相與別相、同一與差異等的關係問題，具有重要的理論意義。

觀法－冥想直觀

　　佛教為了追求解脫境界，宣揚與提倡冥想直觀，強調這是了知、把握、體悟宇宙人生的真實的根本方法。

　　《雜阿含經》卷第十五云：「當正思惟，時生眼智明覺。」[28]肯定直觀、直覺是引生智慧的方法。佛教認為，把心專一起來，以智慧深沉地觀照一定的對象，以體悟其真實性，是修行的重要方法。大小乘佛教的觀法很多，大體上說，小乘的觀法有捨離傾向，偏向於出世，大乘的觀法則有入世意味，較少捨離世間法之意。下面我們通過介紹五停心觀和實相觀，以窺大小乘佛教觀法之一斑。

　　小乘佛教提供的五停心觀，是使各種虛妄的，即妨礙佛教修行的心理活動得以停止，進而觀照宇宙人生真實的五種方法，具體說是：

　　不淨觀。「淫欲多人習不淨觀。從足到髮，不淨充滿。髮毛爪齒、薄皮厚皮、血肉、筋脈、骨髓、肝、肺、心、脾、腎、胃、大腸小腸、屎、尿……脂肪、腦膜，身中如是種種不淨。復次，不淨漸者，觀青瘀膨脹、破爛血流、塗漫臭濃、噉

28《大正藏》第二卷，頁103下。

食不盡、骨散燒焦，是謂不淨觀。」[29]這是多貪的眾生觀想自他色身的不淨以息止貪欲心的觀法。

慈悲觀。「若瞋恚偏多，當學三種慈心法門：或初習行，或已習行，或久習行。若初習行者當教言：慈及親愛。云何親及願與親樂？行者若得種種身心快樂，寒時得衣，熱時得涼，饑渴得飲食，貧賤得富貴，行極時得止息，如是種種樂意親愛，得繫心在慈，不令異念，異念諸緣，攝之令還。若已習行當教言：慈及中人。云何及中人而與樂？行者若得種種身心快樂，願中人得繫心在慈，不令異念，異念諸緣，攝之令還。若久習行當教言：慈及怨憎。云何及彼而與其樂？行者若得種種身心快樂，願怨憎得，得與親同，同得一心，心大清淨。親、中、怨等廣及世界，無量眾生皆令得樂，周遍十方，靡不同等，大心清淨。見十方眾生皆如自見，在心目前，了了見之，受得快樂。」[30]這種觀法是多瞋的眾生觀一切眾生，生慈悲心，與樂拔苦，以止息瞋恚煩惱。

因緣觀。「若愚癡偏多，當學三種思惟法門：或初習行，或已習行，或久習行。若初習行當教言：生緣老死，無明緣行，如是思惟，不令外念。外念諸緣，攝之令還。若已習行當教言：行緣識，識緣名色，名色緣六入，六入緣觸，觸緣受，受緣愛，愛緣取，取緣有，如是思惟，不令外念，外念諸緣，攝之令還。若久習行當教言：無明緣行，行緣識，識緣名色，名色緣六入，六入緣觸，觸緣受，受緣愛，愛緣取，取緣有，有緣生，生緣老死，如是思惟，不令外念，外念諸緣，攝之令還。」[31]這是觀想十二因緣的道理，以對治愚癡煩惱。

界分別觀。觀想五蘊、十八界的構成，以糾正人們以為物

29《坐禪三昧經》卷上，《大正藏》第十五卷，頁271下。
30《坐禪三昧經》卷上，《大正藏》第十五卷，頁272中。
31《坐禪三昧經》卷上，《大正藏》第十五卷，頁272下。

事有實體的見解。[32]

數息觀。「貪淫多者，先教觀佛，令離諸罪。然後方當更教繫念，令心不散。心不散者，所謂數息。此數息法，是貪淫藥，無上法王之所行處。」[33]「數」，呼吸的次數。「息」，呼吸。這是計數呼吸的次數，以使心思安定下來，達到集中精神的目標。

大乘佛教重視對宇宙萬有的實相的觀照，《占察善惡業報經》卷下云：

所言一實境界者，謂眾生心體從本以來，不生不滅，自性清淨，無障無礙，猶如虛空，離分別故，平等普遍，無所不至，圓滿十方，究竟一相，無二無別，不變不異，無增無減。[34]

這裡講的「一實境界」即實相，一切萬物真實不虛的體相。如何觀照、體悟實相呢？該經接著說：

若欲依一實境界修信解者，應當學習二種觀道，何等為二？一者唯心識觀，二者真如實觀。學唯心識觀者，所謂於一切時一切處，隨身、口、意所有作業，悉當觀察知唯是心，乃至一切境界若心住念皆當察知。……若學習真如實觀者，思惟心性無生無滅，不住見聞覺知，永離一切分別之想，漸漸能過空處、識處、無少處、非想非非想處等定境界相，得相似空三昧。得相似空三昧時，識、想、受、行粗分別相不現在前。[35]

這裡提出二種觀法：一是唯心識觀，即觀照一切事相唯心所現；二是真如實觀，即實相觀，排除見聞覺知，泯滅一切分

---

32 詳見〈分別界品〉《阿達磨達俱舍論》卷第一、第二，《大正藏》第二十九卷，頁1—13。

33 《禪祕要法經》卷中，《大正藏》第十五卷，頁258中。

34 《大正藏》第十七卷，頁907上。

35 《大正藏》第十七卷，頁908上、中。

別，直觀事物實相。後來稱前者為事觀，稱後者為理觀，為大乘教派所普遍運用。

假名說－語言功用

佛教認為，語言文字屬於假名，是虛假的空名、名稱、概念，在客觀上並沒有實在的東西與之相應。《中論・觀四諦品》云：「眾因緣生法，我說即是空（無），亦為是假名，亦是中道義。」[36]同書《觀如來品》云：「空則不可說，非空不可說，共不共叵說，但以假名說。」[37]一切因緣和合的事物本性是空，空不可說，非空等也不可說，說的只是假名。《成實論》卷第十二云：「諸法但假名字。假名字者，所謂無明因緣諸行，乃至老死，諸苦集滅，以此語故知五陰亦第一義故無。」[38]「五陰」，此指我們的生命。諸法包括五陰（五蘊）都是假名字，是人們用名字來指述、分別因緣和合的現象。作為現象的諸法，都是因緣和合而有，並沒有實在的自性。人們為了表示此種現象，而施設假名，由此又可以說有名無實的諸法是假名有：「假名有者，如酪。色、香、味、觸四事因緣和合故，假名為酪。雖有，不同因緣之有；雖無，不如兔角龜毛之無；但以因緣和合故有，假名為酪。」[39]總之，語言文字只是假名而已，它與其表述的客觀對象並無內在的本質聯繫；宇宙萬有本性為空，也是不可言說，不應言說的。

佛教還認為，最高真理是不能用語言文字表述的，究竟境界是不可說的。《摩訶止觀》卷第五下云：「明破法遍者，法性清淨，不合不散，言語道斷，心行處滅。」[40]「心行」，心的所行，即識的作用。這是說，諸法的本性是清淨的，所言合、

36《大正藏》第三十卷，頁33中。
37《大正藏》第三十卷，頁30中。
38《大正藏》第三十二卷，頁333上。
39《摩訶止觀》卷第五下，《大正藏》第四十六卷，頁63中。
40《大正藏》第四十六卷，頁59中。

散是相對的範疇，屬於言語、心行，並不與清淨法性相合。也就是說，最高真理是非相對性的言說與思慮所能湊泊的。《楞伽阿跋多羅寶經》卷第三說：

　　大慧復白佛言：如世尊所說，我從某夜得最正覺，乃至某夜入般涅槃，於其中間乃至不說一字，亦不已說、當說，不說是佛說。大慧白佛言：世尊，如來應供等正覺，何因說言不說是佛說？佛告大慧，我因二法故作如是說。云何二法？謂緣自得法及本住法，是名二法，因此二法，故我如是說。云何緣自得法？若彼如來所得，我亦得之，無增無減，緣自得法，究竟境界，離言說妄想，離字二趣。云何本住法？謂古先聖道，如金銀等性，法界常住，若如來出世，若不出世，法界常住，如趣彼成道。[41]

　　這是說，佛的言說同於不說，不說即是佛說，因為最高究竟境界是離開言說妄想的，是不可言說，不可思議的。

　　中國佛教禪宗主張「不立文字，教外別傳」，史載：

　　世尊在靈山會上，拈花示眾。是時眾皆默然，唯迦葉尊者破顏微笑。世尊云：「吾有正法眼藏，涅槃妙心，實相無相，微妙法門，不立文字，教外別傳，付囑摩訶迦葉。」[42]

　　這就是禪宗的一則著名公案——拈花微笑，禪林以此為「以心傳心」方式傳授佛法真理的典型。禪宗學人強調不應為語言文字所囿。《佛果圜悟禪師碧巖錄》卷第三云：「沒量大人，語脈裡轉卻，果然錯認。」[43]所云「語脈裡轉卻」，就是指執著語言文字，不能體會其精神實質的毛病。

　　佛教一方面著力揭示語言的局限性，一方面也肯定其作為

41《大正藏》第十六卷，頁498下。
42《無門關》，《大正藏》第四十八卷，頁293下。
43《大正藏》第四十八卷，頁169上。

方便手段，是必要的表達工具。《肇論・般若無知論》云：「經云：般若義者，無名無說，非有非無，非實非虛。虛不失照，照不失虛，斯則無名之法，故非言所能言也。言雖不能言，然非言無以傳，是以聖人終日言，而未嘗言也。」[44]從傳播佛法的角度，佛教肯定了語言文字在記錄和傳達義理方面的中介作用。

三、認識的性質與限度

佛教在認識的性質與限度問題上，典型的論述主要有：二諦說、三諦說、量論和轉識成智說。

二諦說

諦，是不變的真理之意。佛教說諦或真理，通常有二個層面：俗諦與真諦。俗諦也稱世諦、世俗諦，真諦又稱第一義諦、勝義諦。俗諦是就世俗的經驗的立場來說的真理，真諦則是就究極的超越的立場來說的真理。一般說來，佛教說的真諦是就普遍的空理說的，認為宇宙萬物的本性、本體是無自性，是空，這是究極的真理，絕對的真理。俗諦則只是非究極的、相對的真理。

龍樹在《中論・觀四諦品》中說：

諸佛依二諦，爲眾生說法。一以世俗諦，二第一義諦。若人不能知，分別於二諦，則於深佛法，不知真實義。……若不依俗諦，不得第一義。不得第一義，則不得涅槃。……汝謂我著空，而爲我生過。汝今說所過，於空則無有。以有空義故，一切法得成。若無空義者，一切則不成。[45]

這是說，佛依真俗二諦爲眾生說法，善於分別二諦，對於

---

44 《大正藏》第四十五卷，頁153下。
45 《大正藏》第三十卷，頁32下、頁33上。

把握甚深佛法有重要意義。二諦密切相聯，不依俗諦則不得真諦，不依真諦則不得進入涅槃解脫境界。這裡最根本的是要掌握真諦的空義，若無空義，則一切不成。

《辯中邊論》卷中謂真俗二諦各有三種，文云：

> 頌曰：應知世俗諦，差別有三種：謂假、行、顯了，如次依本三。勝義諦亦三：謂義、得、正行。依本一無變，無倒二圓實。論曰：世俗諦有三種：一假世俗，二行世俗，三顯了世俗。此三世俗如其次第，依三根本真實建立。勝義諦亦三種：一義勝義，謂真如，勝智之境，名勝義故。二得勝義，謂涅槃，此是勝果，亦義利故。三正行勝義，謂聖道，以勝法為義故。[46]

這是從名義或意義、所得結果和實踐觀點，把真俗二諦各分為三種，從而豐富了二諦的內涵。

中國佛教學者智顗、吉藏等人發展了印度佛教二諦說。智顗說：

> 二諦有二種：一者理外二諦，二者理內二諦。若真諦非佛性，即是理外之二諦。真諦即是佛性，即是理內之二諦也。一理外二諦有二種：一者不相即之二諦，生滅二諦也。二者相即之二諦，無生二諦也。故《大品經》云：『即色是空，非色滅空』。色滅方空，是不即之二諦。即色是空，相即之二諦也。二明理內二諦，亦有二種：一不即之二諦，二相即之二諦。一不即之二諦是無量二諦也，故《涅槃經》云：「分別世諦有無量相，第一義諦亦有無量相」，非諸聲聞、緣覺之所知也。二相即之二諦，無作之二諦也。無作苦、集、滅、道名為世諦，即一實諦故名第一義諦。[47]

46《大正藏》第三十一卷，頁469中、下。
47《四教義》卷第二，《大正藏》第四十六卷，頁728上、中。

　　智顗以理內理外來區分二諦，又將二諦區別為相即不相即二類，這裡關鍵的問題是，智顗將佛性視為理，稱「佛性即中道」，[48]同時又以心說佛性，如此佛性成為具有覺識活動的主體性，能在世間生起無方大用，由此也就有內外、相即不相即之別了。吉藏就二諦提出了獨特的看法，他說：

　　二諦有二種：一於二諦，二教二諦。道理未曾二不二，於二緣故有二諦，又隨順眾生故說有二諦。既於眾生有二諦，隨順眾生有二諦，道理實無二諦。既無二諦，論何物即與不即？教化眾生故有二諦，亦為教化眾生故有即不即也。[49]

　　這是把二諦分為于諦與教諦。「于」是所依之意，所謂于諦是說，世間一切現象，本來是非空非有的，是不二的，但是「于」（對於）世俗人來說是有，世俗人認為是實有，所以叫「世諦」、「俗諦」；「于」（對於）出世的聖人（菩薩、佛）來說是空，聖人認為是真空，所以叫「聖諦」、「真諦」。凡人與聖人對於非空非有的宇宙萬有實相，有著有空或真俗二諦的分別，這所依的真俗二諦就是「于二諦」或「二于諦」，也就是「于諦」。于諦不是教諦，但是用于諦去解說佛理，就成為教諦。教諦是說真俗二諦是佛為眾生說法的手段，是化度眾生以轉迷為悟的工具，是一種言教，並不是說依據客觀的境而立有二諦的二理。二諦是教，不二是理。《二諦義》卷上如是說：

　　世俗諦者，一切諸法性空，而世間顛倒謂有，於世間是實，名為世諦。諸賢聖真知顛倒性空，於聖人是實，名第一義諦。[50]

---

48 《法華玄義》卷第六下，《大正藏》第三十三卷，頁761中。
49 《二諦論》卷下，《大正藏》第四十五卷，頁107上。
50 《大正藏》，第四十五卷，頁78中。

　　吉藏認為，對於作為同一認識對象「一切諸法」，世俗人不知其本性空，妄執為實，安立種種道理，是為俗諦。諸賢聖則知一切諸法本性是空，而不執著，也安立道理，是為真諦。可見二諦是分別對俗人與聖者為諦，俗人與聖者的諦，是各不相同的。

　　吉藏為了進一步說明真理只有一個，是不二的，宣傳依不二之理而立二諦，以不二之理觀二諦不二的道理，還立四重二諦說：

　　他（師）但以有為世諦，空為真諦。今明：若有若空，皆是世諦；非空非有，始名真諦；三者，空有為二，非空有為不二，二與不二，皆是世諦，非二非不二，名為真諦；四者，此三種二諦皆是教門，說此三門，為令悟不三，無所依得始名為理（真諦）。[51]

　　這裡，每一重的真諦是對俗諦的否定，前一重的真諦就是後一重的俗諦，二、三、四重真諦分別對前一重真諦作連續性的否定。吉藏認為，前三重二諦都是用語言概念表述的，都沒有超出有所得的範圍，還是俗諦，只有忘言絕慮，無所依得，才是真諦。

三諦說

　　如上所引，龍樹《中論》卷第四有一名偈：「眾因緣生法，我說即是無（空），亦為是假名，亦是中道。」[52]這是說因緣生法，即是空、即是假名、即是中道。天臺宗學者發揮說，此偈是闡揚大乘三諦之理，是為三諦偈。智顗在《四教義》卷第二中說：

51《大乘玄論》卷第一，《大正藏》第四十五卷，頁15下。
52《大正藏》第三十卷，頁33中。

　　《中論》偈云：「因緣所生法，我說即是空」，此即詮眞諦。「亦爲是假名」，即詮俗諦也。「亦是中道義」，即詮中道第一義也。此偈即申摩訶衍詮三諦之理。[53]

　　認爲《中論》偈中頭兩句說眞諦，三、四句分別說假諦、第一義諦。湛然在《止觀輔行傳弘決》卷第一中說：

　　如是緣生，悉皆無主，無主故空。即此千如，名爲妙假。即是法性，名爲妙中。……非三而三，假也；三而不三，空也；……非三非不三，中也。[54]

　　這裡說的空、假、中，相應與上述眞諦、俗諦、中道第一義是同一意義。天臺宗人的三諦說，是吸取了空諦與假諦，並在這兩諦之外再立中諦，即以中道爲諦。天臺宗人所講的中道，含有反對落於相對的兩極的意義，更重要是視中道爲佛性，認爲解脫者即見中道佛性。[55]這與印度佛教所講的諦或眞理的意義是大相逕庭的。

　　天臺宗人還宣揚三諦圓融思想。智顗說：

　　若謂即空即假即中者，雖三而一，雖一而三，不相妨礙。[56]
　　當知一念即空即假即中，並畢竟空，並如來藏，並實相，非三而三，三而不三。[57]

　　空、假、中三諦互相融合，同時成立，每一諦都不孤立存在，而是同時兼具其他二諦，圓融無礙。

量論－現量與比量

53《大正藏》第四十六卷，頁728上。
54《大正藏》第四十六卷，頁174下。
55 詳見《維摩經略疏》卷第八，《大正藏》第三十八卷，頁674中。
56《摩訶止觀》卷一下，《大正藏》第四十六卷，頁7中。
57《大正藏》頁8下、頁9上。

「量」，即知識、認識。量，有估量、計量、衡量的意思。在日常量度中，如尺可說是能量，被量的布可說是所量，用尺子量布的長短，可稱為量界。這樣量又有尺度、標準、方法、結果等意義。古印度學者把量的意義引入認識論，把量視為判別認識是非真偽的標準，進而加以分類，也就直接指認識到本身了。

古代印度婆羅門教和其他流派都有關於量的說法，對量作了種種歸類，形成量論。後來，尼耶夜派在原來的量的學說的基礎上，把量即認識分為四類：一、現量，是由認識器官與認識對象相接觸獲得的認識，即感性認識；二、比量，指從特殊到特殊的推論和類比，即推理認識；三、譬量，也稱譬喻量，從已知相似事物而推知未知事物，是從比較中獲得的類推認識；四、聲量，也稱聖教量，指得自於可信人的言說的認識，因是通過語言得來的，故名「聲量」，又因各派各自信仰的聖教知識，故又名聖教量。大乘佛教瑜伽行派一般都持現量、比量和聖教量的三量說，後期瑜伽行派陳那，則直探認識本源，又重在立破依據，在所著《因明正理門論》中廢去了聖教量，唯立現比二量，對量論學說作出了新的貢獻。

何謂現量？陳那說：

此中現量除分別者，謂若有智於色等境，遠離一切種類名言假立無異諸門分別。由不共緣，現現別轉，故名現量。[58]

陳那的學生商羯羅主在《因明入正理論》提供了更簡明的定義：

此中現量，謂無分別。若有正智於色等義，離名種等所有分別，現現別轉，故名現量。[59]

---

[58]《因明正理門論》，《大正藏》第三十二卷，頁8下。
[59]《大正藏》第三十二卷，頁12中。

「此中」，指現量和比量中的現量。「除分別者」與「無分別」，意義相同，都是指能取智對所取境，離開所有種種錯誤的分別。「若有智於色等境」即「若有正智於色等義」，這裡的智是指正智而非邪智，境是真境而非假境。「遠離一切種類名言假立無異諸門分別」，和「離名種等所有分別」義同。「名」指單獨概念，「種」是種類概念，「等」是等其屬性和動作。「現現別轉」即「由不共緣，現現別轉」，是指眼、耳、鼻、舌、身「五根」各各明照自境，這是「現」，識依於此，為「現現」，五根各取自境，分別運轉，為「別轉」。現量是離開分別、只把握對象自相的感性認識。

何謂比量？商羯羅主《因明入正理論》說：

> 言比量者，謂借眾相而觀於義。相有三種，如前已說。由彼為因，於所比義有正智生；了知有火，或無常等，是名比量。[60]

「相」，特徵，此處指「因」（理由或中詞）的特徵。「相有三種」，即「因三相」，是因與宗（論題）前陳和宗後陳（同品與異名）三個方面的特定關係，是保證因在宗前陳（相當小詞）和宗後陳（相當大詞）之間處於相當中詞地位的三項規則。這個定義是說，比量是依靠理由或中詞的三個特徵使論者對所立的論題有決定智（果）產生，而了知「隔岸有火」或「聲是無常」等，這叫做「比量」。但因有知覺（現）推理（比）不同，果也相應地有火與無常的區別。例如，過去見過火燒冒煙，知道火與煙有因果聯繫，後來看到隔岸煙起，憶念前知，肯定隔岸有火，這是知覺，是從知覺因而了知煙與火的聯繫。又如，人們認識到一切因緣和合而生的事物都是「無常」（非永恒）的，因緣所生事物與無常有必然聯繫，後來當聽到擊鼓聲、風

---

60 《大正藏》第三十二卷，頁12中、下。

鈴聲，憶念前知，認識到聲音不是永恒的。這種認識不是從知
覺而是從推理得來的。從「隔岸有火」和「聲是無常」這些認
識的本源來看，知覺和推理是遠因，憶念前知才是近因，由憶
念才知道中詞與大詞的必然聯繫，瞭解煙與火、因緣所生事物
與無常的必然聯繫。

在陳那等人看來，認識對象不外自相（特殊性質）與共相
（一般性質）兩種，除了特殊的事與一般的理，再無其他可知的
對象。認識「特殊」的智慧就是現量，認識「一般」的智慧就
是比量，其他的智慧是不存在的。

轉識成智說

大乘佛教瑜伽行派提倡轉捨有漏的心識為無漏的智慧，轉
變世俗認識觀念，獲得相應的世間智慧和佛教智慧，以成就佛
果。《成唯識論》卷第十云：

> 故此四品總攝佛地一切有為功德皆盡，此轉有漏八七六五
> 識相應品，如次而得。智雖非識，而依識轉，識為主故，說轉
> 識得。又有漏位智劣識強，無漏位中智強識劣。為勸有情依智
> 捨識，故說轉八識而得此四智。[61]

意思是，轉前五識為成所作智，轉第六識為妙觀察智，轉
第七識為平等性智，轉第八識為大圓鏡智。

瑜伽行派認為，要成就佛果，應當具有妥善處理世俗種種
經驗事務的智慧，這需要借助許多專門的技術、知識來配合。
《成唯識論》卷第十云：

> 成所作智相應心品，謂此心品為欲利樂諸有情故，普於十
> 方，示現種種變化、三業，成本願力所應作事。[62]

這種成就世間種種事務的智慧，是由轉前五識而得的。也

---

61 《大正藏》第三十一卷，頁56中。
62 《大正藏》第三十一卷，頁56上。

是把種種感性知識轉化為處置世務的能力。

關於成就妙觀察智，《成唯識論》卷第十云：

此心品善觀諸法自相共相，無礙而轉。攝觀無量總持之門及所發生功德珍寶，於大眾會能現無邊作用差別，皆得自在。雨大法雨，斷一切疑，令諸有情皆獲利樂。[63]

這是善巧地觀照種種經驗事象的特殊性，而又不失其普遍性的智慧。這種智慧也需要多方面的經驗知識，才得以成就，是從有漏的第六識即意識而轉得的智慧。

瑜伽行派主張六識之外還有第七、第八識，第七識為末那識，《唯識三十論頌》云：

次第二能變，是識名末那。依彼轉緣彼，思量為性相。四煩惱常俱，謂我癡我見，並我慢我愛，及餘觸等俱。[64]

第七識末那識是意識的根本，恒審思量是其本質。它是一種我執的作用，執取第八識的見分或種子為我，使意識生起自我意識，並產生種種煩惱。由轉第七識末那識而得的是平等性智。這種智觀照一切存在和一切眾生都是平等的，都是自性空的。《成唯識論》卷第十云：

平等性智相應心品，謂此心品觀一切法自他有情，悉皆平等，大慈悲等恒共相應，隨諸有情所樂，示現受用身土影像差別。[65]

平等性智是觀照種種事象的普遍本性是平等一如的，故稱。一切因緣和合而起的事物都是無自性的，都是空。觀照普遍的空性、空理，排除我執，對一切眾生起平等大悲心，就是

---

63 《大正藏》第三十一卷，第56頁上。
64 《大正藏》第三十一卷，第60頁中。
65 《大正藏》第三十一卷，第56頁上。

平等性智慧。

關於第八識阿賴耶識，《唯識三十頌》云：

初阿賴耶識，異熟一切種，不可知執受，處了常與觸，作意受想思，相應唯捨受，是無覆無記，觸等亦如是，恒轉如瀑流，阿羅漢位捨。[66]

阿賴耶是潛在的下意識，是生起前七識的基礎，它貯存著作為一切現象的原因的種子，而成為宇宙人生的本源。此識是眾生輪迴流轉的主體，也是修持成佛的根本。轉此識而得最高智慧，稱大圓鏡智。《成唯識論》卷第十云：

大圓鏡智相應心品，謂此心品離諸分別，所緣、行相微細難知，不忘不愚一切鏡相，性相清淨，離諸雜染，純淨圓德，現種依持，能現能生身土智影，無間無斷，窮未來際。如大圓鏡現眾色像。[67]

「離諸分別」，智慧不在主客對立的關係中觀照，無種種虛妄分別。「所緣」，認識對象。大圓鏡智的所緣既是普遍相的真如，又是個別相的諸法，二者互不相離，同為此智所照了。「行相」，認識活動。大圓鏡智的認識活動，是動態地了別對象，即呈現對象，一切對象在其觀照下，都一一得以呈現。這不是識的執取，而是智慧的觀照。「不忘不愚一切鏡相」，對象常在呈現的狀態中，且一一有其相應的位置。大圓鏡智同時觀照一切存有的經驗的特殊性與超越的普遍性，同時照了特殊與普遍之理，猶如一面明鏡，把事象的特殊方面與普遍方面都同時反照出來。轉阿賴耶識以得大圓鏡智，成就了最高智慧，也就臻於佛境了。

66《大正藏》第三十一卷，第60頁中。
67《大正藏》第三十一卷，第56頁上。

道家與道教觀點

牟鍾鑒（中央民族大學哲學系 教授）

　　由老子開創的道家，是一個以「道」為最高概念、具有自
然主義傾向的哲學派別。道家的哲學本質上是一種人生哲學，
它引導人們超越世俗的種種羈絆，反樸歸真，過一種合乎人的
本性的自在自由的生活。道家的認識論就是這樣一種人生智
慧，它不是獨立的知識系統，它與人生境界的提升緊密聯繫在
一起，這是與西方哲學不同的地方。但是道家又與儒家不同，
它對現實人生往往持輕蔑和批評的態度，強調人的主體精神對
現實的超越，這種超越既要運用理性，又要運用直覺，所以它
的理論思惟就比儒家要發達得多，在認識論上頗多建樹，探討
了主客體的相互關係以及主體的認識能力等諸多問題，這樣，
它又可以與西方哲學相溝通。道教的哲學以道家理論為基礎而
又具有宗教的特色。本文擬以老子、莊子、黃老、玄學為代表
兼照顧道教，對道家的認識論作一綜合性的介紹。

一、「為道」與「為學」
兩種不同的認識指向

　　老子指出，有兩種不同的認識活動，一種是「為道」，一種
是「為學」，它們的對象不同，所以活動的方式也不一樣。他
說：「為學日益，為道日損，損之又損，以至於無為，無為而
無不為。」[1]老子認為「道」是萬物之宗，是宇宙生命之源，超
乎形象，獨立無對。他說：「道沖而之或不盈，淵例兮似萬物
之宗」，[2]「道生一，一生二，二生三，三生萬物」，[3]「有物混
成，先天地生。寂兮寥兮，獨立而不改，周行而不殆，可以為

1《老子》四十八章。
2《老子》四章。
3《老子》四十二章。

93

天地母。吾不知其名，故強字之曰道」，[4]「視之不見名曰微，聽之不聞名曰希，搏之不得名曰夷」，[5]「萬物莫不尊道而貴德」。[6]道既是宇宙的總源，又是宇宙的形上學本體，還是社會人生價值的總源。對於這樣一個至高無上的大道，人們無法用普通的認識手段加以把握，甚至無法用語言加以表述，故說：「道可道，非常道」，[7]因為任何認識、任何語言都是有局限性的，都不適用於大道的無限性。老子認為要把握大道必須走與普通認識正相反的路，不是要積累知識，而是要減少知識，減少一切主觀的認知成分和情感因素，使主體自然地融於宇宙之中，與大道一體化，這樣才能體驗大道的整體性存在，這樣的體驗當然是無法說出來的。「為學」是普通的認知方式，它的對象就是萬物萬事。河上公《老子章句》注曰：「學謂政教禮樂之學也。」其實從《老子》全書看，為學不止於政教禮樂之學，還包括一切非根源性的學問，如：「居善地，心善淵，與善仁，言善信，政善治，事善能，動善時」，[8]「將欲歙之，必固張之；將欲弱之，必固強之；將欲廢之，必固興之；將欲取之，必固與之」，[9]「故知足不辱，知止不殆，可以長久」，[10]「我有三寶，持而保之。一曰慈，二曰儉，三曰不敢為天下先」。[11]由此可知，老子所謂「為學」之事乃是泛指一切形而下的認知活動，既有他所批評的儒家的政教禮樂之學，也有他所

---

1 《老子》四十八章。
2 《老子》四章。
3 《老子》四十二章。
4 《老子》二十五章。
5 《老子》十四章。據馬王堆帛書校改。
6 《老子》五十一章。
7 《老子》一章。
8 《老子》八章。
9 《老子》三十六章。
10 《老子》四十四章。
11 《老子》六十七章。

肯定的合乎大道精神的人倫日用之學。老子認為大道「無為而
無不為」，[12]道體為無，道用為有，體道須無為，用道須有為，
大道不是懸空的，它表現為萬事萬物的活潑生命，人要透過萬
事萬物去洞察大道的存在，所以在一定範圍和一定階段上「為
學」還是必要的。「為學」便要不斷積累知識，增強認識能
力，要與外界交往，獲得豐富的感性經驗，並加以理論的分析
和概念。但是人們不能為外部經驗所累，不能使主體停留在經
驗知識上，一定要深入觀照並自我省察，向「為道日損」的路
上回歸，這樣才能開闊眼界，提升境界，從宏觀上把握宇宙。
老子說：「不出戶，知天下；不窺牖，見天道。其出彌遠，其
知彌少。是以聖人不行而知，不見而明，不為而成。」[13]這句話
可以解釋成老子主張用「為道」的方式指導「為學」的活動，
「為學」要服務於「為道」。老子還說過：「常無欲以觀其妙，
常有欲以觀其徼」。[14]「常無欲」就是「為道日損」，目的是體驗
大道本體之虛寂；「常有欲」就是「為學日益」，目的是瞭解大
道功用之有形。

　　莊子基本上也如老子，把知識分成兩類，一類是普通的知
識，一類是關於大道的知識。不過莊子更加貶低普通的知識，
稱為「小知」、「成心」；更加讚美關於大道的知識，稱為「大
知」、「真知」。從體用論的角度講，他似乎是重體而輕用，他
不大關心社會政事和人倫日用，一心只在提升自我精神境界，
他認為只有能使自己精神獲得自由的知識才是真知，而這種真
知並不能靠普通的知識積累而獲得，恰恰相反，要通過去掉普
通的知識和認知活動而獲得。所以他稱這種真知為「不知之
知」。〈知北遊〉說：「不知深矣，知之淺矣；弗知內矣，知之

12《老子》四十八章。
13《老子》四十七章。
14《老子》一章。

外矣。」從認識的對象來說，莊子把關於道的真理更多地看成是主體的無限包容性和無限超越性，而不是關於宇宙生成或存在的真理。〈齊物論〉說：

> 有始也者，有未始有始也者，有未始有夫未始有始也者，有有也者，有無也者，有未始有無也者，有未始有夫未始有無也者。俄而有無矣，而未知有無之果孰有孰無也。今我則已有謂矣，而未知吾所謂之其果有謂乎，其果無謂乎！

莊子對宇宙起源問題作出「不可知」的回答，而且對自己這樣的回答也持懷疑的態度。在莊子看來，宇宙是個變動不居、不可捉摸的世界，事物沒有穩定性可言。〈齊物論〉說：「方生方死；方死方生；方可方不可，方不可方可；因是因非，因非因是」，〈大宗師〉又說：「知有所待而後當，其所待者，特未定也。」知識必須有其相對應的對象才能確定，而對象世界本身就是不確定的，那還有什麼確定的知識可言呢？莊子認為普通所說的知識並不具有確定性和客觀性，都不過是人們的「成心」，也就是主觀偏見，公說公有理，婆說婆有理；自是而非，如儒墨之爭，堯桀之辨，都不是客觀真理，因為他們都有局限性和相對性。〈齊物論〉說：

> 庸詎知吾所謂知之非不知邪？庸詎知吾所謂不知之非知邪？且吾嘗試問乎汝：民濕寢則腰疾偏死，鰍然乎哉？木處則惴慄恂懼，猿猴然乎哉？三者孰知正處？民食芻豢，麋鹿食薦，蝍且甘帶，鴟鴉嗜鼠，四者孰知正味？猿猵狙以為雌，麋與鹿交，鰍與魚遊。毛嬙、麗姬，人之所美也；魚見之深入，鳥見之高飛，麋鹿見之決驟。四者孰知天下之正色哉？自我觀之，仁義之端，是非之塗，樊然殽亂，吾惡能知其辯？

莊子認為人們的知識，包括其判斷是非善惡美醜的標準，

都是從自己出發的一種狹隘感受，只有相對的合理性罷了，談不上全面的真理。站在這樣的水平上去辯論是非、尋找真理，永遠也不會有結果，甚至處處都會遇到相反的認識，人們沒有辦法取得一致。只有站在「道」的高度觀察問題，才會有大知真知，那是因為「道」的立場是超越萬物而又包容萬物的，也就是說，主體人要與天地萬物為一體，只包容萬物而不去分別彼此，形成混沌的無差別的境界，承認一切事物存在的合理性，這便是一個大全的境界，也是「道通為一」的境界。〈齊物論〉說：「大道不稱，大辯不言」，「聖人不由，而照之於天」，「欲是其所非而非其所是，則莫若以明」，「天下莫大於秋毫之末，而太山為小；莫壽於殤子，而彭祖為夭；天地與我並生，而萬物與我為一」。〈秋水〉把「真知」與「成心」兩者的區別說得很清楚，它說：「以道觀之，物無貴賤。以物觀之，自貴而相賤」，莊子要人們拋棄「成心」，以道觀物。

我們可以把莊子關於認識的對象性問題歸結為幾點：第一，客觀世界雖然存在，卻流變不息，因此不能有確定的知識；第二，人們的知識都具有主觀性和片面性，因此沒有客觀真理；第三，只有把認識主體與客觀世界合而為一，才會體認到全面的真理，也就是說，取消任何立場，擁抱整個宇宙；第四，認識的主要目的不是獲得外部知識，用於社會生活，而是確定人生價值，讓精神獲得超越後的自由與解放。

道家所形成的黃老學派在秦漢之際頗為流行。在認識論上，黃老學派基本上沿習老莊區分兩種知識的思路，又糾正莊子貶抑「為學」的偏向，既強調「為道」的認知活動，又相當重視「為學」的認知活動。以西漢黃老作品《淮南子》為例，它把「道」作為宇宙的總根源，「太上之道，生萬物而不有，成化象而弗宰」；[15]「道」又是現象世界存在和運動的依據：

15《淮南子·原道訓》。

「山以之高，淵以之深，獸以之走，鳥以之飛，日月以之明，星曆以之行，麟以之遊，鳳以之翔」。[16]「道」還是無形無象的：「夫無形者，物之大祖也」。[17]因此「道」不是感覺和普通認識所能把握的，只有得道的聖人，「保其精神，偃其智故，漠然無為而無不為也」，[18]他才能體會大道的深廣，與宇宙合為一體。《淮南子》同時也重視對自然、社會各種規律的認識，它說：「欲知天道察其數，欲知地道物其樹，欲知人道從其欲」。[19]既然承認事物有規律，自然也承認真理有客觀性，是非有定評，它說：「至是之是無非，至非之非無是，此真是非也」，[20]而且是非不受認識主體社會地位的影響：「使言之而是，雖在褐夫芻蕘，猶不可棄也。使言之而非也，雖在卿相人君，揄策於廟堂之上，未必可用」。[21]既然承認事物有規律，必然重視透過現象認識本質，因此真正的知識並不是對現象的描述，而是能抓住事物內在的深層的規定性。〈道應訓〉說：「言有宗，事有本；失其宗本，技能雖多，不若其寡也。」事物的現象是複雜的，有時主導方面與非主導方面同時並存，必須取其大體，而略其小節，否則就會作出錯誤判斷。它說：「夫橘柚冬生而人曰冬死，死者眾。薺麥夏死人曰夏生，生者眾。江河之迴曲，亦時有南北者，而人謂江河東流。攝提鎮星日月東行，而人謂星辰日月西移者，以大氏為本。」[22]

　　魏晉玄學以王弼、郭象為代表，它是儒道結合的產物，但其基本精神傾向於道家，所以學界稱之為新道家。王弼比黃老道家更重視對事物規律的認識，他把客觀規律稱之為「理」。他

16《淮南子·原道訓》。
17《淮南子·原道訓》。
18《淮南子·原道訓》。
19《淮南子·繆稱訓》。
20《淮南子·齊俗訓》。
21《淮南子·主術訓》。
22《淮南子·脩務訓》。

說：「物無妄然，必由其理，統之有宗，會之有元，故繁而不亂，眾而不惑」，「故自統而尋之，物雖眾，則知可執一御也。由本以規之，義雖博，則知可以一名舉也。故處璇璣以觀大運，則天地之動未足怪也。據會要以觀方來，則六合輻輳未足多也。」[23]王弼主貴無論，認為「無」是眾有之本，「無」是宇宙形而上的本體，它無形無象，卻是萬事萬物的依憑。他以《周易》大衍之數五十為例，說：「演天地之數，所賴者五十也。其用四十有九，則其一不用也。不用而用以之通，非數而數以之成，斯易之太極也。」[24]所以這個「不用」的太極是非常重要的。他又說：「將欲全有，必反於無也。」[25]。這個「無」就是老子所說的「道」，它雖然不是萬物，卻必須通過萬物來體現它的存在和價值，也就是王弼所說的「夫無不可以無明，必因於有，故常於有物之極，而必明其所由之宗也。」總之，王弼同老子一樣，也有區別兩種認識的對象：一是認識各種事物的規律，他稱為「理」，二是認識宇宙的最高本體—「道」，他稱為「無」。但是王弼並不認為這兩種認識活動是相反的，他的思路是通過認識事物的「理」，不斷接近宇宙的「道」，即「無」，最後達到對「無」的把握。郭象則受莊子的影響，對於世界的規律性和普遍聯繫持懷疑和不可知論的態度。他提出「獨化論」，認為：「有物之域，雖復罔兩，未有不獨化於玄冥者也。故造物者無主，而物各自造」，[26]「誘然皆生而不知所以生，同焉皆得而不知所以得也」。[27]但是他仍然區分兩種認知活動，一種是普通的人要認識自己的性分本足，又不可改變，不必外求，只須心安，故曰：「理有至分，物有定極，各足稱

23《周易略例》。
24《周易‧繫辭》韓康伯注引。
25 王弼，《老子注》四十章注。
26 郭象，〈齊物論〉注，《莊子注》。
27 郭象，〈齊物論〉注，《莊子注》。

事，其濟一也」，[28]人們能夠認識「物任其性，事稱其能，各當其分」，[29]從而安之，但不能認識事物性分由何而來，這是不可知的；另一種是聖人為道的活動，他的道是「內聖外王之道」。他說：「夫聖人，雖在廟堂之上，然其心無異於山林之中」。[30]聖人能夠「順萬物之性」，「玄同彼我」，「與物冥而循大為者，為能無待而常通，豈獨自通而已哉？又順有彼者，使不失其所待，所待不失，則同於大通矣」。[31]這樣的聖人既是精神境界最高、包容心最大的得道者，又是管理群生的最高政治統治者，他治理國家的辦法就是順任萬物之性，無為而無不為。由此可知，郭象所謂「道」，同莊子一樣，是指主體對客體的包容和合一，這個包容與合一的過程也是主體超越萬事萬物自足性分的過程；不過郭象比莊子更肯定世界秩序的現狀，認為事物各得其所，各安其分即是道，或者說每一件事情都是合理的（莊子認為每一件事情都不具有真理性）。郭象從莊子的相對主義走到了自身的絕對主義，而又都與不可知主義相聯繫。

道教崇拜大道，故以道為教名。道教同道家一樣，把「道」看成宇宙之源、萬物之本、真理之根。魏晉道士葛洪稱「道」為「玄」，他說：「玄者自然之始祖，而萬殊之大宗也。昧乎其深也，故能微焉；綿邈乎其遠也，故稱妙焉」[32]。託名純陽真人之《金玉經》說：「道生於萬物之前，而在於萬物之本。」道教徒都把求道、體道作為一生的追求，當然也作為認識世界的最高目標。不過道教又與道家不同，它對「道」又有自然獨特的理解，這主要表現在兩點上。其一，特別強調「道」作為宇宙永恒生命力的涵義。《清靜經》說：「大道無形，生育天

28 郭象，《莊子注·逍遙遊》注。
29 郭象，《莊子注·逍遙遊》注。
30 郭象，《莊子注·逍遙遊》注。
31 郭象，《莊子注·逍遙遊》注。
32葛洪，《抱朴子·暢玄》。

地；大道無情，運行日月；大道無名，長養萬物」。唐代道士吳筠的《玄綱論》說：「道者何也？虛無之繫，造化之根」，「萬象以之生，五行以之成」，「生生成成，今古不移謂之道」。道教是重生的宗教，與其他大多數宗教不同，它不講形體有死、靈魂超生，它的宗旨是追求形神抱一、長生不死、得道成仙。它認為個體生命是有限的，而宇宙生命是無限的，人若能按照大道的模式修煉，使自己與宇宙大道體化，則可以具有無限的生命。《內觀經》說：「道不可見，因生以明之；生不可常，用道以守之。若生亡，則道廢」，「生道合一，則長生不死」，這是道教修煉的基本原理。其二，把大道變成人格化的尊神，成為膜拜的對象。魏晉道士葛玄在《五千文經序》中說：「老君體自然而然，生乎太無之先，起乎無因，經歷天地，始終不可稱載，窮乎無窮，極乎無極也，與大道而輪化，為天地而立根，布氣於十方，抱道德之至純」。道教有「太上老君一炁化三清」之說，三清即元始天尊、道德天尊、靈寶天尊，三清是道教的高位神，究其本源，則是道教徒把大道人格化和把老子神化的結果。

道教修煉長生，主要有兩大方術，一曰外丹，二曰內丹。從認識的對象來說，外丹注重自然界陰陽五行之道，內丹注重生命個體內在的精、氣、神。外丹多用金石礦物，如黃金、水銀、硫磺、鉛粉、石英、雲母等，道士按照陰陽五行之道將其配合燒煉，便可點化成金丹。《參同契》說：「金性不敗朽，故為萬物寶」，人服食金丹便具有不朽之性，從而長生。外丹學重視自然界的規律，認為萬物之性是可知的，其實踐的結果雖然沒有煉出能使人長生的金丹，卻積累了許多寶貴的化學知識，加深了人們對自然的認識。內丹學將身體作為鼎爐，將精、氣作為藥物，將運神作為火候，經過煉精化氣、煉氣化神、煉神還虛，在體內丹田凝聚為金丹，道教家認為可使人長

生成仙。內丹學把人體看成小天地，以五臟為五行，三宮為三光，分內氣為陰陽，視人的生命體為一動態的有若干無形流轉系統的有機活體；同時認為體內有二十四真神存在於各主要器官，煉養時要存思守一、返觀內視，以表示對體內神的尊重。由此可知，道教內丹學特重對人體生理、心理的認識，認為其中有內在規律可以把握，同時也帶有一定的宗教神秘色彩。

二、「體道」與「明理」 ── 兩種不同的認識途徑

老子所說的「為學日益，為道日損」，既包括兩種不同的認識對象，也指明了兩種不同的認識方式。用馮友蘭先生的話，為學是正方法，為道是負方法。正方法就是明理之學，負方法是體道之學。

老子在《道德經》裡說明認識的方式時，用了「觀」的概念，「觀」即觀察。老子說：「萬物並作，吾以觀復」，[33]「常有欲，以觀其妙；常無欲，以觀其徼」。[34]這裡的「觀」既是認識「道」的方法，也是認識一般事物規律的方法，是把「觀」合起來說的。但是分而言之，「觀」有兩種：一是內觀，二是外觀。內觀的要求是「少私寡欲，絕學無憂」，[35]「滌除玄鑒」，[36]使內心達到「致虛極，守靜篤」[37]的至虛致靜狀態，這種狀態也即是「無心」[38]的狀態，在這種狀態下認識主體與萬物的關係不是對立的而是一體的，「挫其銳，解其紛，和其光，同其塵，是謂玄同」，[39]是為體道之人。體道之人「微妙玄通」，[40]他

33《老子》十六章。
34《老子》一章。
35《老子》十九章。
36《老子》十章。
37《老子》十六章。
38《老子》四十九章。
39《老子》五十六章。

「不行而知，不見而明，不為而成」，[41]他能體道，故無所不通。體道的方式最關鍵的地方是排除私欲和普通的智巧，使人返回到「見素抱樸」的真實狀態。外觀的要求是按照事物的自然本性來認識事物。老子說：「以身觀身，以家觀家，以鄉觀鄉，以邦觀邦，以天下觀天下。吾何以知天下然哉？以此。」[42]這是道家自然主義在認識論上的運用，強調認識活動中的自然無為，順萬物之性而知之，不添加任何主觀的成分。不論是外觀還是內觀，除了要認識事物的本來面貌以外，還要認識事物的內在矛盾所推動的轉化規律，即「吾以觀復」的「復」，「復」包含的兩義：一是向相反的方向轉化，二是返本歸根。老子在另外地方又稱為「反」，說：「反者道之動」。[43]能夠「觀復」、知反的人，則就是掌握了事物發展的趨勢和規律，便會「沒身不殆」。[44]

莊子把一切普通的知識都看成是「成心」，予以指斥，因此他不重視「明理」的活動，認為一般人無理可明。他的著力處在如何體道上面。他提出兩種影響頗大的體道方法：一曰「坐忘」，二曰「心齋」。〈大宗師〉有一段孔子和顏回的寓言，說顏回在修道過程中不僅能忘掉禮樂和仁義，而且達到了「坐忘」的地步，孔子很吃驚地問顏回「何謂坐忘？」，顏回曰：「墮肢體，黜聰明，離形去知，同於大通，此謂坐忘。」仲尼曰：「同則無好也，化則無常也。而果其賢乎！丘也請從而後也。」陳鼓應先生的解釋是：「『墮肢體』和『離形』是同義的，說的並不是拋棄形體，而是超脫形體的極限，消解由生理所激起的貪欲。『黜聰明』和『去知』同義，意指擯棄由心智作用所產

40《老子》十五章。
41《老子》四十七章。
42《老子》五十四章。
43《老子》四十章。
44《老子》十六章。

生的偽詐。貪欲和智巧都足以擾亂心靈，揚棄它們，才能使心靈從糾結桎梏中解放出來。『離形』和『去知』是達到『坐忘』的兩道內省工夫。只有做到了『坐忘』，心靈才能開敞無礙，無所繫蔽了才能從一個形軀的我、一個智巧的我提升出來，從個體小我通向廣大的外境，實現宇宙大我；才能臻至大通的境界，『同於大通』；才能和通萬物而無偏私，參與大化之流而不偏執」。[45]從認識論的角度說，「坐忘」的工夫不是感性或理性的認知工夫，而是要拋棄感性和理性，用開放的心靈直接去擁抱整個宇宙，達到「天人合一」的境界，這是一種超理性主義的直覺的體認工夫。「坐忘」的工夫就是把自己融化在宇宙中。〈人間世〉講到「心齋」，它說：「若一志，無所之以耳而聽之以心，無聽之以心而聽之以氣。耳止於聽，心止於符。氣也者，虛而待物者也。唯道集虛。虛者，心齋也。」它的意思是：「你心志專一，不用耳去聽而用心去體會，不用心去體會而用氣去感應。耳的作用止於聆聽外物，心的作用止於感應現象。氣乃是空明而能容納外物的。只要你到達空明的心境道理自然與你相合。『虛』（空明的心境）就是『心齋』。」[46]「心齋」的方法要求心中無知無欲，達到虛靜的狀態，只有精氣而沒有雜質，而精氣是透明能容的，它可以通達萬事萬物而毫無滯礙，它的作用就只是物來而順應。「心齋」和「坐忘」兩道工夫都是超理性的工夫，目的也是一個，即在精神上達到「天人合一」；但具體途徑仍有差別，「心齋」主要通過養氣而煉得，「坐忘」主要通過「離形去知」而煉得；然而都是向內心用工夫，改善認識主體的狀態，不是向外用工夫，不是去獲取外部的知識。《莊子‧應帝王》裡講了個寓言故事，中央之帝渾沌沒有七竅（一口、兩耳、兩目、兩鼻孔），南海與北海兩帝

---

45 陳鼓應：《老莊新論》，上海古籍出版社，1992年，頁176。
46 陳鼓應：《莊子今注今譯》，中華書局，1983年，頁121。

為之鑿竅，「日鑿一竅，七日而渾沌死」。莊子認為七竅用以「視聽食息」，要同外界交往，要去分辨善惡是非，恰恰破壞了得道者的天人合一、無差別的精神狀態，這個狀態就是「渾沌」，它是靠取消正常的感覺、思惟和情欲而獲得和保持的。

黃老道家的認識方法論，比起莊子來，更注重「明理」即外觀的工夫，但它又與儒家不同，它不是沿著「格物致知」的路子走，而是沿著「自然無為」的路子走，不過給予「無為」以更為積極的解釋。屬於黃老道家作品的《呂氏春秋》有〈貴因〉一篇，系統論說了「因」的概念，使「因」成為黃老道家認識方法論的重要概念。它說：

三代所寶莫如因，因則無敵。禹通三江五湖，決伊闕，溝回陸，注之東海，因水之力也。舜一徙成邑，再徙成都，三徙成國，而堯授之禪位，因人之心也。湯武以千乘制夏商，因民之欲也。如秦者立而至，有車也，適越者坐而至，有舟也；秦越遠途也，靜立安坐而至者，因其械也。

夫審天者，察列星而知四時，因也。推曆者，視月行而知晦朔，因也。禹之裸國，裸入衣出，因也。墨子見荊王，錦衣吹笙，因也。孔子道彌子瑕見釐夫人，因也。湯武遭亂世，臨苦民，揚其義，成其功，因也。故因則功，專則拙，因者無敵。

「因」的概念，其內涵指：認識和掌握自然規律，利用自然改造環境，順應民心而興邦治國，隨順異域民情風俗等，其基本思想是順應自然，因勢利導，不去胡做妄為，不逆自然發展而動。這些思想是被道家「無為」概念所包容的，因又突出了「明理」的成分。《呂氏春秋》在繼承老子「觀」的基礎上，又提出「察」，把「察」作為一種普遍的認識方法，強調傳言必察（〈察傳〉），疑似必察（〈疑似〉），微始慎察（〈察微〉），不疑再

察（〈謹聽〉），目的在於明理。

漢代黃老代表作品《淮南子》，順著《呂氏春秋》的思路，對於道家的「無為」概念加以改造充實，批判了其消極的成分，增強了其積極的成分。〈脩務訓〉說：

或曰無爲者，寂然無聲，漠然不動，引之不來，推之不往。如此者，乃得道之像。吾以爲不然。

若吾所謂無爲者，私志不得入公道，嗜欲不得枉正術，循理而舉事，因資而立功[47]，推[48]自然之勢，而曲故不得容者，事成而身弗伐，功立而名弗有，非謂其感而不應，迫[49]而不動者。

《淮南子》把「無為」解釋成「不受私欲干擾，按客觀規律辦事」的實踐原則，其中「循理」是關鍵，「循理」必須先明理，所以《淮南子》十分強調虛心好學，提高人的理性思惟能力。《人間訓》說：「發一端，散無竟，周八極，總一㪍，謂之心。見本而知末，觀指而睹歸，執一而應萬，握要而治詳，謂之術。」人心可教可收，既能「由昭昭（現象）於冥冥（本質）」（《人間訓》），又能「由冥冥而昭昭」（《泰族訓》），把現象與本質貫通起來。

關於體道的方法，《呂氏春秋》未能詳論，它只是說：「一（指道）也者至貴，莫知其原，莫知其端，莫知其知，莫知其終，而萬物以為宗。聖王法之，以令其性，以定其正，以出號令」，[50]聖王如何法道，則未予論說。《淮南子》認為大道只能是聖人以無為體之，普通人以普通的方法是不能達道的。它說：「至人之治也，掩其聰明，滅其文章，依道廢智，與民同出於公，約其所守，寡其所求，去其誘慕，除其嗜欲，損其思

---

47 原文爲「功」字，據王念孫補。
48 原文爲「權」字，據王念孫改。
49 原文爲「攻」字，據王引之改。
50 《呂氏春秋・圜道》。

慮」，這樣的人「無所喜而無所怒，無所樂而無所苦，萬物玄同
也，無非無是，化育玄耀，生而如死。夫天下者亦吾有也，吾
亦天下之有也，天下之與我豈有間哉。」[51]這樣的得道之人，因
天下而為天下，故能無為而無不為。其體道的方法是內省式的
直覺，是在精神上與宇宙萬物通為一體。

黃老道家並不把理性與超理性的直覺對立起來，直覺是為
了把握大道的本質，而在觀察把握日常事物本質的時候則必須
運用理性，理性是通向直覺之路。

魏晉玄學對理性思惟更加重視。馮友蘭先生認為玄學的方
法是「辯名析理」，[52]簡稱「名理」，這是中肯的見解。「辯名析
理」就是分析名詞概念的內涵和用法，用邏輯推論的方法說明
一種道理，在辯論中分清是非，所以這是一種邏輯性很強的理
性思惟活動。王弼的貴無論，其中心論題是「有以無為本」。他
一方面說「聖人體無，無又不可以訓」；[53]另一方面他又用嚴密
的邏輯推論方式來證明萬有之本只能是無。作為宇宙的本質，
必須能成為萬有統一的基礎而它本身又不是萬有，因為任何有
都有局限性，不能有無限的包容性，這只能是「無」。王弼說：
「無形無名者，萬物之宗也。不溫不涼，不宮不商，聽之不可得
而聞，視之不可得而彰，體之不可得而知，味之不可得而嘗，
……，故能為品物之宗主，苞通天地，靡使不經也。」他又
說：「若溫也則不能涼矣，宮也則不能商矣。形必有所分，聲
必有所屬。故象而形者，非大象也。音而聲者，非大音也。」
他的理論邏輯是很強勁的：萬有的本體必須是超越萬有的非有
即無。同時他又指出，作為本體的「無」不是懸空的，它通過
萬有的運動而展現自己，故說：「然則四象不形，則大象無以

51 《淮南子‧原道訓》。
52 郭象，《莊子注‧天下》注。
53 何劭，《王弼傳》引。

暢；五聲不聲，則大音無以至。四象形而物無所主焉，則大象暢矣；五音聲而心無所適焉，則大音至矣。」[54]他的邏輯是：「無不可以無明，必因於有」，這也是很難反駁的。王弼還從動靜關係上論證有以無為本，他說：「復者反本之謂也。天地以本為心者也。凡動息則靜，靜非對動者也；語息則默，默非對語者也」，運動都是相對的，靜止才是絕對的，所以他又說：「天地雖大，富有萬物，雷動風行，運化萬變，寂然至無，是其本矣」。[55]「無」的特點一是虛，二是靜，既然萬物運動復歸於靜止，那麼萬物必以「無」為本根，這也是一種邏輯推論。可見王弼的理性邏輯思惟十分發達，他是用理性的方法來論證超理性的本體的存在。在王弼看來，我們雖然不能說「無」是什麼，但是我們可以論證「無」不是什麼，只要知道了「無」不是「有」，也就等於承認了「有以無為本」，剩下的事情，就靠人們去體會了。

郭象的獨化論也有其內在的理性邏輯。看起來，郭象與王弼相反，他否認宇宙有共同的統一的基礎，他認為萬物皆各自生、獨化，既沒有造物主也不以無為本。他的邏輯是：「請問：夫造物者有耶？無耶？無也，則胡能造物哉？有也，則不足以物眾形，故明眾形之自物，而後始可與言造物耳。」[56]他認為不能無中生有，而有又不可能成為眾有的總根源。他承認事物之間有差別，可是這種差別只是表明物種的多樣性，並不表明其中有正常和不正常之分，只要萬物各能適性自足，彼此之間也可以說是沒有差別的，他說：「苟足於天然而安其性命，故雖天地未足為壽而與我並生，萬物未足為異而與我同得。」[57]

---

54 以上見王弼《周易略例》。
55 王弼，《周易・復卦注》。
56 郭象，〈齊物論〉注，《莊子注》。
57 郭象，〈齊物論〉注，《莊子注》。

郭象由此論證了「凡存在的皆是合理的」，這個「理」就在於事物都有自己的本質規定性。那麼，如何去統一這個沒有統一性的世界呢？郭象認為只有用聖人包容一切的心去包容這個千差萬別的世界，因此大道不在客觀，而在主觀精神境界，他把這個境界稱之為「玄冥之境」。郭象認為，要玄冥於大道，必須把是非之心消除乾淨，甚至要把消除是非之心也加以消除，他說：「既遣是非，又遣其遣，遣之又遣，以至於無遣，然後無遣無不遣，而是非自去矣。」[58]他又說：「唯與物冥而循大變者，為能無待而常通」，[59]又說：「玄合乎視聽之表，照之以天而不逆計，放之自爾而不推明也」，[60]他又回到了老子「無為而無不為」的命題，卻是以其特殊的獨化論的途徑走回來的。

道教的認識論方法基本上繼承了老莊之學說，並根據道教修仙的宗教要求把道家的認識方法神秘化，使之與煉養術緊密結合起來。例如，老子的「抱一」發展為道教的「守一」；老子的「清靜無為」發展為道教的「入靜」；莊子的「坐忘」引出司馬承禎的《坐忘論》，後者成為道教著名的經典。道教的認知方法論是綜合性的，融感性、理性和直覺體驗為一體，而且強調修煉的實踐，是知行合一過程中的方法。

內視。《黃庭經》說：「保我泥丸三奇靈，恬淡閉目內自明。」又說：「內息思存神明光」，務成子注曰：「閉目內視，存在神明見吾光，俯仰瞻之，青赤白黃。」內視也稱內照，其要求是：消除雜念，收心入靜，閉目內觀，將思想集中於體內丹田，久之可以窺見體內精氣運行乃至五臟六腑，內丹成則可窺見內丹形象。梁道士陶弘景《登真隱訣》曰：「坐常欲閉目內視，存見五臟腸胃，久久行之，自得分明了了也。」內視的

58 郭象，〈齊物論〉注，《莊子注》。
59 郭象，《莊子注·逍遙遊》注。
60 郭象，《莊子注·逍遙遊》注。

方法更多依靠的是體驗而不是知識。儒家講內省，道教講內視，佛教講覺悟，都把工夫向體內心內使用，發掘生命個體自身的智慧之光，這與西方主流哲學認識論向外探求，是很不相同的。

存想。亦稱存思，它與內視不同處在於將意念集中於體內真神或景象。如《黃庭經》要求存想體內真神。《老君存思圖》說，人體多神，必以五臟為主，各料其事，是以朝夕存思，不可懈怠，智靜神凝，可以久視長生。這種工夫既可以培養人們對神靈的敬意，又可以使人的精神專一純淨，能收到良好的養生效果。

坐忘。唐道士司馬承禎著《坐忘論》，述道教坐忘安心之法，大抵以無物無我、一念不生為旨，斷絕欲緣，不逐外物，安分隨緣，久習此道，可以「形如槁木，心若死灰，無感無求，寂泊之至。無心於定而無所不定，故曰泰定」，「內不覺其一身，外不知乎宇宙」。又稱：「勤行空心谷神，唯道來集」，「神與道合，謂之得道。」這個方法具有神秘體悟的特色，對後世道教煉養術影響很大。

守一。有時將守一與內視、存想合而用之，有時又有獨立的解釋。「守」即守護不離，「一」有多種解釋，或曰「一為道」，或曰「一為玄關一竅」，或曰「一即心」，或曰「一即真妙之氣」。《抱朴子·地真篇》曰：「老君曰：『惚兮恍兮，其中有象，恍兮惚兮，其中有物。』一之謂也。故仙經曰：『子欲長生，守一當明』。」守一是道教煉養的清靜法門，是使人的精神安固凝重的方法。

性命雙修。內丹學的煉養原則和方法可以概括為性命雙修。性功即煉神修心，包括思惟、道德、情感，使人的精神純粹不雜，靜一不變，智慧高超，收放自如。命功即煉氣修身，積精累氣，除陰強陽，使身體脫胎換骨，達到長生永固。宋代

道士白玉蟾說：「神即性也，氣即命也。」[61]全真北派以修性為主，元代道士丘處機說：「三分命術，七分性學」。[62]南宗張伯端主張先命後性。[63]清代道士柳華陽著《慧命經》說：「丹法起手功夫，叫做命功；了手功夫，叫做性功。」全真道士在煉養內丹時，大都主張性命雙修，把心理訓練與生理訓練結合起來。從認識方法上說，性命雙修是將感覺、理性和體驗綜合起來，既純化心靈，又提高精神境界，還強健體魄，性功和命功或相輔相成，或交替運用，皆不可分離而獨行。這是道教內丹學的特色。命功是道教所特有的，性功則深受儒家心性之學和佛教涅槃學、般若學的影響，內丹學是儒、佛、道三教合一的產物。

三、「有眞人而後有眞知」、「言不盡意」
道家論認識的性質與限度

　　前文已提到，道家認為人的知識不具有獨立的性質，它是為提高人的精神境界、安頓人生、修成真人服務的，除此之外的所謂知識沒有價值，有知等於無知，甚至還會有負價值，妨礙真知的獲得。在認識的限度上，道家認為普通人的認知能力、認知手段（如語言文字）都是有限度的，當人們超越一般知識而要尋求終極真理的時候，普通的認知方法與手段應當予以排除，而訴諸直覺和體驗。

　　老子認為認知的目的在於掌握恒常的大道，從而指導健全的社會人生。他說：「知常曰明」，「知常容，容乃公，公乃全，全乃天，天乃道，道乃久，沒身不殆。」[64]「知足不辱，知

---

61 《海瓊白眞人語錄》。
62 《長春祖師語錄》。
63 張伯端，《悟眞篇》。
64 《老子》十六章。

止不殆，可以長久。」[65]但是老子又認為了知大道是十分困難的，他說：「道可道，非常道」，[66]「知者不言，言者不知」[67]表示大道不是一般語言文字所能表達的。而一般人的聰明往往內含著巧詐，反而掩蓋了大道的真樸本性，所以他說：「智慧出，有大偽」。[68]於是，他發出了「絕聖棄智，民利百倍」、「絕學無憂」[69]的呼聲。

莊子說：「有真人而後有真知」，[70]可知莊子把真正的認知能力看成是理想人格的有機組成部分，所以他把認知活動的重心放在改善主體的認知素質和水平上，主要是清除情欲，擺脫蔽障，開闊心胸，提高境界，虛壹而靜，然後站在宇宙的高度觀照人生、宇宙的根源和深層本質。

至於說到人對外界知識的把握，莊子認為人首先遇到的是有限人生與無限知識的矛盾，他說：「吾生也有涯而知也無涯。以有涯隨無涯，殆已。」[71]這個矛盾是不可克服的。其次外界認識對象變幻不定，難以有確定的知識，如〈秋水〉所說：「物之生也，若驟若馳，無動而不變，無時而不移」，所以得不到相應的恒常知識。再次，由於人們的利益、眼界、立場不同，無法建立共同的真理標準，也因此無法獲得帶有客觀性的知識，如〈寓言〉所說：「同於己者為是之，異於己者為非之」。〈齊物論〉講得更清楚，在是非辯論之中，沒有真正客觀的仲裁者，因此各執一詞，所有的知識只具有相對性。〈齊物論〉說：「既使我與若辯矣，若勝我，我不若勝，若果是也？我果非也邪？我勝若，若不吾勝，我果是也？而果非也邪？其

65《老子》四十四章。
66《老子》一章。
67《老子》五十六章。
68《老子》十八章。
69《老子》十九章。
70《莊子‧大宗師》。

112

或是也？其或非也邪？其俱是也？其俱非也邪？我與若不能相知也。則人固受其黮闇，吾誰使正之？使同乎若者正之？既與若同矣，惡能正之！使同乎我者正之，既同乎我矣，惡能正之！使異乎我與若者正之？既異乎我與若矣，惡能正之！使同乎我與若者正之？既同乎我與若矣，惡能正之！然則我與若與人俱不能相知也，而待彼也邪？」另外語言往往成為認識的屏障，「言隱於榮華」，[72]語言的真正內涵被華麗的詞藻所遮蓋了，失去了它的正常功能。〈外物〉說：「荃者所以在魚，得魚而忘荃；蹄者所以在兔，得兔而忘蹄；言者所以在意，得意而忘言。吾安得夫忘言之人與之言哉！」語言的功能在於表述心意，它是工具性的，得意才是目的，如果止於語言或者以為語言就是真理，那將會失去真理。「言意之辯」由此而展開，莊子和後來的道家都看到語言的局限性，並設法超越語言。莊子無疑是位高超的語言大師，但是他卻有取消語言的主張。〈知北遊〉說：「知者不言，言者不知」，又說：「天地有大美而不言，四時有明法而不議，萬物有成理而不說。」自然界是最美的，又是最有合理性的，人的語言不可能把自然界的真實內涵表述出來，所以聖人不言，至人無為。莊子又認為書籍是歷史的陳跡，執於文字而忘其精義，是一種本末倒置。〈天道〉篇中輪扁嘲諷桓公談聖人之書，「君之所讀者，古人之糟魄已夫」，意在說明，真道不可言傳，僅靠讀書，不能繼承大道的真義。

作為黃老作品的《呂氏春秋》很看重理性，認為人的認識的真正任務在於求因知化，從已知推斷未知。〈審己〉說：「凡物之然也，必有故，而不知其故，雖當與不知同，其卒必困」，〈知化〉說：「凡智之貴，貴知化也」，〈察今〉說：

---

71 《莊子‧養生主》。
72 《莊子‧齊物論》。

「有道之士，貴以近知遠，以今知古，以[73]所見知所不見。故審地上之陰，而知日月之行，陰陽之變」。人的認識可以掌握事物的運動規律，預知事物變化的趨向。但是理性不能脫離感性經驗，否則理性便不高明，例如聖人有所謂先知，「先知必審徵表，無徵表而欲先知，堯舜與眾人同等」，[74]「徵表」即徵象，指事實的驗證。〈去尤〉和〈去宥〉兩篇都指出人的認識往往受主觀成見、愛憎和物欲的擾亂而發生錯誤。〈去尤〉說：「世之聽者，多有所尤（固蔽）。多有所尤，則聽必悖矣。所以尤者多故，其要必因人所喜，與因人所惡。」有人丟失了斧子，主觀地認為斧子是鄰人之子偷去的，於是看其走路，觀其臉色，聽其說話，都像偷斧子的人；後來他找到了斧子，再看鄰人之子時，其動作態度再也不像偷斧人了。這就是有尤和去尤的分別。〈去宥〉說齊國有人白天在黃金市場上搶拿黃金，被官吏捉住，問他何敢如此，他說：「殊不見人，徒見金耳」，這就是財迷心竅。該篇總結說：「夫人有所宥者，固以晝為昏，以白為黑，以堯為桀。宥之為敗亦大矣。亡國之主，其皆甚有所宥邪。故凡人必別宥然知，別宥則能全其天矣。」

　　魏晉玄學擅於玄談，其意在「辯名析理」的活動中獲得一種理性智慧的愉快，使自己的精神得到一大提升，為此必須用素樸之道來指導理智活動，若把理智活動用於社會鬥爭，將會給社會帶來禍害。王弼說：「夫素樸之道不著，而好欲之美不隱，雖極聖明以察之，竭智慮以攻之，巧愈思精，偽愈多變；攻之彌甚，避之彌勤。則乃智愚相欺，六親相疑，樸散真離，事有其奸。蓋捨本而攻末，雖極聖智，愈致斯災。」[75]儒家主張納智於仁，道家則主張納智於樸，都反對唯智主義。

　　關於認識的限度，王弼有「言意之辯」，郭象有「莫知之

73 原文「以」後有「益」字，據《意林》刪。
74 《呂氏春秋‧觀表》。
75 王弼：《老子指略》。

114

論」，可以作為代表。

「言意之辯」是在討論《周易》卦爻辭（言）、卦爻象（象）、卦爻內涵（意）的相互關係時提出的。從認識論上說，它討論的是語言、感性形象、思惟內涵三者的關係。王弼在《周易略例‧明象》中用邏輯分析法將言意問題逐層展開，給予系統說明。他首先指出：言能表象，象能表意，故說：「夫象者，出意者也。言者，明象者也。盡意莫若象，盡象莫若言。」這是對語言與思想的一致性的肯定。接著他又指出：「故言者，所以明象，得象而忘言；象者，所以存意，得意而忘象。」這是指出，語言與感性形象都是工具性的，目的在存意所以不要執滯於言、象，而要得意忘象忘言。他又進一步指出：「是故存言者，非得象也；存象者，非得意也。象生於意而存象焉，則所存者乃非其象也；言生於象而存言者，則所存者非其言者。」如果執滯於言、象，而失去其存意的功能，則言、象不復為真正有價值的言、象。他最後指出：「然則，忘象者乃得意者也。得意在忘象，得象在忘言。」在通過語言得到感性形象並通過感性形象最終得到意念以後，要忘掉語言和形象，這樣才能徹底把握它們所表達的意念，若有言、象拖累，則所得意念便不純粹。王弼的意思是：人們要獲得真理，必須使用語言又超越語言。王弼所謂的「意」並不純是主觀的東西，它是事物內含的意蘊而又能為人所體會者，故「意」是主客觀合一的真理。

在一般的認識領域，王弼是「言盡意論」者，他承認人可以明理，而理可以言出之。但人對宇宙形而上本體——無的把握卻不然，既要明理，又要超出明理，既要用語言描述和交流思想，又要拋棄語言和思惟，因為大道不可以言明。所以他才說：「聖人體無，無又不可訓，故不說也。」[76]「無」只能體驗

76《三國志‧魏書》，〈鍾會傳注〉，引自何劭《王弼傳》。

不可思議。「無」好比是彼岸，言、象之理智好比是橋樑，理智可以載人從此岸邁向彼岸，但理智的作用在人即將到達彼岸的時候便嘎然而止，理智只能告訴你彼岸在哪裡，卻不能告訴你彼岸究竟如何，下一步就要靠你親自去體驗感受了。理性和語言的任務就在於讓主體超出自己，直探本源。陶潛說：「此中有真意，欲辨已忘言」，他的兩句詩只是引導人們去尋找真意，而真意卻在語言不能到達的地方。

郭象在人生命運問題上是不可知論者。他說：「不知其所以然而然，謂之命」，[77]「知不可奈何者命也」，[78]「夫死者已自死，而生者已自生，圓者已自圓，方者已自方，未有其根者，故莫知」，[79]「遺知而知，不為而為，自然而生，坐忘而得，故知稱絕而為名去也。」[80]郭象認為一個人只能知道自己的現狀（包括身份、遭際、地位、性情、才能等等）和必然由生到死，但人不可能知道為什麼會如此，理性、知識在改變自己命運中是無能為力的，人只有安命順性一途。若能安命順性，則人群雖千差萬別，則都能自足逍遙，並不需要依靠理智去追求什麼，「苟足於天然而安其性命，故雖天地未足為壽而與我並生，萬物未足為異而與我同得。」[81]與王弼相比，郭象輕視理性認識，他要取消理性智慧認識事物本質的任務。他認為語言和思想在人探求形而上之道時是無能為力的，他說：「無言意者，有也。而所言所意者，無也。故求之於言意之表，而入乎無言無意之域，而後至焉。」[82]

道教的理智活動，如前文所說，皆服務於其修道成仙的目

---

77 郭象，《莊子注・寓言注》。
78 郭象，《莊子注・人間世注》。
79 郭象，《莊子注・知北遊注》。
80 郭象，《莊子注・大宗師注》。
81 郭象，《莊子注・齊物論注》。
82 郭象，《莊子注・秋水注》。

標。它繼承和發揮老子莊子的智慧學說,把人類的知性分成「小知」和「大知」兩種。一般人是小知,斤斤計較於是非之辨、利害之間,這樣的智慧當然是很有限的,不能使人解脫生死。葛洪說:「淺識之徒,拘俗守常,咸曰世間不見仙人,便云天下必無此事。夫目之所曾見,當何足言哉?天地之間,無外之大,其中殊奇,豈遽有限?詣老戴天,而無知其上,終身履地,而莫識其下。形骸已所自有也,而莫知其心志之所以然焉。壽命在我者也,而莫知其修短之能至焉。況乎神仙之遠理,道德之幽玄,仗其短淺之耳目,以斷微妙之有無,豈不悲哉?」[83]一般人除了見聞有限,目光短淺以外,又有「榮華勢利誘其意,素顏玉膚惑其目,清商流徵亂其耳,愛惡利害攪其神,功名聲譽束其體」,[84]這樣的人是不可能洞察長生大道而超越世俗的。

而「大知」者即達道之士,他能「窮理獨見,識變通於常事之外,運清鑒於玄漠之域」[85]這樣的人,不僅見識卓絕,同時能夠棄情去欲超然物外,其智慧便具有了無限的洞察力,並能使自己從世俗的病死和煩惱中解脫出來,獲得一種永恒的逍遙。而大智慧中最重要的是修道體道,與道合一。《老子》有「聖人抱一為天下式」[86]之說,道教引申發揮成為「知一萬事畢」之說,「一」即道。《太平經聖君秘旨》說:「守一之法,可以知萬端。萬端者,不能知一。夫守一者,可以度世,可以消災,可以事君,可以不死,可以理家,可以事神明」,「一之為本,萬事皆行;子知一,萬事畢矣。」道教認為,大道發而為萬事萬物,萬事萬物復歸於大道,故識得道體,與道相合,便

---

83 葛洪,《抱朴子‧論仙》。
84 葛洪,《抱朴子‧至理》。
85 葛洪,《抱朴子‧論仙》。
86 《老子》二十二章。

可掌握天道、地道、人道的規律，修身處事皆可暢達無礙，一切皆將迎刃而解。道教對於得道之士的大智慧，似乎有無限的信任；只是修道、得道頗為不易，其人不僅先天根器與悟性要好，還要好學深思，還要有名師點化，還要勤苦久煉，還要煉養得法；故向道者眾，而成道者寡。從整個人類來看，多數人們要突破認識的有限性還是相當困難的。

基督教觀點

趙敦華（北京大學宗教學系 教授）

　　基督教是一種關於上帝、人和世界三者關係的信仰體系。知識論（epistemolgy）是哲學的一門分支，是對人類知識的對象、性質、過程、範圍和基礎的哲學探究。基督教知識論是在歷史過程中基督教信仰和神學與西方哲學長期碰撞與融合形成的；就是說，它除了有西方哲學的來源和成分之外，更重要的是，是以《聖經》有關論述為基礎和依據的。基督教知識論的性質決定了它的一些特點，即：以信仰與理性關係為基本問題為中心，以上帝為人類知識的動因和根本的前提條件，並以認識上帝為人類智慧的根本目標。本文擬對基督教知識論的這些特點進行簡要的概述。

一、基督教知識論的總綱
信仰與理性關係問題

　　《聖經》教義是一切基督教學說（神學、哲學等）的指導思想，當然也是基督教知識論的前提和基礎。《聖經》中上帝是全知、全能、全善的唯一主宰。《聖經》中描述上帝「全知」（Omniscient）的辭彙計有「思想」、「思」、「知」、「話」、「道」、「真理」、「智慧」等等。《舊約》原用希伯來文寫成，希伯萊文的這些辭彙多為日常用語，並沒有深奧的哲學涵義。在希臘化時期，一些接受了希臘文化影響的猶太教徒開始用希臘哲學和概念來解釋《舊約》。比如，居住在當時希臘化中心亞歷山大城的猶太哲學家菲洛（Philo Judeus，西元前25－西元40年）用希臘哲學「邏各斯」（logos）概念解釋上帝的全知。希臘哲學家認為，邏各斯有內外之分，「內在邏各斯」是思想和理性，「外在邏各斯」是表達思想的語言。菲洛借助這些哲

學思想，認為《舊約》談及上帝智慧之處，如「耶和華以智慧
立地」（〈箴言〉3：19），「邏各斯，你所造的何其多，都是你
用智慧造成的」（〈詩篇〉104：24），等等，都是對內在邏各斯
的歌頌；另一方面，《舊約》談及上帝言辭之處，如「諸天借
耶和華的話而造」（〈詩篇〉33：6），「他發話醫治他們，救他
們脫離死亡」（〈詩篇〉107：20），「以我口中的話殺戮他們」
（〈何西阿書〉6：5），等等，都是對外在邏各斯的頌揚。後來，
《舊約》作為基督教《聖經》的一部分，由希伯來文翻譯為希臘
文。《新約》也由希臘文寫成，《舊約》的翻譯與《新約》的
成書，都在希臘文化和哲學廣泛傳播的時期，所用的希臘術語
的意義不可能不受到希臘哲學的影響，尤其是「話」、「道」
（即 logos，其原意是「話」，故在英文中譯作 Word，後來引申
為「道理」、「規律」等等），「智慧」、「真理」等術語，在希
臘哲學著作中極為常見，希臘哲學家對這些術語的意義有諸多
討論，賦予它們豐富的哲理。當《聖經》的譯者和作者在運用
這些術語時，會自覺地或不自覺地用希臘哲學的概念來說明上
帝的全知屬性。

希臘哲學知識論對基督教的影響在較晚成書的〈約翰福音〉
中表露得最為明顯。這部福音書在開篇處就顯示出與前三部同
觀福音書（即〈馬太福音〉、〈馬可福音〉、〈路加福音〉）的不
同之處。同觀福音書都以記敘耶穌家世為開端，〈約翰福音〉卻
拋開歷史記敘與常識觀念，提出了「道成肉身」的觀念：「太
初有道，道與神同在，道就是神」，「道成了肉身，住在我們中
間，充充滿滿的有恩典有真理」，「恩典和真理，都是由耶穌基
督來的。從來沒有人看見神，只有在父懷裡的獨生子，將他表
明出來」（〈約翰福音〉1：1，14，18）。如前所述，「道」即
「邏各斯」。肯定「道就是神」也就是肯定了上帝的全知及其理
性的創造力量。更重要的是，「道成肉身」的教義肯定人可以

通過理性認識上帝,首先是通過耶穌基督去認識上帝。在耶穌基督誕生之前,上帝以光顯示自身,「那光是真光,照亮一切生在世上的人」,但「世界卻不認識他」,於是,顯現上帝的道便成了基督肉身,「住在我們中間」,使人們「見過他的榮光」(〈約翰福音〉1:10,11,15)。〈約翰福音〉給人的啟示在於揭示了「神知」和「人知」的聯繫:上帝是全知的,並能以真理之光顯示自身;上帝的顯示和上帝的真理並不依賴人的認識,上帝並不因為人不認識他而受損,也不因人認識他而獲益,上帝的道之所以肉身化為耶穌,使人能夠通過耶穌的人形人格和言行事跡,將上帝「表明出來」,這樣做的目的完全是為了拯救世人,正如耶穌所說:「我就是道理、真理、生命,若不藉著我,沒有人能到父那裡去」(〈約翰福音〉14:6)。上帝以人所能看見的方式(肉身化)向人顯示,使人能夠認識上帝,這與上帝賦予人的恩典,使人能夠通過耶穌基督而拯救,完全是同一過程,因此,「恩典」和「真理」並列在一起,「人的拯救」和「人的認識」成為同一目標。尤需注意的是,上帝的「全知」和人對他的「認知」是通過「道」,即神聖的「邏各斯」被連結在一起,這樣,「道成肉身」的神秘性孕育著理性的內涵。就是說,這一學說以隱喻方式揭示了真理的源泉以及人認知的對象、性質、目標和途徑等一系列有待展開的知識論的主題,從而為基督教神學和哲學奠定了堅實的基礎。本世紀初的德國神學家哈納克(A. Harnack)對此給予高度評價。他說:「基督教學說史中最重要的事件發生於二世紀開端,在基督使徒們揭示出『道是耶穌基督』的等同關係之時。」[1]

然而,希臘哲學對《聖經》的影響也不能誇大。基督教畢竟是一種信仰體系,而不是理性哲學。《聖經》教義更多地強調人對上帝的完全依賴以及人的理性能力的局限和薄弱。

---

1 轉引自趙敦華:《基督教哲學1500年》,人民出版社,1994年,頁75。

　　我們知道，《舊約》中上帝與以色列人之間有「合約」關係，但這絕不是彼此回報的平等關係，相反，以色列人只能無條件地崇拜上帝，不能試探上帝、揣摩上帝的心思，更不能憑藉人類的小聰明欺騙上帝，或對上帝隱瞞真相。另一方面，上帝不受人的理性和知識的約束，他無所不知，但卻不需要向人解釋他的工作；他預知未來一切，但卻沒有必要向人公佈他的計劃。人只能敬畏上帝的全知，對天意的安排俯首聽命。正如〈詩篇〉所云：「耶和華啊，你的工作何其大！你的心思何其深！畜類人不曉得，愚頑人也不明白」（92：5 - 6）。

　　《聖經》裡多次出現這樣的教誨：人的知識與上帝的全知不可比擬，人切不可以因為自己的聰明而驕傲自負，人在上帝面前永遠是無知的。《舊約‧約伯記》把上帝的全知與人的無知的反差突出地表現出來。〈約伯記〉述說耶和華讓惡魔撒旦試探義人約伯的故事。約伯在家毀財散，身陷絕境的情況下，埋怨命運不公，甚至對耶和華也有微辭。他的三個朋友與他進行三輪辯論，也未能說服他。耶和華最後發話：「我立大地根基的時候，你在哪裡呢？你若有聰明只管說吧！」（38：4）「強辯的，豈可與全能者爭論嗎？」「你豈可廢棄我所擬定的？豈可定我有罪，好顯自己為義嗎？」（40：1，8）「誰能在我面前站立得住呢？誰先給我什麼，使我償還呢？天下萬物都是我的（41：10 - 11）。人不能理解上帝的安排的無窮奧秘，人不能以自己孔之見判斷上帝。

　　《聖經》教導人們要避免世間的邪惡，包括「肉體的情欲，眼目的情欲，並今生的驕傲」（〈約翰一書〉2：16）。「今生的驕傲」的一種表現是以為人有知道一切，判斷一切的智慧。聖保羅曾在希臘哲學的中心─雅典傳教。他與斯多噶派和伊比鳩魯派的哲學家們展開過辯論，對希臘哲學家以現世的智慧為驕傲的做法，聖保羅作出強烈的反應：「就如經上所記：『我要

滅絕智慧人的智慧，廢棄聰明人的聰明。』智慧人在哪裡？文人在哪裡？這世上的辯士在哪裡？神豈不是叫世上的智慧變成愚拙嗎？世人憑自己的智慧，既不認識神，神就樂意用人所當作愚拙的道理拯救那些信的人；這就是神的智慧了……神的愚拙總比人智慧，神的軟弱總比人強壯」（〈哥林多前書〉1：19－21，25）。他還警告信徒：「你們要謹慎，恐怕有人用他的理學和虛空的妄言，不照著基督，乃照人間的遺傳和世上的小學，就把你們擄去」（〈歌羅西書〉2：8）。這裡所說的「世上的小學」。即指希臘人的知識。

我們應該看到，《聖經》充滿著對上帝的智慧的頌揚，對信仰和天啟的推崇，以及對理性的驕傲的貶抑，但是，這些都不是在宣揚一種蒙昧主義的迷信與盲從。相反，《聖經》中有「不受白銀，寧得知識，勝過黃金」，「智慧比珍珠更美（〈箴言〉8：10－11）的箴言，有對智慧的熱情歌頌，智慧不但是耶和華創世的「工師」，而且「踴躍在他為人預備可住之地，也喜悅地住在世人之間」（〈箴言〉30－31）。聖保羅在反對哲學家們理性驕傲同時，要求信徒「要用靈禱告」，也要用悟性禱告，要用靈唱歌，也要用悟性唱歌」（〈哥林多前書〉4：15）。「悟性」即理性的理解力，這是接受、表達和宣揚上帝的真理必不可少的能力。這些教誨連同前面所提到的「道成肉身」的教義，都在強調人的理性、知識可以與上帝的智慧、真理相溝通，鼓勵人們盡力運用理性能力去認識上帝，理解信仰，宣揚教義。

總之，《聖經》對上帝的全知和人的知識的關係作了兩方面的規定，即：一方面強調上帝全知的至上，人對上帝的完全依賴，人在上帝面前的無知；另一方面，人的智慧與上帝相通，知識的可貴，理性對於信仰的益處，也得到充分肯定。《聖經》的這些主題可以被概括為信仰與理性關係問題。《聖經》對這一問題從不同層次和角度作了多方面的論述，本身包含著

不同解釋的可能性。因此，基督教神學和哲學的歷史充滿著關於信仰與理性關係問題的爭論，幾乎每一個重要的基督教神學家和哲學家都從這一問題入手闡發對人類知識、思想和真理等知識主題的立場，可以說，這一問題，構成了基督教知識論的總綱。

歷代基督教神學家和哲學家對信仰與理性關係問題的看法可被歸納為以下幾種立場。

第一種立場認為信仰包括理性。西元二世紀的教父克萊門（T. F. Clement）說明基督教是真正的智慧，智慧始於信仰而止於愛，中介是哲學。這裡所說的哲學指理性知識的大全。基督教並不排斥人的知識，而是包括一切人類知識於其中，並接受信仰指導，為「愛」的誡命服務。在此意義上，「智慧是哲學的女王。」[2]教父思想的集大成者奧古斯丁（Augustine）也提出了「基督教是真正哲學」的著名命題。他說明信仰並不排斥思想，相反，信仰也是思想，他對信仰下了一個定義：「以贊同的態度思想。」[3]任何思想都有一定的前提，即使那些企圖否認一切真理的懷疑主義者也不能懷疑他自己存在、有生命、有思想，否則他連自己是否在懷疑這一事實也不能確定。基督教哲學家和世俗哲學家不同之處在於公開承認並堅持信仰是思想的前提，以贊同信仰的態度去思想，按「信仰，然後理解」的方向探尋知識，把一切有用的知識，包括世俗哲學家發現的有用知識，都容納在基督教信仰之中。奧古斯丁所說的「基督教哲學」是把信仰與思想、神學與哲學融為一體的「大全」，對後世基督教思想的發展具有長遠的影響。

第二種立場認為信仰與理性相互對立，為了獲得和維護信仰，必須排斥、摒棄理性。早期教父德爾圖良（Tertullian）把

---

2 趙敦華，《基督教哲學1500年》，人民出版社，1994年，頁96。
3 趙敦華，《基督教哲學1500年》，人民出版社，1994年，頁143。

哲學斥之為「人和魔鬼的學說」,他大聲疾呼:「我們在有了耶
穌基督之後不再需要奇異的爭辯,在欣賞了福音書之後不再需
要探索。」[4]他還說明信仰的真理不服從理性的衡量,信仰即使
在不被理解或不能理解的情況下也能被信徒所接受。他說:
「上帝之子死了,這是完全可信的,因為這是荒謬的。他被埋葬
又復活了,這是確定的事實,因為這是不可能的。」[5]「荒
謬」、「不可能」是理性對信仰的否定性判斷,但基督教關於耶
穌死而復生的教義並不因此而喪失真理性,理性的排拒反倒顯
出信仰的「可信」與「確定」,因為信仰與理性是正相反對的。
德爾圖良作為基督教思想家並不是無理性的人,他對理性的排
斥應該理解為對希臘理性主義的反對。同樣,十九世紀基督教
思想家克爾凱廓爾(S. Kierkegaard)也出於對近代理性主義
的不滿和反抗,提出了「荒謬是衡量信仰的尺度」的思想。他
指出,信仰本身充滿矛盾,比如,上帝既是神又是人,個人的
存在既是有限的,又趨向於無限的上帝。理性不能解釋這些矛
盾,因此,荒謬感始終伴隨著信仰。荒謬感並不削弱和損害信
仰,因為信仰是個人面對上帝作出的選擇,荒謬感越是強烈,
而能按照上帝的命令作出抉擇,恰恰表明了信仰的堅定與強
烈。在此意義上,荒謬感是信仰強度的標準,被荒謬所衡量的
信仰包含著最確實的真理。歸根到底,一切真理都是「主觀真
理」。克爾凱廓爾對真理的定義是:「客觀的不確定性與最有激
情的內在性的契合,這是一個生存的個人所能達到的最高真
理。」[6]按照這一定義,信仰是在內心的激情(愛)的驅動下作
出的不計後果(「客觀不確定性」)的個人抉擇,這是上帝對人

---

4 趙敦華,《基督教哲學1500年》,人民出版社,1994年,頁106。
5 趙敦華,《基督教哲學1500年》,人民出版社,1994年,頁107。
6 Kierkegaard, *Concluding Unscientific Postseript*,transl,by D.F.Swenson
  , Princeton, 1941, p.182.

心的啟示，因此是真理，因為「只有啟迪你的心靈的道理才是真理。」

第三種立場認為信仰與理性相互成全，相得益彰，但信仰高於理性，理性服從於信仰。自從十二世紀的聖安瑟爾謨（St. Anselm）提出「信仰尋求理解」的口號，這種立場一直是經院哲學的傳統，並對其他基督教神學和哲學的派別有重要影響。按照安瑟爾漠對信仰與理性關係的解釋，信仰是理性的出發點，沒有信仰就不會有對知識的理解；另一方面，有了信仰，不一定總會有理解，理解不會因信仰而自發產生，而是理性積極尋求的產物。十三世紀經院哲學集大成者托馬斯·阿奎那（Thomas Aquinas）說明，神學和哲學都是關於上帝的同一真理，但論證這一真理的途徑不同，神學以天啟為前提，哲學則用理性證明自身的前提。但不管天啟還是理性，都有同一來源，天啟來自上帝的恩典，理性是上帝賦予人類的自然能力。信仰與理性的關係實質上是恩典和自然相輔相成的關係。托馬斯有一句名言：「恩典並不摧毀自然，而成全自然。」[7] 人靠恩典而獲得啟示和信仰，沒有信仰的幫助，人很難僅靠天賦的理性而被拯救。但恩典的賜予是以自然屬性為基礎的，上帝只賜福給努力實現自己稟賦的人，因此，人需要通過自然理性的努力來認識上帝的真理。恩典與自然的關係是人類同時需要神學和哲學的根本原因，也是哲學必須服務於信仰的原因所在。具體地說，哲學被用來證明信仰的真理性，類比信仰的道理，使之容易被人理解、接受，或被用來批駁違反信仰的言論。現代托馬斯主義者馬利坦（J. Maritian）按照信仰與理性關係，構造了一個「知識的等級」。理性範圍的知識包括實驗科學、自然哲學和形而上學這樣一個由低到高的等級。在理性知識之上還有「超理性的知識」即信仰領域，也包括神學、神秘經驗和

---

7 轉引自《基督教哲學1500年》，頁367。

天福之觀（beatific vision）這樣一個由低到高的等級。馬利坦區別理性和信仰的各種等級，目的是要綜合，達到一個以信仰為統攝原則的、「從物理學家的經驗開始，以玄思者的體驗告終」[8]的調和信仰與理性的完整體系。

　　第四種立場是嚴格地為信仰與理性劃界，認為兩者相互分離，但並行不悖，不應該相互僭越。康德（Kant）是這一立場的代表人物。康德首先說明，人類理性對上帝存在、靈魂不朽等信仰的證明都是註定失敗的企圖，但是，他對理性神學批判的目的只是限制理性，給信仰留下地盤。信仰的領域在倫理道德，信仰的信條是人類追求最高幸福的「道德公設」。這樣，他區分了「理論理性」和「實踐理性」兩個領域，前者被限制在經驗科學範圍，後者屈於道德、宗教領域，兩者都是人類生活所必需的，而不能互相替代和混淆。康德哲學的性質雖不屬於基督教哲學範疇，但是，他關於理性與信仰劃界的思想不僅影響到不少平信徒（lay Christian）的思想家、科學家，而且對現代自由派神學也有廣泛影響。比如，十九世紀初的神學家施萊馬赫（F. Schleiermacher）認為宗教信仰既不出自經驗理性，也不出自道德良心，而是一種特殊的情感（Gefuhl），其本質是對「一切有限事物存寓於並通過無限者、一切暫時事物存寓於並通過永恒者而獲得的普遍存在的直接意識」。這種直接意識或宗教情感就是虔信，它是宗教的本質，信仰的核心，構成了獨立於科學理性和道德良心的第三領域。施萊馬赫指出：「虔信對於我們是獨立於科學和道德的對等領域，它具有我們賦予科學和道德同等的尊嚴和優越性。」[9]施萊馬赫的劃界思想旨在抵禦啟蒙運動以來的理性主義對宗教領域的侵入。同樣，為

8 Maritian, *The Uegree of Knowledge*, New York, 1959, p.XI.
9 Schleiermacher, *On Religion*, transl.by T. N. Tice, Richmond:John Knox ,1969, p.79,80.

了抵制現代科學主義在文化各個領域的蔓延，本世紀存在主義的基督教哲學家馬塞爾（G.Marcel）區分「第一反思」和「第二反思」。第一反思是主體對客體的反思，是以主觀和客觀相分離為特徵的，它是抽象的、演繹的、概念的思惟方式，產生出以科學理論為主的理性知識。第二反思是「我—你」的相逢相通，是超越主、客觀分裂的直觀，是一種情感交融的悅愉和愛。第二反思沒有與主體相分離的對象，反思的內容總是與「我」相逢的「你」，這可以是我所關心的他人，也可以是「過去的你」，更重要的是「絕對的你」，即上帝。馬塞爾說：「當這個直觀轉向對象時，它照亮了它所超越的整個思想世界，從形而上角度說，我想不出有什麼比這更好的方式解釋信仰。」[10]信仰是一種凝思的、精神的、情感的存在方式；與之相對，第一反思所代表的是以佔有為目標、最終使生活物質化的存在方式。馬塞爾並沒有完全否定科學思惟和存在的生活，但卻反對以此為唯一的存在方式，他於是區分出第二反思作為人的本真的存有的思想基礎。

以上概括的關於信仰和理性關係的四種立場產生於不同層次、不同角度的觀察與思考，它們是在不同社會歷史條件和理論背景中產生的，有不同的針對性和目標。因此，即使這四種立場有各自不同的側重面，使用不同的表達方式，它們並不必然是相互矛盾的，毋寧說，真理是一個整體，只有全面地審視和總結各種立場和意見，我們才能掌握基督教知識的這一總綱。

二、基督教知識論的重要內容
論證上帝是人類知識的可能性條件

知識論是對人類知識的性質、範圍、成分、動力和基礎等

10 Marcel, *Etre te Avoir*, Aubier-Mcntaigne,1968, p.87.

問題的哲學探索。康德把知識論的內容歸結為說明人類知識的「可能性條件」（condition of possibilities），即，追問人類知識何以可能的問題。不同哲學派別對此問題有不同答案，經驗論、唯理論、先驗論、現象學和分析哲學的意義理論都以自己的方式解答知識的可能性條件的問題。基督教知識論的特殊貢獻在於把人類知識的可能性條件歸結為上帝。然而，對這一問題的解答，不能從信仰和教義直接引申出來，而要通過對人類知識過程和意識活動的深入分析，運用理性思惟，對理論的前提和結論作出充分的論證，才能符合哲學知識論的一般要求。我們在下面以幾個典型理論為例，看一看基督教思想家是如何論證上帝在人類知識中的重要地位。

奧古斯丁的「光照論」

奧古斯丁提出這樣的問題：人的確定知識是從哪裡來的？人的理性有無憑藉自身發現真理的能力？通過對這些問題的討論，他把上帝的恩典引入知識論。他並沒有直接訴諸教義宣揚上帝的全知全能，而是以縝密的推理論證了人的認識過程依賴上帝的必要性。

奧古斯丁把人的知識能力分為感覺和理性兩種。感覺又分成以身體為感官的外感覺和以心靈為感官的內感覺。人憑藉外感覺把握外部事物，憑藉內感覺把握外感覺，憑藉理性把握內、外感覺。按照這樣的認識秩序，外部事物、外感覺、內感覺、理性構成了一個由低級到高級的等級系列。在這一等級中，較高者與較低者是認識與被認識、判斷與被判斷、把握與被把握的關係，理性是人的最高認識能力，它認識、判斷、把握一切感覺對象和內容。但同時，人們也確切地知道，理性能夠認識一些確定的真理，像數學公理和「人人都追求幸福」這樣的哲學命題都是這樣的真理。奧古斯丁接著提出這樣的問題：真理是從哪裡來的呢？對這一問題有三種可能的答案。第

一種可能性是，真理是理性像把握外部對象那樣從外部尋得的。奧古斯丁說，這是不可能的，因為理性與外在對象是高級與低級、判斷與被判斷的關係，而理性不能判斷真理，相反卻要遵從真理去判斷其他事物。因此，真理不是低於理性的外部對象。第二種可能性是，真理是理性自身產生的。奧古斯丁也否定了這種可能性，理由是，理性是變動的意識狀態，真理卻是永恒不變的，變動不居的理性活動產生不出永恒的真理。

奧古斯丁肯定了第三種可能性是唯一正確的答案，這就是：「真理就是我們的上帝」。[11]上帝作為真理之源，把真理以光的方式照射出來，在人的心靈上銘刻下真理的痕跡，這就是人的理性所能認識的真理。

奧古斯丁的光照論還對人的認識過程作了較為細緻的分析。上帝的光照是通過人的理性起作用的，連結人的理性和感性的中介是記憶。記憶屬於內感覺，它保存著內、外感覺的一切材料，有條不紊地把感覺材料分門別類地集合在一起，並能隨時將任何一件材料取出使用。記憶之所以能有如此功能，是因為它按照真理的規則處理感覺材料。記憶體有兩部分內容，一是來自感覺的材料，二是來自上帝光照的真理規則。人類知識就是按照真理規則把感覺材料集合在一起。奧古斯丁說，從詞源上看，「知識」（Cogitare）來自動詞「集合」（cogere），「知識是理智所擅有的，專指內心的集合工作。」[12]至此，他證明上帝以光照的方式，把真理傳達給人的心靈，為人類知識提供指導規則。

托馬斯的「理智抽象論」

托馬斯也是通過對人類認識活動，尤其是理智抽象活動的細緻深入分析，論證上帝為人類知識提供必要的活力和普遍的

---

11 轉引自《基督教哲學1500年》，頁148。
12《基督教哲學1500年》，頁150。

對象。

托馬斯對外感覺、內感覺和理智活動作了更為詳盡的分析。外感覺包括視、聽、嗅、嘗、觸五種，認識個別事物。由感覺包括通感、辨別、想像、記憶四種，認識分別事物的可感形式，比如，形狀大小、顏色、硬度、運動狀態等。理智活動的認識對象是普遍概念，這些概念是從感覺對象中抽象出來的。托馬斯提出這樣的問題：為什麼理智可以從個別的、具體的、可感的事物中抽象出普遍的、無形的、不可感的概念呢？他借助亞里士多德關於積極理智（active intellect）和消極理智（passive intellect）的學說來回答這一問題。消極理智伴隨著感覺活動，並對感覺對象進行初步的抽象。托馬斯特別強調想像的作用，想像可以把事物的性質與事物的形體任意分開，重新組合，這實際上已是一種抽象活動，是感覺能力本身無法勝任，而是伴隨著感覺的理智活動的結果。但是，感覺階段的理智所把握的仍然是個別的，可感的形式，它們相對於普遍的、無形的概念而言是潛在的、消極的因素，因此，感性階段的初級抽象活動被說成是消極理智。積極理智對消極理智提供的素材進行進一步的抽象，去掉其個別的感性因素，得到關於事物的純形式，即普遍概念。

當時一些經院哲學家把消極理智解釋為人類理智，把積極理智解釋為上帝的理智。托馬斯並沒有採用此種解釋，他把消極理智和積極理智都解釋成為人類自然的理性能力。但是，他並沒有因此而割裂人的理智與上帝的聯繫。當他面臨著積極理智如何從消極理智的素材中抽象出普遍概念這一深層問題時，積極理智與上帝的關係便凸顯出來。托馬斯遵循著一條知識論的基本原則：「知者與被知者是同一的，這是一個普遍真理。」[13]積極理智（「智者」）認識的是純形式（「被知者」），而純形式

---

13 《基督教哲學1500年》，頁397－398。

是精神實體，是上帝創造的理念。積極理智正是以上帝的理念
為型相，才能以消極理智中抽象出普遍概念。正是在此意義
上，它才是「積極」的活動，按照理念的型相，能動地選擇一
些因素，捨棄另一些因素，並將所選擇的因素構造出與理念的
摹本相同的型相，這就是概念的起源。這些普遍型相即共相，
按托馬斯的說法，共相作為上帝的理念，在事物之先；作為普
遍形式或本質，在事物之中；作為普遍概念，在事物之後，是
人的理智按照理念從事物之中抽象出來的。

貝克萊的「精神實體論」

貝克萊（G. Berkeley）是十七世紀英國經驗論代表人物。
他力圖證明，事物不過是可感性質，如顏色、形狀、硬度、運
動等的集合，而事物的可感性質不過是人的感官所感覺到的觀
念而已。他由此得到了「存在就是被感知」的結論。他說：
「光和色，廣延和形狀，一句話，我們看到和感觸到的東西，它
們除了就是一種感覺、意念、觀念或感覺上的印象外，還是什
麼呢？」[14]

貝克萊通常被稱作主觀唯心論者。但不要以為，他除了被
感知的觀念之外，不相信任何存在。事實上，身為主教的貝克
萊虔誠地相信上帝的存在。他之所以把事物歸結為觀念的集
合，乃是因為他反對把事物當作獨立於人的心靈而存在的物質
實體。他說：「物質實體從來就是無神論者的摯友」，「一切無
神論和不信宗教的瀆神企圖，都是建立在這個基礎之上的。」[15]
他的主觀唯心論只是反對唯物論和無神論的一個策略。在否定
了物質實體的存在之後，貝克萊進一步論證上帝是一切觀念，
從而也是一切存在的來源。上帝的存在不是觀念的集合，而是

---

14 轉引自《西方哲學原著選讀》上冊，北京大學哲學系編譯，商務印書館，1982
，頁503－504。
15《西方哲學原著選讀》上冊，頁516。

人的觀念之外的精神實體。貝克萊哲學的最終目標是證明上帝的客觀存在以及人的主觀認識對於上帝精神的依賴，他用經驗論的形式表達了基督教知識論的共同信念：上帝使得人類知識成為可能。他論證說，觀念是消極的、被動的，不能由自身產生，只能由一個能動的、具有相同性質的東西產生出來；並且，觀念是從外部接受來的，因此，這個能動的、精神的實體在人的心靈之外。再者，觀念自身是無序的混雜，我們感知的觀念卻按清晰的規則有序地集合在一起，使我們感知到事物的聯繫和自然法則，這種知識必定是上帝按照他所創造的規則把觀念加諸我們心靈之上而造成的。結論是：「觀念的原因是一個無形體的、能動的實體或精神。」[16]這個精神實體就是上帝。

拉納的「先驗啓示論」

當代天主教神學家拉納（K. Rahner）重提「主體性的先天的先驗的可能性條件是什麼？」[17]這一知識論的老話題。自康德以來，哲學家們都通過對人的認知活動和語言活動的分析入手來回答這一問題。拉納卻明確地提出，上帝給予人類的啟示才是人類主體性的先決條件。他區別了兩種啟示。第一種啟示稱作「服從的潛能」（potentia oboedientialis），這種啟示使得人的抽象能力得以可能。拉納指出，抽象是人所特有的自然能力。抽象能力何以可能，這是人類理性難以解開的謎。按照他的解釋，抽象是這樣一種能力，它是「精神的自我能動的運動，作為一種先天給予的人性，朝向所有可能的對象。在此運動過程中，個別對象是作為運動朝向的目標的個別因素被把握的，是在對可知領域的絕對廣度的預知中被有意識地把握的。」[18]他所說的「所有可能對象」、「可知領域的絕對廣度」等指的

---

16 《西方哲學原著選讀》上冊，頁514。

17 Rahner, *Hearers of the Word*, trans. by M. Richard, New York: Herder & Herder, 1969, p.56.

18 Ibid, pp. 59 - 60.

是實在世界的整體，這是抽象活動發生的背景。抽象活動不是對單獨一個或一類事物的抽象，一切事物都是相互關聯的。只有對事物的整體關聯有一定的「預知」（preview），才能從中作出恰當的區別，抽象出某一特殊對象。因此，抽象活動在發生之前，就要對實在的整體存在和關聯有所意向。這種意向不是對現實世界的意識，而是一種潛在的能力，有待抽象活動的實現。另外，這種意向不是人類自我意識的內容，而是對實在整體的一種潛意識的服從，或者說，是對關於實在整體的啟示的接受，人類這種接受啟示的自然意向，因此被稱作「服從的潛能」。

另一種啟示是「超自然的存在」（supernatural existential），這是實際發生的啟示。按天主教傳統說法，上帝向人作出的啟示總是以超自然的方式發生的，但啟示又是人的存在方式，啟示不等於神蹟。憑藉著恩典和信仰，人在存在的任何活動和任何時刻，都可以感受到上帝的啟示。這種啟示是人的自然屬性和世界因果關係不能解釋的，是上帝對人心的昭示，給人以關於上帝的直接的、清晰的知識。

總之，拉納區分了人類自然能力所能獲得的知識和直接來自啟示的超自然的知識，但兩者的根源都是啟示，即使第一種知識，啟示也以潛能的方式發揮作用。

三、基督教知識論的根本目標：
認識上帝

如上所述，基督教知識論通過對人類知識過程和內容的分析，指向人類知識的根源--上帝。由此不難理解，基督教知識論是以認識上帝為其根本目標的，這是它的一個顯著特點。這一特點也與信仰與理性關係問題密切相關。人對上帝的認識實際上是人的認知與上帝的全知的相通，相通的途徑既可以是信

仰，也可以是理性，還可以是介於信仰與理性之間的其他認識形態。與信仰與理性關係問題上種種不同立場相聯繫，對於「人如何認識上帝」這一問題，歷代基督教神學家和哲學家也有不同主張與實踐。他們的基本立場可被概括為以下四種。

人類主義

人類主義是這樣一種立場，它認為人可以按照認識自身和周圍世界的方式去認識上帝。持這種立場的人認為，人類認識總是開始於人自身和周圍事物，但不會停留於此，總要進一步探究人和事物的根本，並由此認識上帝。人類主義的一個重要依據是《聖經》中有關上帝按照自己形象造人的教義。既然人是上帝的影像，人必然具有與上帝相似的理性能力，根據「同類相知」的知識論原則，人可以通過自身的理性能力，首先從認識自己出發，最終達到認識上帝的目標。

托馬斯把人與上帝的相似性稱之為「類比」。他說：「上帝的稱謂與被造物的稱謂的意義是按比例的類比。」[19]「按比例的類比」即等級秩序中較高者與較低者的差距。造物主把被造物安置在高低不等的位置上，每一被造物享有與它的等級相配的完善性，處於等級頂端的造物主具有最高的完善性，等級之中的被造物依次被賦予等而下之的完善性。托馬斯主張，按照類比關係，在各種等級秩序中作由下到上的推溯，便可達到等級的頂端，認識上帝的存在和屬性。托馬斯關於上帝存在的證明，實際上就是按照這樣的思路設計的。他認為，任何關於上帝存在的有效證明都只能是後天的，即，只能從我們熟知的事實出發，追溯它們的未知原因，證明上帝必定是唯一的終極原因。他提出了五個這樣的證明，即「五路」。從知識論的角度看，托馬斯的「五路」實際上是用人所能確認的被造物的物質來類比上帝的性質。運動論證明用事物的「運動」屬性類比上

---

19 轉引自《基督教哲學1500年》，頁370。

帝的運動，得出上帝是第一推動者的結論；動力因證明用事物的「動力因」類比上帝的動力，得出上帝是最初動力因的結論；必然性證明用事物存在的「可能性」類比上帝存在的必然性，得出上帝是存在的自因的結論；完善性證明用事物的「善」類比上帝的全善，得出上帝是最完滿的結論；目的論證明用事物的「目的」類比上帝的目的，得出上帝是終極目的之結論。總之，「類比」就是人由自身出發認識上帝，類比關係的推溯是在人類主義的模式中進行的。

信仰主義

嚴格地說，托馬斯主義並不是人類主義，托馬斯並不認為類比關係的推溯是認識上帝的唯一方式，他承認上帝的一些屬性是人類理性不能理解的，不可類比的。自啟蒙主義以來，一些宗教思想家把神性還原為人性，並按照人類理性的要求規定上帝的屬性。本世紀新正統派的代表人物巴特（K. Barth）把這種做法稱之為「人類中心論神學」。巴特在哲學上受克爾凱廓爾影響，如他所說：「如果我有什麼體系的話，那只是對克爾凱廓爾所說的時間與永恒之間無限的質的差別的再認識……『上帝在天上，你在地上』，這樣的上帝和這樣的人的關係以及這樣的人和這樣的上帝的關係是《聖經》的主題和哲學的本質。」[20]文中「這樣的人和這樣的上帝的關係」指人與上帝之間不可逾越的差距，人的天賦能力和本性之中並無關於上帝的知識，人的理性並不自然地朝向上帝，也不能憑藉自身的努力達到認識上帝的目標；「這樣的上帝和這樣的人的關係」指上帝的恩賜賦予人以信仰和啟示，一切關於上帝的知識都包含於信仰和啟示之中，而不是理性在信仰以外所尋得的。巴特重新解釋了安瑟爾漠「信仰尋求理解」的口號，認為理性只是把信仰

---

20 Barth, The Epistle to Romans, Transl. by E. C. Hoskyns, Oxford, 1933 , P. 10.

所包含的關於上帝的知識展開,使之條理化,但並不能產生信仰之外的關於上帝的知識。他指出:「關於上帝之道的知識的可能性只存在於聖道,而不在任何別的地方。」[21]針對人類主義的「類比」方法,巴特指出,人與上帝之間不存在著「存有的類比」,即兩者的存在方式是不成比例,不能在比的(「上帝在天上,你在地上」)。但是,上帝與人之間卻有「信仰的類比」,這種類比只發生在耶穌基督之中,他是唯一的既是神又是人的聖子,是連結人類與上帝的唯一橋樑。只有信仰而不是理性才能認識耶穌基督的救贖作用。

信仰主義的另一方式是意志主義。意志主義認為上帝的意志是絕對自由的,人的意志受上帝意志的支配,而不是人的理智可以規定限制的。人的理智尚且不能把握人的意志,更談不上認識上帝了。恩典是上帝意志的自由賜予,上帝向他所選擇的人揭示他的真理,人們按照上帝的意願接受信仰和啟示。巴特把上帝定義為「在自由中愛的太一」。上帝之所以給人以信仰,這是因為,「他不願意成為沒有我們的上帝,因而創造了我們,讓我們的存有、生命和活動分享他那不可比擬的存有、生命和活動。」[22]就是說,人所能認識的一切關於上帝的知識,都是上帝出於愛而讓我們分享到他的聖道(logos)。

直覺主義

直覺主義認為,真正的信仰是一種直覺,因為人能夠直接與上帝溝通,能夠直接地接受上帝的恩典與啟示,正因為如此,信仰有著最大程度的確定性。

從知識論的角度看,十六世紀宗教改革的思想基礎是一種直覺主義。路德(Luther)和喀爾文(Calvin)等精神領袖所

---

21 Barth, Church Dogmatics, II/2, Edinburgh: T & T. Clark, 1957, P. 191
   -192.
22 Ibid., IV/1, 1956, P. 7

發揮的「因信標義」的教義強調的是信仰的直觀性、明晰性和堅定性。他們指出，信仰的標誌是對獲救的確信。人不可能在逐漸完善自身的過程中獲得拯救感。因為一開始如果沒有對上帝的堅定信仰，就不會有對最後審判的畏懼，更不會有被拯救的欲望；反之，對上帝全能的信仰必然引起對上帝的慈愛，以及對基督教導的服從，這也是對自身獲救的確信。路德強調，確定的獲救感是最基本的確信，它是理性的標準，而不需要通過理性來證明自身的真實性。他說：「我們的理解力確定地、毫無疑慮地宣稱三加七等於十，但不能提出任何理由說明為什麼這是真的，為什麼不能否認其為真，因為它被真理所判斷而不判斷真理……聖靈在我們中間判斷一切而不被任何人所判斷。」[23]按照他的說法，信仰不是人的任何能力（包括理性能力）所能產生的，信仰來自於上帝的恩典，是聖靈對人心的直接啟迪，由信仰帶來的由「罪人」到「義人」的內在轉變和再生給予獲救的確信。這種由上帝的恩典和聖靈的啟示而造成的確信是判斷理性的標準和一切確定知識的依據。喀爾文同意路德的說法，信仰的確信比知識的確信更為基本。從心理要素上分析，知識的確信主要是理性（包括經驗）的產物，信仰卻是知、情、意三者的統一，其中心胸和情感發揮著比理性更重要的作用，理性領悟信仰對象，意志把理解了的信仰轉變為情感的內在源泉和財富。只有全副身心投入信仰對象的人才能有確信的信仰，換而言之，只有完全讓自己置於上帝支配之下的人才能獲得確信的信仰。光憑人類理性，充其量只能達到知識的確信。

　　十七世紀的基督教思想家帕斯卡（Pascal）也作出同樣的論斷。他區分了「人心」（coeur/heart）與「理性」，他指出：「感受上帝的乃是人心，而非理智。而這就是信仰：上帝是人心

---

23 轉引自《基督教哲學1500年》，頁588－589。

可感受的，而非理智可感受的。」[24]信仰並不是一種知識，知識是由推理得來的。但一切推理都不能證明它所依賴的第一原理，因此達不到確定性。歷史上的懷疑論藉此否定知識的確定性，但是，懷疑論者所指出的只是理智的無能為力，「因而，這種無能為力就只應該用以使那企圖判斷一切的理智廉卑下來，而不應該用以攻訐我們的確切可靠性，竟彷彿唯有理智才能教導我們似的。」[25]

以上一些論述表明，直覺主義立場的特徵是強調信仰的客觀性（來自上帝）、確定性（無需理性判斷和推理）和實踐性（情、意的因素多於知的因素）。這些特徵與信仰主義，尤其是意志主義接近。直覺主義不同於信仰主義之處在於對人的信仰的心理過程有較多、較細緻的分析，對知識的確定性這一知識論根本問題有較多的探究。

神秘主義

基督教哲學家吉爾松（E.Gilson）指出，有形形色色的神秘主義者，有的不通文墨，有的把知識與神秘經驗分開，「那些學識淵博的神秘主義者卻渴望把知識本身轉化為神秘的沉思。」[26]只有這一種神秘主義才具有宗教知識論的意義。基督教知識論的神秘主義關心的中心問題是如何把知識轉化為神秘體驗。它有兩個要點，一是強調從知識出發而超越知識，神秘體驗不是初始的經驗，而是在窮盡了知識的探索之後達到的超越境界；二是強調信仰與愛在從知識到神秘體驗轉化過程中的推動作用。

西元六世紀起流行的以聖迪奧尼索斯名義發表的託偽著作集中地表達了神秘主義的上述特徵。這一著作實際上是中東地

24 帕斯卡，何兆武譯，《思想錄》，商務印書館，1985年，頁130。
25 帕斯卡，《思想錄》，第131頁。
26 轉引自《基督教哲學1500年》，頁205。

區的一些神秘主義修士所作。他們把認識上帝的神學方法分為三個步驟。第一步驟是肯定方法（Cataphatic），即把人所知的完善性歸諸上帝，這些完善性用「善」、「光」、「智慧」、「生命」、「存在」、「力量」等辭彙表達。這些辭彙也可以表達人的屬性，當它們用以表達上帝屬性時，是在最完滿的意義上使用的，但它們與日常意義總有一定聯繫。肯定方法是從人的理解和語言出發對上帝的認識。否定方法（apophatic）把人的知識中帶有人類局限性因素一一排除，留下不可言說的神秘因素，使上帝的神聖性越來越明顯。作者用了一個比喻：「如同人們在大理石上雕刻塑像，把所有遮掩著潛在形象的紋理一一除去，這個形象便清晰地顯露出來了。僅用清除的方法，他便可以展現隱蔽形象裡被掩蓋著的美。」[27]最後，神秘方法（mystic）是對肯定方法和否定方法的綜合，即把否定方法應用於肯定方法用以描述上帝的那些辭彙，在這些辭彙前面加上「超」的字首，表達和理解上帝的超越意義，把上帝當作「超存在」、「超善」、「超生命」、「超智慧」等等。「超」字的意義在於提醒人們，上帝不是人類知識的對象。為了理解上帝超越世界和人的不可言說的意義，必須通過專一的愛和堅韌的苦修，才能產生神秘的洞見，感受到心靈與上帝接近並進而合一的精神融合，這才是認識上帝的最高境界。

不難看出，肯定方法相當於人類主義的立場。它以人類的完善性「類比」上帝；否定方法相當於信仰主義的立場，它通過摒棄人類理性知識的局限性加強信仰的明晰性和堅定性。神秘方法並不與上述兩種立場相對立，而是從它們出發，並超越兩者的對立，達到萬物圓融、人神合一的神秘境界。

27《基督教哲學1500年》，頁197－198。

本體論 (本根論)

宇宙之本源

「道」、「天」、「眞如」、「上帝」等等之實在與空無

「道」、「天」、「眞如」、「上帝」等等之內在與超越

儒教觀點

陳　來（北京大學哲學系 教授）

　　與世界上許多宗教傳統中經典體系曾歷經變化與發展一樣，儒家的經典體系在歷史上至少經歷了三個明顯的發展階段。簡單說來，儒家經典的第一系統為「五經」，即《詩》《書》《易》《禮》《春秋》，其內容為原始儒家思想，而以春秋時代以前的政治思想與禮樂文化為重點，這個系統的經典文本經孔子手訂，至漢代正式確立了其「經典」的地位。第二個系統為《四書》，這是儒家學派早期發展的思想體現，其中《論語》在漢代已獲得了與五經相同的經典地位，《孟子》《大學》《中庸》則在北宋以後受到高度重視，在南宋結為體系，這個系統的經典內容主要為儒家倫理思想與德性、人格的體系，宋以後成為比五經更為流行的儒家經典。第三個系統為「道學」著述，宋明道學的代表人物在十二世紀以後逐漸被尊為儒家系譜中的聖賢，他們的著述實際上已被宋元明清的儒者作為經典研習討論。其內容更為廣泛，包含了從本體論到知識論等的新建構。

　　儒家經典體系在歷史上的發展，不僅使得儒家的精神傳統不斷匯入新的資源，也自然使得儒家對宇宙本源與本體的思考、態度隨歷史而發展。因此，當我們企圖展示儒家經典中的本根論或本體論的表達時，就不可能僅僅列舉孔子的說法來呈現，必然要通過一定的歷時性的經典系統的各種論述，才能將其源流及某種內在複雜性和變異大致呈現出來，這種情況與基督宗教和佛教等宗教的情形是一樣的。

一、本根與本源

　　中國上古時代的巫文化曾較發達，從個體巫術到公眾巫術的發展，逐步孕育出「神」的觀念，導致了自然巫術向神靈巫

術的發展。在以祭祀和戰爭為「國之大事」的文明時代初期，公眾巫術融入祭祀文化而轉進為祭祀文化的組成部分。祭祀文化顯示出夏商時代的神靈信仰和自然崇拜相當普遍。在殷商後期，神靈觀念約分為三類，即天神、地示、人鬼。天神包括上帝、日神、風神、雨神等，地示包括社神、四方神、山川神等，人鬼則是殷人的先王、先公等。殷墟卜辭顯示「帝」為殷人信仰的最高神，具有最高的權威，管理天象與下國。上帝最重要的權力是管轄天時而影響收成，這表明殷人不僅已有至上神觀念，而且此一至上神源於主管天時的農業神。「帝」不僅像人間帝王那樣發號施令，而且有帝廷，有臣工，殷人的先王、先公則可以上賓於帝廷轉告人間對上帝的請求。因此，殷商的多神信仰反映了對自然力的依賴。

但在「五經」中可以看到，周人的宗教信仰已有所變化，這種變化成為五經體系的主導態度。周人信仰的最高神為「天」及天命，五經中反覆強調的主題是「天」更多地被理解為歷史和民族命運的主宰，而天命的意義又通向某種宇宙命運的觀念。儘管存在這種變化，五經中明顯保留著對主宰者「帝」和「天」的信仰，構成了與四書及道學著述相異的一大特色。代表原始儒家經典的「五經」與中國上古文化的密切關聯，不僅僅是反映了上古的宗教觀念，而且由於五經的經典地位，使得這些宗教觀念在原始儒家體系中得到肯定，並通過五經的經典力量使這些觀念成為此後儒家傳統必須不斷加以重視和詮釋的觀念資源。

五經中特別突出至上神宗教信仰的是《詩經》和《尚書》（因本文的性質所決定，這裡不區分尚書的今古文，而把它們都作為儒家經典看待），[1]其中的主要表現是：

皇矣上帝，臨下有赫。[2]
帝乃震怒。[3]

旻天疾威，敷於下土。[4]

天降喪亂，饑饉薦臻。[5]

上帝是高高在上、俯臨下民的主宰，是有意志的人格化的神，具有天上的威力，能夠降下大災、遍及人間。不僅如此：

天命玄鳥，降而生商。[6]

帝立子生商。[7]

有夏多罪，天命殛之。[8]

天陰騭下民。[9]

天命靡常。[10]

在五經中，「天」和「帝」常常可以互換，並無本質不同，至上神不僅操縱自然，且完全決定並干涉人間事務，人間皇權不僅來源於「天」與「帝」，而且天所授與人間君主的權命並非永恒，是不斷改變的，改變所依據的要求則與「民」和「德」緊密關聯：

民之所欲，天必從之。[11]

---

1 在儒家經典中《尚書》一般分爲今文和古文，有關今古文尚書編定年代及古文尚書是否爲僞書，清代以來論辯尤多。本文的立場是：無論如何，至少自唐代以來，今古文尚書一直被共同確認爲儒家經典，使得今古文尚書的内容已經共同地成爲近世儒學精神傳統的重要組成部分。而本文所著重的是展示儒家經典在宇宙本源及諸問題上的立場與態度，因此我們所關心的是儒家經典中的陳述是什麽，而不注重這些陳述究竟產生於西周或東周。所以我們的論述將不區別今古文及真僞時代，把它們都作爲原始儒家經典的素材來使用。

2 《詩經・大雅・文王・皇矣》。

3 《尚書・洪範》。

4 《詩經・小雅・節南山・小旻》。

5 《詩經・大雅・蕩・雲漢》。

6 《詩經・商頌・玄鳥》。

7 《詩經・商頌・長髮》。

8 《尚書・湯誓》。

9 《尚書・洪範》。

10 《詩經・大雅・文王》。

11 《尚書・泰誓》。

> 天視自我民視，天聽自我民聽。[12]
> 皇天無親，惟德是輔。[13]
> 天道福善禍淫。[14]

這明白顯示出天的意志是倫理化的，天不是喜怒無常的暴君，而是善惡有則的裁判。

值得指出，原始儒家經典對帝、天信仰的記述中，突出的是至上神作為自然和歷史的主宰者角色，卻既未肯定亦未否定天的創生者角色。換言之，帝與天雖然是有感情有人格的最高主宰，它雖然監督下民，明察善惡，施以賞罰，但並非是宇宙的創造者。這種上帝的觀念，注重「主宰」，而不重「創生」，既與中國上古無創生神話傳統有關，又對以後的本體論思想發生某種影響。主宰亦即是調控，在這一點上可與法則接通，所以《尚書》中「皇天無親惟德是輔」很容易轉為「天道福善禍淫」的天道觀念。另一方面，天的意志在五經中已為天民合一思想所浸潤，這導致了天、帝的觀念在軸心時代逐漸淡化了其人格主宰的性質。

四書的經典在此背景下形成，孔子及其門徒仍然肯定上帝和鬼神的觀念，這從《中庸》所引「鬼神之為德其盛矣夫」和「郊社之禮所以事上帝也」[15]兩條明顯可見。但在孔子思想中「天」與「天命」更加非人格化。特別是《中庸》中所引詩：

> 維天之命，於穆不已。[16]
> 上天之載，無聲無臭。[17]

12《尚書・泰誓》。
13《尚書・蔡仲之命》。
14《尚書・湯誥》。
15《中庸》十六、十九章（據朱子《中庸章句》分章）。
16《中庸》二十六章。
17《中庸》三十三章。

使得天成為一種神奇莫測、無形無象、其運無窮的實體，而這兩句詩也成了後來宋明儒稱述形上實體的經典語言。

在宇宙本源問題上，從《易傳》開始，提出了一些新的重要觀念。在儒學史上《易傳》長期被視為孔子思想的體現，其時代與四書同時。《易傳》十翼提供了儒家學派早期宇宙論的重要觀念基礎，特別是「元」和「極」的觀念。〈彖傳〉以「乾元」和「坤元」作為宇宙本根，乾元是陽的根源，坤元是陰的根源，帶有二元論的色彩：

大哉乾元，萬物資始，乃統天，雲行雨施，品物流行。[18]

至哉坤元，萬物資生，乃順承天，坤厚載物，德合無疆，含弘光大，品物咸亨。[19]

這表示「乾元」是萬物初始的究竟本根，坤元是萬物生長的基礎。乾元是天的本性，坤元則代表地的本性，乾元、坤元共同成為萬物的根源。所以〈繫辭〉說：

乾知太始，坤作成物。[20]

由於在比較上，「乾元」是萬物據以「始」者，其特性尤在肇端萬物之「始」，所以乾元可以說是最根本的宇宙之源，以故〈繫辭〉更明確提出一種一元論，以「太極」作為統生陰陽的本始根源：

易有太極，是生兩儀，兩儀生四象，四象生八卦，八卦定吉凶，吉凶生大業。[21]

18《周易・彖上・乾》
19《周易・彖上・坤》
20《周易・繫辭上》。
21《周易・繫辭上》。

「易」在這裡是指宇宙變易的總歷程，這一變化歷程的本始根源為「太極」，「極」本來是極盡極至之處，太極即最本源的開始。由太極而生陰陽兩儀，由兩儀而生四時變化，由四時而衍變出天地水火風雷山澤八種基本自然事物，世界於是乎形成而發展。從此，「太極」「陰陽」成為儒家宇宙論最重要的概念，特別對宋明道學影響極大。

在《易傳》與宋明道學之間，漢代儒者的宇宙論仍有一定意義。如西漢大儒董仲舒一方面繼續了《易傳》中「元」的觀念，一方面又發展了原始儒家經典中「天」的主宰者涵義：

天者萬物之祖，萬物非天不生。[22]

人之為人本於天，天亦人之曾祖父也，此人之所上類天也。……天子受命於天。[23]

天覆育萬物，既化而生之，有養以成之。[24]

在這種表達中，天既是自然萬物的根源，也是人類最本始的祖先，又是人類社會的主宰者，天為萬物之祖，故沒有天萬物便無法產生。天亦是人類之根，所以人與天相類、相象。董仲舒有時也以「天地」合稱為宇宙本源：

天地者，萬物之本，先祖之所出也。[25]

在董仲舒思想中，天不僅是主宰者，也是創生者，這種以天為宇宙根源的思想正是五經體系所缺乏的。董仲舒提出「元」作為宇宙的究竟根源：

22 董仲舒，《春秋繁露·順命第七十》。
23 董仲舒，《春秋繁露·為人者天第四十一》。
24 董仲舒，《春秋繁露·王道通三第四十四》。
25 董仲舒，《春秋繁露·觀德第三十三》。

惟聖人能屬萬物於一而系之元也。……元猶原也，……故元者為萬物之本，而人之元在焉。安在乎？乃在乎天地之前。[26]

「元」在這裡被賦予了先於天地存在的根源意義，這個元實即《易傳》太極與乾元，既是自然界萬物的根源，也是人類的根源。

《易傳》所說「元」，揚雄稱為「玄」，這個「玄」不僅具有至極根源的意義，也有超越一切存在物的意義：[27]

玄者，幽攤萬類而不見形者也。資陶虛無而生乎規，一神明而定摹，通同古今以開類，攤措陰陽而發氣，一判一合，天地備矣。[28]

這裡的「玄」是萬物發生的根源，萬有存在的所以然，無所不在而又超越一切對待，氣及萬物皆根於「玄」而發生。尤值得指出，「玄」與「極」與「元」的一大不同處，是「玄」不僅為根源，而且是「道」，即宇宙的根本原理與法則：

夫玄也者，天道也，地道也，人道也。[29]

這就把天地人三才之「道」的意義加諸在宇宙根源意義上，這在宋儒的易學哲學中得到更大發展。

北宋周敦頤的《太極圖說》發展了《易傳》的太極論體系的宇宙論：

無極而太極，太極動而生陽，動極而靜，靜而生陰。靜極復動，一動一靜，互為其根，分陰分陽，兩儀立焉。陽變陰

---

26 董仲舒，《春秋繁露·王英》。
27 參看張岱年，《中國哲學大綱》，中國社會科學出版社，1982年，頁32。
28 揚雄，《太玄·攤》。
29 揚雄，《太玄·圖》。

合，而生水火木金土。五氣順布，四時行焉。五行一陰陽也，陰陽一太極也，太極本無極也。五行之生也，各一其性。無極之眞，二五之精，妙合而凝。乾道成男，坤道成女，二氣交感，化生萬物。萬物生之而變化無窮焉。[30]

他又著《通書》，中說：

二氣五行，化生萬物，五殊二實，二本則一，是萬爲一，一實萬分，萬一各正，大小有定。[31]

按照周敦頤的思想，無極是指無形無象，太極作爲宇宙的根源，雖然無形無象，但卻有動有靜。太極的動靜使陰與陽得以產生，而陰陽的分化形成了天地。陰陽的交合則變生出五行，於是四時順行，五氣順布，又由二氣產生出一切物類。因此，在這樣的宇宙圖式中，五行來源於陰陽，陰陽來源於太極，太極是「一」，品物是「萬」，「一」是「萬」的根本以及起源。

與周敦頤重新建構《易傳》傳統的太極宇宙論同時，二程則致力於把兼有價值意義的「理」的概念融入「天」的概念：

「天者」，理也。「神」者，妙萬物而爲言者也。[32]

乾，天也。天者，乾之形體；乾者，天之性情。乾，健也，健而無息之謂乾。夫天專言之則道也，天且弗違是也。分而言之，以形體謂之天，以主宰謂之帝，以妙用謂之神，以性情謂之乾。[33]

問：「天道如何？」曰：「只是理，理是天道也。且如說『皇天震怒』，終不是有人在上震怒，只是理如此。」[34]

---

30 周敦頤，《太極圖說》。
31 周敦頤，《通書·理性命章》。
32 程頤，《二程遺書》卷十一。
33 程頤，《程氏易傳》。
34 程頤，《二程遺書》卷二十二上。

　　根據二程的思想，「天」仍是最高的本源和本性，但「天」不再意味著一個人格的主宰者，「天」的內涵完全等同於「理」，由此而產生了「天理」「天道」的概念。宋儒的「天理」「天道」觀念已不同於古代，是「道體」即宇宙本源與本體的概念，從這個角度論釋原始儒家經典，五經中的「乾」是指一種性質，「神」指一種奇妙的功能，「帝」是指宰制調控的作用，自然之天則是作為天道所依存的物質形體。而真正的本源意義的「天」，必須理解為「理」和「道」。「理」又是最高的價值根源。

　　儒家古典的、近世的宇宙論在朱子思想集其大成，得到了完整的表述。他明確指出「太極，形而上之道也」，太極是「造化之樞紐，品匯之根柢」，[35]太極既是陰陽動靜的所以然，又是至善之所當然：「太極只是個極好至善底道理」。[36]他論述太極的宇宙本源意義：

　　蓋天地之間只有動靜兩端，循環不已，更無餘事，此之謂易。而其動其靜則必有所以動靜之理焉，是則所謂太極者也。聖人既指其實而名之，周子又為之圖以象之，其所以發明表著，可謂無餘蘊矣。原極之所以得名，蓋取樞極之義。聖人謂之太極者，所以指夫天地萬物之根也；周子因之而又謂之無極者，所以著夫無聲無臭之妙也。[37]

　　又說：

　　所謂無極而太極者，又一圖之綱領，所以明夫道之未始有物，而實為萬物之根柢也。[38]

35 朱熹，《太極圖說解》。
36 朱熹，《朱子語類》卷九十四。
37 朱熹，《朱子文集》卷四十五，《答楊子直》。
38 朱熹，《朱子文集》卷八十，《邵州州學濂溪先生祠記》。

這都指明太極為「萬物之根」的宇宙論意義，而太極本身，即是「理」。朱子哲學中「根柢」的概念使用甚為頻繁，對太極作為宇宙本根的意義和地位作了充分的肯定。他還使用比喻來說明其意義：

太極如一木生上，分而為枝葉，又分而生花生葉，生生不窮。到得成果子，裡面又有生生不窮之理，生將出去。[39]

因為太極即是理，所以朱子也多直接用「理」表述對宇宙根源的看法：

天道流行，發育萬物，其所以為造化者，陰陽五行而已。而所謂陰陽者，又必有是理而後有是氣。[40]

二氣五行，天之所以賦受萬物而生之者也。自其末以緣本，則五行之異本二氣之實，二氣之實又本一理之極也。[41]

從儒家思想的本根論的發展來看，原始儒家充滿宗教性的「天」和早期儒家具有明確本源意義的「太極」，在朱子思想中都由「理」的概念加以最終的統合，使得本義為理性和法則的「理」在儒家哲學中獲得了最高的本體意義和終極根源的意義。

二、實在與空無

宇宙之本質為實在抑或空無，此類問題在早期儒學發展中並未出現。中古時代印度傳來的佛教思想與本土發展起來的道教思想空前發展。在佛、道二教中都有貴空崇無的思想，儘管佛教與道教所講不同，佛教內部對空的詮釋也相當複雜，但佛道有關宇宙本體或本根為空無的思想給予儒家莫大挑戰。唯其如此，宋以後儒者著述中不僅常常討論到空無與實在的問題，

---

39 朱熹，《朱子語類》卷七十五。
40 朱熹，《大學或問》卷一。
41 朱熹，《通書解》。

而且基本上是以佛道（特別是佛教）的理論作為對照和背景產
生出來的。

張載反對佛道「空」「虛」的教義，不過他的思想可以認為
更多地對道教而發：

知太虛即氣，則無無。[42]

知虛空即氣，則有無隱顯神化性命通一無二，顧聚散出入
形不形，能推本所從來，則深於易者也。[43]

「推本所從來」就是進入宇宙論的領域研究其本源，在他看
來，宇宙並沒有真正的虛空，並不存在真正的虛無，一般所謂
虛空不過是氣的一種存在狀態。宇宙是一個無限的實在，其中
只有「幽明之分」，並沒有「有無之別」。所以又說：

若謂萬象爲太虛中所見之物，則物與虛不相資，形自形，
性自性，形性、天人不相待而有，陷於浮屠以山河大地爲見病
之說，此道不明，正由懵者略知體虛空爲性，不知本天道爲
用。[44]

由於張載把「氣」作為宇宙的根本實體，氣作為實體，充
滿一切，以此否定虛空的存在，換言之，肯定了宇宙本體的實
在。這樣一種氣本論的本體論在宋以後的儒學思想家中也頗常
見。南宋時胡宏指出：

生聚而可見爲有，死散而不可見則爲無。無可以有無見
者，物之形也。物之理則未嘗有無也。[45]

水有源故其流不窮，木有根，故其生不窮，氣有性故其運
不息。[46]

---

42 張載，《正蒙·太和》。
43 張載，《正蒙·太和》。
44 張載，《正蒙·太和》。
45 胡宏，《知言》卷一。
46 胡宏，《知言·一氣》。

「源」與「根」都表示本體論上的根本，只有根源的實在性才能保證生命運動的不息。氣的存在與運動都以「性」為其依據，他所說的性，就本體論來說，也就是朱子所說的理：

大哉性乎，萬理具焉，天地由此而立矣。[47]

而作為宇宙本源的性或理「未嘗有無」，是永恒的普遍存在。這種思想在二程早有啟示：

道外無物，物外無道。[48]
體用一源，顯微無間。[49]

這表示宇宙間不是道，便是物，更無虛空，而有道便有物，有物便有道，道在物中，道不離物，道與理才是最根本的實在，二程對此曾明確表示：

又語及大虛，曰：「亦無太虛」。遂指虛曰：「皆是理，安得謂之虛，天下無實於理者。」[50]

或謂惟太虛爲虛，曰：「無非理也，惟理爲實。」[51]

這明白地肯定，宇宙最根本的實在是理。宇宙的本質、本體、本源是實在的，而不是空無。朱子繼承了二程的唯理爲實的思想，又吸收了張載有關氣的思想，在批評二氏（佛老）的實踐中進一步張揚了「理」的實在性：

無極是有理而無形，如性何嘗有形？太極是五行陰陽之理。皆有也，不是空底物事。若是空時，如釋氏說性相似。[52]

---

47 胡宏，《知言・一氣》。
48 程顥，《二程遺書》卷四。
49 程顥，《伊川文集・易傳序》。
50 程顥，《二程遺書》卷三。
51 程顥，《二程粹言》。
52 朱熹，《朱子語類》卷九十四。

「天命之謂性」，只此句爲空無一物耶？亦或爲萬理畢具耶？……此實理也。[53]

問佛氏所以差，曰：從劈頭處便錯了，如「天命之謂性」，他把做空虛説了。吾儒見得都是實。若見得自家底從頭到尾小事大事都是實，他底從頭到尾都是空，恁地見得破，如何解説不。[54]

這表明，儒家的立場是堅持太極是有不是無，理是實在不是空寂，萬物萬事都是實而不空，人性與道德是實在而不能視為空無的了。朱子對此有不少闡述：

儒者以理爲不生不滅，釋氏以神識爲不生不滅。[55]

釋氏只要空，聖人只要實。釋氏所謂敬以直内，只是空豁豁地，更無一物，卻不會方外。聖人所謂敬以直内，則湛然虛明，萬理具足，方能義以方外。[56]

釋氏説空，不是便不是，但空裡面須有道理始得。若只説道我是個空，而不知有個實的道理，卻作甚用！[57]

彼釋氏見得心空而無理，此見得雖空而萬理咸備也。[58]

或問他（釋氏）何故只説空。曰：説玄空，又説眞空。玄空便是空無一物。眞空卻是有物，與吾儒説略同。[59]

性無偏冒，不必言眞。未嘗不在，何必言在！蓋性即天地所以生物之理，所謂「維天之命，於穆不已」、「大哉乾元，萬物資始」者也，曷嘗不在！[60]

---

53 朱熹，〈答張敬夫〉，《朱子語類》卷三十一，。

54 朱熹，《朱子語類》卷百二十六。

55 朱熹，《朱子語類》卷百二十六。

56 朱熹，《朱子語類》卷百二十六。

57 朱熹，《朱子語類》卷百二十六。

58 朱熹，《朱子語類》卷百二十六。

59 朱熹，《朱子語類》卷百二十六。

60 朱熹，〈答李伯諫〉，《朱子語類》卷四十二，。

　　張載用氣的不生不滅反對空無，朱熹則以理的不生不滅反對空無，要之，都是新儒家堅持宇宙本體為實在的努力。在朱熹看來，離開「理」和「道」的空是沒有的，而理或道作為「所以生物」的根源，「曷嘗不在」，即從未成為虛無，而始終是實有和實在。

　　明代大儒湛若水曾針對佛老言空在儒家內部所引起的反應而堅持認為：

　　上下四方之宇，古今往來之宙，宇宙間只是一氣充塞流行，與道為體。何莫非有！何空之云，雖天地弊壞人物消盡，而此氣此道亦未嘗亡，則未嘗空也。道也者，先天地而無始，後天地而無終者也。[61]

　　宋以後儒者常用「充塞流行」表示理或氣的無所不在，這個「充塞流行」的觀念本身就是一個對空無的本體論的否定概念。從這個看法可見，明代的儒者亦皆堅持「道」是無始無終的，因此宇宙從「未嘗空也」。宇宙及其根本原理「道」永遠是實在。

三、超越與內在

　　五經體系中「天」無疑可適用於西方宗教、哲學所說的「超越」。但五經時代的天民合一論已構成一種特別的意索，如「天視自我民視，天聽自我民聽」，對後來儒學的發展有相當大的影響，這種天民合一論已經是把超越的「天」與人間的「民」溝通連結。

　　《孟子》中發展了這種思想：

　　然則舜有天下也，孰與之？曰：天與之。天與之者諄諄然命之乎？曰：「否！天不言，以行與事示之而已矣。……昔者

---

61 湛若水，〈寄陽明〉，《甘泉文集》卷七。

堯薦舜於天而天受之，暴之於民而民受之，故曰天不言，以行與事示之而已矣。……〈泰誓〉曰『天視自我民視，天聽自我民聽』，此之謂也。」[62]

不僅如此，孟子的心性功夫論更揭示人心與天的關聯性：

盡其心者知其性也，知其性則知天矣。存其心，養其性，所以事天也。[63]

人能知性便能知天，這個提法顯示出，孟子雖然還未完全肯定性與天的合一性、同一性，但明顯預設了性與天的密切關聯，以致知性便知天，養性即事天，天的外在超越特質已相當程度向內在的心性靠近。

孟子的知性知天、養性事天的講法是一種逆推的反向的講法，並不是本體論從本源開始的正向講法。《中庸》則發展了正向的表達：

天命之謂性，率性之謂道，修道之謂教。[64]

《中庸》這種天道論的正向表達，在儒學傳統中一般被理解為，不僅天賦予了人和物以「性」，而且人所稟受於天的性即是天的本性。

雖然一般人們習慣把孟子、《中庸》視為儒學中講「超越內在」傳統的源頭，其實《易傳》的思想和表達也不容忽視。這就是〈繫辭〉所說的：

繼之者善也，成之者性也。[65]

天道流行，善在其中，稟受了此種天道流行的善便是人的性。後來朱熹的超越內在論相當程度上是承繼並延續著〈繫辭〉

---

62 《孟子·萬章上》。
63 《孟子·盡心上》。
64 《中庸·第一章》。
65 《周易·繫辭上》。

的講法的。

本體既超越又內在，這種思想的真正發展與中古時代佛教思想的擴展有密切關係，中國佛教中從《大乘起信論》到華嚴宗和禪宗，其思想一方面主張有真如本體的存在，另一方面又認為真如本體亦顯現和存在於每個人心中，所以人追求圓滿完善，只需向內心用功體悟。佛教哲學中不採取線性歸約的宇宙論，而發展空有相即、理事無礙的建構方式，對儒家發展孟子、中庸的思路起了客觀的推動作用。二程的哲學思惟模式明顯表現出此種特點：

> 形而上爲道，形而下爲器，須著如此說，器亦道，道亦器。[66]

> 道之外無物，物之外無道。[67]

> 至微者理也，至著者象也。體用一源，顯微無間。[68]

> 至顯者莫如事，至微者莫如理，而事理一致，微顯一源。[69]

這表示，把世界分為「形而上」和「形而下」只是分析性思惟的需要，而在實存上，道與器不分離，本體與現象或事項不是分離的。「理」或「道」是最微妙的本體，但與「用」的關係是「無間」，即沒有任何分離，本體即存在於現象界之中，不離現象而獨存。

仍然是在朱子哲學中充分發展了此種超越而內在的哲學思惟與內容。而尤為突出的是他所發展的太極說：

> 是合萬物而言之，爲一太極而一也。自其本而之末，則一理之實而萬物分之以爲體，故萬物之中各有一太極。[70]

---

66 程顥，《二程遺書》卷一。
67 程顥，《二程遺書》卷四。
68 程顥，《伊川文集·易傳序》。
69 程顥，《二程遺書》卷二十五。
70 朱熹，《通書解》。

　　把天地萬物作為一個總體來看，太極是這個宇宙的本體，這個太極是一。這個太極是萬物存在的根據和依據的法則。而一切事物又都稟受此理為性，為體，所以每一事物中也都有一個太極。又說：

　　蓋合而言之，萬物統體一太極也。分而言之，一物各具一太極也。[71]

　　總起來看宇宙的本體只是一個太極，同時每一事物之中又都包含著一個與宇宙本體太極完全相同的太極作為自己的本性。朱子解釋這種存在的關係時說：

　　問：「理性命章注云：『自其本而之末，則一理之實而萬物分之以為體，故萬物各有一太極』，如此則是太極有分裂乎？」曰：「本只是一個極，而萬物各有稟受，又各自全具一太極爾。如月在天，及散在江湖，則隨處可見，不可謂月已分也。[72]

　　不是割成片去，只如月印萬川相似。[73]

　　朱子毫不猶豫地借用了佛教「月印萬川處處圓」的譬喻，來說明他的「全體的分有」觀念，他也曾為自己這一思想提出辯解：

　　萬物之生，同一太極者也，而謂其各具，則亦有可疑者也。然一物之中，天理完具，不相假借，不相陵奪，此統之所以有宗，會之所以有元也，是安得不曰各具一太極哉！[74]

　　蓋人生天地之間，稟天地之氣，其體即天地之體，其心即天地之心，以理言之，是豈有二物哉！[75]

---

71 朱熹，《太極圖說解》。
72 朱熹，《朱子類語》卷九十四。
73 朱熹，《朱子類語》卷九十四。
74 朱熹，《太極解義附辨》。
75 朱熹，《中庸或問》卷三。

因此，從存在論上來說，太極不僅是宇宙的本體，也是每個人的性體。

天地之體即是人之體，天地之心亦即人之心，所以朱子在解釋《中庸》首章時即指出：

> 道之本原出於天而不可易，其實體備於己而不可離。[76]

「出於天」即指其超越性，「備於己」即指其內在性。至此，孟子所謂「萬物皆備於我」已發展為萬物之實體備於己。

基於此種思想立場，朱子在其與陸象山辯論無極太極的信中斷言：

> 一陰一陽雖屬形器，然其所以一陰一陽者，是乃道體之所為也。故語道體之至極則謂之太極，語太極之流行則謂之道，雖有二名初無二體。周子所以謂之無極，正以其無方所、無形狀，以為在無物之前而未嘗不立於有物之後，以為在陰陽之外而未嘗不行乎陰陽之中，以為通貫全體無乎不在，則又初無聲臭影響之可言也。[77]

又說：

> 太極生陰陽，理生氣也。陰陽既生，太極在其中，理復在氣之內也。[78]

太極「在無物之前」「在陰陽之外」皆指太極具有超越性，而太極在「立於有物之後」「行乎陰陽之中」，表明太極內在的一面。

這種以宇宙本體同時顯現為人的內在心性「既超越而又內

---

76 朱熹，《中庸章句》一章。

77 朱熹，〈答陸子靜第五〉，《朱子文集》卷三十六。

78 楊與立編，《朱子語略》。

在」的思想在現代新儒家更有自覺體現，熊十力堅持「實體即在自心內」。他說：

體萬物而不遺者，即唯此心。[79]

體萬物者，言即此心遍為萬物實體，而無有一物得遺之以成其為物者，故云爾。[80]

這表示個體的心同時即是普遍的宇宙實體。

本體非是離我的心而外在者，因為大全（原注：大全即謂本體）不礙顯為一切分，而每一分又各各都是大全的。如張人，本來是有大全，故張人不可離自心而向外求索大全的。又如李人，亦具有大全，故李人亦不可離自心而向外求索大全的。各人的宇宙都是大全的整體的直接顯現。[81]

大全是萬物實體、本體，而萬物之本體又即在我之心，歸根結底，因為在我之心即是宇宙的真性。所以，本體、大全不是超離於個體的獨立存在，大全也可以內在地存在。

牟宗三是「超越而內在」說的最有代表性的現代詮釋者，他認為：

天道高高在上，有超越的意義。天道貫注於人身之時，又內在於人而為人的性，這時天道又是內在的。因此，我們可以康德喜用的字眼，說天道一方面是超越的（Transcendent），另一方面又是內在的（Immanent 與 Transcendent 是相反字）。天道既超越又內在，此時可謂兼具宗教與道德的意味，宗教重超越義，而道德重內在義。[82]

由此他對儒家之宗教性進行了說明，以與西方基督宗教全

---

79 熊十力，《新唯識論》，中華書局，1985年，頁44。
80 《新唯識論》，頁44。
81 《新唯識論》，頁247。
82 牟宗三，《中國哲學的特質》，台北：學生書局，1974年，頁263。

然他在的超越觀進行對照：

儒家所肯定的人倫雖是定然的，不是一主義或理論，然徒此現實生活中之人倫並不足以成宗教，必其不捨離人倫而即經由人倫以印證並肯定一眞善美之「神性之實」或「價值之源」，即一普遍的道德實體，而後可以成爲宗教。此普遍的道德實體，吾人不說爲「出世間法」，而只說爲超越實體。然亦超越亦內在，並不隔離，亦內在亦外在，亦並不隔離。[83]

現代新儒家認爲，儒家傳統肯定一普遍的道德實體爲價值之源，但此超越實體亦超越亦內在，這構成了儒家宗教性的特色。牟宗三進一步說明了儒家道德的形上學的特質，即根據中國傳統，依超越的、道德的無限智心而建立的超越的存有論：

此名曰無執的存有論，亦曰道德的形上學。此中「無限智心」不被對象化、個體化而爲人格神，只是一超越的、普遍的道德本性（賅括天地萬物而言者）而可由人或一切理性存有而體現者。此無限智心之爲「超越的」，與人格神之爲「超越的」不同，後者是只超越而不內在，但前者之爲超越是既超越又內在。分解地言之，它有絕對普遍性，越在每一人每一物之上，而又非感性經驗所能及，故爲超越的。但它又爲一切人物之體，故又爲內在的。（有人以爲既超越而又內在是矛盾、是鑿枘不相入，此不足與語。）因此它之創造性又與上帝之創造性不同，此不可以瞎比附而有曲解也。[84]

無執的存有論是指關於本體的存有論，道德的形上學是指由道德的進路進至宇宙本源的形上學建構。本體是無限心，此

---

83 牟宗三，《生命的學問》，台北：三民書局，1970年，頁74。

84 牟宗三，《圓善論》，台北：學生書局，1985年，頁340。

無限心既是普遍的超越本體，又可由人而體現。所以牟宗三又
說：

> 這爲定然地眞實的性體心體，不只是人的性，不只成就嚴
> 整而又純正的道德行爲，而且直透至其形上學宇宙論的意義，
> 而爲天地之性，而爲宇宙萬物實體本體。[85]

這個思想明確認爲，人之心體性體亦即是宇宙之本源實
體，宇宙本源之實體亦體現爲人之心性結構。牟宗三雖未使用
月印萬川式的譬喻，但很明顯，在他看來宇宙本體實體在人心
之顯現仍是整體的直接體現。

應當指出，儒學傳統在漫長的歷史發展中產生過不少不同
發展特色的學派，因此，並不是所有儒家思想家都僅僅主張
「超越而內在」，或「內在超越性」。原始及早期儒家明顯容納了
宗教位格的「天」的觀念。就是宋代以後，天的瞭解已被相當
理性化，但仍然是一個具有本體意義的最高範疇。因而整個地
說，儒家思想並不能籠統歸之於「內在超越性」。從本體來看，
近世儒學的「超越而內在」理論，在承繼了早期儒家精神方向
的同時，有意無意地吸收或受到了佛教的影響，肯定宇宙本體
即全體體現爲個人之本心。而此種本體論之歸結，又在於引導
到功夫論上發明本心以與本體合一的主張。本體論上的「超越
而內在」，適爲功夫論的「內在而超越」之邏輯前提。而超越與
內在問題的回答又與儒家的思惟方式和入世取向有密切關聯。
所以，一般所謂儒家的「內在超越」問題是一個涉及本體論、
人性論、社會觀與功夫論的多層面課題，這是我們在本節的討
論中需要指出的。

---

85 牟宗三，《心體與性體》第一冊，台北：正中書局，1968年，頁137。

佛教觀點

杜繼文（中國社會科學院世界宗教研究所 研究員）

中國佛教是外來佛教在中國大地上的再創造。它既保持了外來佛教的本色，又有所損益，增添了許多新的內容，形成多種思潮、學派和宗派。因此，在討論它的本體論問題時，也不能不涉及到中外佛教和諸多流派間的差別。本文擬從四個方面略加介紹。

一、早期佛教的原人論

據傳，釋迦牟尼是迴避本體論問題的，對於「世界」及「我」是永恒還是非永恒，是無限還是有限；「身」與「神」是同一還是相異；死後「神」是否能轉到後世等，均不置答。在他看來，人生是一大苦聚，最緊迫的問題是去認識這一苦聚的本質，並探求從苦聚中徹底解脫的道路，正如同一個中箭的人，應該首先是治病救人，而不是去研究箭的結構等理論問題。因此，一般認為原始佛教是一種悲觀的人生哲學，沒有獨立的本體論。

事實上，釋迦牟尼對於人生所作的判斷，有一個嚴密的理論體系支援，不涉及到本體論是不可能的。這可以從兩個方面考察。

其一是關於人的本原問題

這與所謂「十二緣起」說的關係很密切。「十二緣起」由十二個概念（亦名「十二有支」）分別表達人生歷程的十二個階段，及其前後間的因果聯繫。其中最重要的概念是「無明」，為「十二緣起」之首，人生的最初因。無明的直接結果是「行」，叫做「無明緣起」。「無明」亦譯作「癡」，愚昧的意思；「行」指意志，是發動做什麼事情的欲求。就是說，由愚昧而意有所

動，乃是人生的真正開端。在早期的佛教文獻中，也有不講「十二緣起」而講「十緣起」的，沒有「無明緣行」之說，而是以「識」為始因，「名色」為結果。「識」指認識功能、認識活動；特殊地說，是指「淫識」，即關於引發和追求性的意念活動。「名色」之「名」，相當於「識」，此處泛指一切精神現象；「色」則是指一切有變礙性的現象，一般與物質的概念相當。所以「名色」就是「身心」，即心理與生理統一的人。據此，不論是把「無明」還是把「識」作為人生的原初動因，都是把某種精神現象實在化和本體化的表現。

在「十二緣起」中還有二支的地位也極為重要：其中的「愛」，指對生命自身及感官享受的愛戀，是全部現實生活的直接動因。它驅使人們熱切地追求，成為家庭、私有財產和社會爭鬥的根源。另一支「生」，是「病死」的直接原因。「病死」是佛教「諸行無常」現象中最無可奈何的一種，要避免接受「病死」的苦果，就要從根本上消滅它的成因「生」。在大多數情況下，「愛」與「生」，尤其是「生」，也有本體的意義。

原始佛教把超越生死，從「十二緣起」的因果鎖鏈中解脫出來，達到一種「不生」、「無生」的狀態，作為至高無上的理想，即所謂「涅槃」，意譯「寂滅」。這樣的「涅槃」，除了表示不再經歷生死，徹底結束人的生活之外，別無其他規定，中國僧人形容其為「灰身滅智」，是一種沒有歸宿的歸宿。

原始佛教根據禪定的實踐經驗，設想世界有三種形態，所謂「欲界」、「色界」與「無色界」。在三界中，存在五類或六類有情的生物，所謂天、人、（阿修羅）、畜生、地獄、餓鬼，被稱為「五道」或「六道」。按照善有善報、惡有惡報的業報法則，眾生流轉於這三界五道（六道）之內，輪迴不已，生死不已。因此，佛教所說的超越生死，乃是超越這三界五道（六道），不再受制於輪迴的意思；而要達到這一目的，據說要經歷

幾番生死的艱苦修習才有可能。修習的方法很多，有所謂「三學」、「八正道」、「三十七菩提分」等，總稱為「道」，或稱「修道」。

以上教義，大體可以概括在「四諦」說中。傳說釋迦牟尼得道，三轉法輪，即三次布教，就是反覆論述關於「四諦」的道理。

其二是關於人的結構問題

這與所謂「五陰」說的關係密切。「五陰」唐譯「五蘊」，指五類因素，即色、受、想、行、識。此中的「色」，與十二有支「名色」之「色」是一個概念；「受、想、行、識」相當「名色」中的「名」，是佛教對於人的全部心理活動的主要分類。任何一個活著的人體，都是由這五類因素構成。原始佛教沒有討論「五陰」是否具有實體的性質問題，但從其主張人類之間可以有差別，人體可以有生死，而五陰總是存在的這一觀念看，這五類因素當然應該是永恒而實在的。

這裡，特別需要注意的是，早期佛教對於「色」的解釋。

「色」屬於物質的範疇，所以帶有物質的一切特徵。它雖然以變礙性為本質屬性，但可以分割。分割到近乎虛無--至少從理論上可以做到，叫做「鄰虛」，唐譯做「極微」，那就是色不可再分解的最小單位。「鄰虛」或「極微」，不是各自分散、孤立的存在，而總是處於「聚集」狀態，並以此聚集組成人們可見的種種客觀物體。

「色」的基礎分類有四種，總名「四大種」，略稱「四大」，即地、水、火、風，它們分別以堅、濕、暖、動作為本質屬性；世界上一切物體悉由四大種構成，稱做「四大種所造」，可以概括說：「諸所有色，皆是四大種及四大種所造。」它的範圍，包括人的五種感覺器官（五根），眼耳鼻舌身，即人的肉體的代稱；也包括五根直面的五種對象（五境）—色聲香味觸。

還有一種所謂「無表色」，指有某種質礙阻斷功能的精神作用；另有一種「法界色」，指非五種感覺的對象，而是超越感覺的意識的對象。除上述之「鄰虛」以外，多屬心理現象。據此可知，早期佛教承認物質的實在性，並認為人的身體和感覺所對的現象，均由客觀的物質構成。

這樣，人的本原就是雙重的：一是來自精神性的「無明」或「識」；一是在精神因素之外，尚需物質性的「四大」及其「所造色」。但是，由什麼力量才能使精神性的東西轉化為「人」，或者把那精神性和物質性的東西組合成「人」呢？原始佛教提出了「業力」決定說加以解釋。

「業」原為婆羅門教用語。佛教給予的基本定義是作用、行動、造作，實是對人的全部思想行為的抽象，具體就是「身」之動作、「口」之語言、「意」的思想，所謂「身口意」。此中的「意」，特指一種叫做「思」的心理活動。「思」以「能令心造作為性」，也就是驅使人生從事種種活動的動機和意志，也可以引申為追求生命和創造事業的欲望。

「業」具有強大的「勢力」，叫做「業力」。有什麼樣的「業」，必結什麼樣的果。在業未結果之前，永遠不會消失，這叫做「業力不失」。這是一種因果鐵律。從因到果的過程，就是通過業力的牽引所完成的。此種「勢力」之強大，「上至世尊，無能遮抑」，即使是佛，也不可逆轉。於是「業力」就把由「業」所感得的種種精神的和物質的因素聯結起來，組合成一個與其「業」的內容和性質相應的有情物，並流轉於三世五（六）道之中，這就是現實的「人」。人的面貌和人生遭遇，全部取決於他所作的「業」。據此，「業」和「業力」，才是現實人的真正根源。

正是從探究人生本原的意義上，早期佛教提出了另外一個著名的論斷：人無我。這個「我」有兩層含義：一是主宰，二

是自在。「主宰」指自己掌握自己的命運，「自在」指絕對的自由。二者都是不受任何外在制約，可以隨意而為的意思，其隱義也包含無限的快樂和永恆。然而「十二緣起」說明，三世流轉，諸行無常；「五陰」說明，有情類均須依賴多因素的和合而成；「業力」表明，任何人生都是先天決定的，在因果的必然性中沒有自主選擇的能力。這些，都同「人」有「我」的概念相反。簡單說，正是由於人生無常，眾緣和合，不能自由、自主，不得永恒常在，所以說，「人」不是「真實」的存在，只是虛假的、夢幻般的存在。這就是「人無我」的本意，略稱「無我」，也就是「空」。

佛教哲學關於量與質，部分與整體的區別，在理論上始終分辨不清。把人當做諸因素的機械拼湊，在《那先比丘經》等經典中表現得特別明顯。該經以車喻人，車是依賴各種材料、人工等緣合而成，所以說車「無自性」；「人」由頭面耳鼻等合聚而成，所以說人也「無自性」。對於整體大於部分的總合，或者說，量的不同能夠決定質的不同，此類認識，是佛教所從未達到過的。但由此確立了佛教關於「空」與「有」的最早觀念：凡是複合的，可以被破解的現象，都是無常的，即此名之為「空」；相反，凡是單一的，不可破解的事物，都是永恒的，即此名之為「有」。此「空」亦稱「破析空」，「無常」稱「空之初門」。此「有」以其不可破析、不可變易性，亦名「實有」。相對而言，彼「空」即名「假有」。

這一套原人教理，為整個佛教哲學奠定了最重要的理論基礎。其後的許多派別，不論是同意還是修正，都要從這裡開始。在中國佛教內，則給予了許多新的，而且非常重要的詮釋。三國譯出的《察微王經》中有言：「深睹人原，始自本無生。元氣強者為地，軟者為水，暖者為火，動者為風。四者和焉，識神生焉。」

這段話有三個要點：第一，「人原」始自「本無」；第二，「四大種」統一於「元氣」；第三，由「四大」產生「識神」。此中「本無」，類似道家名詞，實是佛教「真如」一詞的古譯，是魏晉般若學的中心概念之一。「元氣」是中國傳統哲學「氣」的一元論的專用語，「四大」只是它的不同表現形式。「識神」則是四大和諧的產物。這樣，現實人的實際本體，乃是「元氣」。

但是此經還說：「魂靈與元氣相合，終而復始，輪轉無際。」承認有一個不滅的「魂靈」，在「行」的支配下，與不滅的「元氣」結為「身、識」。這樣，如此又回到了身心平行的二元論。

到了唐代宗密撰《華嚴原人論》謂：「萬靈蠢蠢，皆有其本。」「我今稟得人身，而不自知所從來」，怎麼會進一步知道未來的命運及天下古今之事？以宗密把原人問題看得非常重要，認為在中國沒有哪一家學派是不涉及這個問題的。他列舉的儒、道和佛教內部的答案有十幾種之多，最後則歸之為「靈性」、「一真靈性」。這些種種不同的主張，難以一一復述，但有一點是共同的，那就是肯定有一個永恒不變的精神主體，或者叫做「魂靈」、「魂神」，或名之為「靈性」、「真心」，或稱之為「神」，而最常見於中國早期譯籍的是「識神」。東晉道安在《人本欲本經注》中解釋「十二緣起」時說：

群生識神，受在癡冥；

識神本癡，樂身苦……遂依受身。

意思是說，一切眾生，皆有「識神」，由於接受了「無明」，所以才形成「身」。於是，「魂靈」、「識神」實有，而且是人身的真正本體和本原，就成為中國佛教最獨特於外來佛教的地方。據此，中國早期佛教的譯注，均把「無我」解做「非

身」，即人身無常而識神不滅，所謂「魂神固不滅矣，但身自朽爛耳。」

　　儘管如此，中外佛教的整體精神還是一致的，那就是：人是自身思想行為的產物；人的命運，因而也包括人所處的環境，也是人自身活動的結果，任何外在力量，不論是物質的，還是精神的，不論是佛還是梵，或是天帝，都不是創世主，也不起決定作用。

二、說一切有部的本體多元論

　　部派佛教各有自己的哲學體系，但最有代表性，而且在漢文中保存的譯籍最多，流傳時間最長的，乃是說一切有部。

　　有部的本體論從早期佛教的原人論出發，而擴大到所有領域，包括世間和出世間。它將一切現象重新劃分，歸為五大類，即色法、心法、心所有法、心不相應行法、無為法。前四類名「有為法」，即有生滅變化的事物，相當「五陰」的內容；後一種「無為法」，包括涅槃在內，是永恒不變的。此中「色法」分十一種；「心法」一種，亦稱「心王」，是「六識」的通稱；「心所有法」簡稱「心所」，指與「六識」同時並起的種種心理特徵，共四十六種；「心不相應行法」實指不能單獨列在物質現象或精神現象中的現象，例如名言、文字（文句名身）、同類共性（眾同分、法同分）、運動變化（生住異滅）等，共十四種；加上「無為法」三種，總稱「五位七十五法」。

　　「五位七十五法」的分類，主要是從該宗的修持實踐需要考慮制定的，同時使「業感緣起」對世俗世界和人生的解釋，有了一個客體的來源。眾生為什麼會有三界五（六）道的差別？人生修短窮達，各自不同，社會不平等現象處處可見，那根源是什麼？人生如何才能獲得解脫？經過什麼樣的修習歷程才能最終達到涅槃？最直接的回答是「業」，「業」的性質決定一

切。但是，「業」為什麼能夠產生實際的效果，具有「感有」的能力？或去惡從善，離染得淨？原因就在於有「有」的存在。上述五位七十五法就是「有」的最重要內容。它們根據所作「業」的不同性質和作用，形成不同的組合，從而成就眾生個體及其多種多樣的差別。

就是說，五位七十五法是構造世間出世間一切現象的基本元素，「業」則是把這些元素感召出來並加以組合的中介和動力。現實眾生的差別，全由於業力在感召和組合基本元素上的不同。因此，元素是永恆的、不變的；由業力成就的眾生，不論是心，是身，還是境，則是無常的，變化的。

這一元素的感召和組合過程，就是從業到報的過程。但說一切有部把業報法則大加擴充，形成了以「四緣」、「六因」、「五果」為中心的新的因果論，從而使元素得到感召的渠道增多，組合的形式多樣，整個思想體系和修習實踐也更緊密地連結起來。此中，「四緣」說最有代表性。佛教以「緣起」論為自身的理論特點，說一切有部即以此「四緣」概括「緣起」之「緣」。「緣」，意思相當條件。「四緣」中的「因緣」，謂「因」即是「緣」，此「因」指能生自果的必要條件，特別是指通常所說佛教因果律中的那個「因」；「所緣緣」，唯指能夠引發認識的客觀對象；「等無間緣」，專指心理活動中前者對後者所起的開導作用；「增上緣」，則泛指對生果不起妨礙作用的一切已知和未知的因素。

以上一切因性果性，同五位七十五法一樣，也作為元素，是永恆的、不變的。這永恆的不變性，就是真實的實體，稱為「法體」，也就是說一切有部的那個「有」。有部最著名的兩個命題：「法體實有」、「三世實有」，指的就是這個意思。當然，這不是說「三世」無有區別。以「色」為例，現在的「色」有「變礙」的作用，而過去未來雖無「變礙」的作用產生，但仍然

是有。也就是說，現在與過去、未來的區別，只在其是否有現實的作用，而不影響其本身的真實存在。

有部曾舉例說，農夫種田，不做工，就不會有收穫。做工就是「業」，種瓜得瓜，種豆得豆，就是業報法則；而此中的種子，作為一種類的存在，就是永恒的法體；土地、水肥等，則是其他因緣條件。從「種子」引申出種、類、族、界等概念，由此也可以把任何表達共性的名言概念都視為法體。所以有部最後的哲學結論，也把名言概念歸結為實體。

這樣，種類族界及名言概念各有自身的本質規定性，即所謂「自性」，是高踞在個別事物之上，脫離個別事物的獨立存在，而且永恒不變。個別事物則是種類族界和名言概念在特殊因緣條件下的現實化，成為它們的複合品，總是處在生滅變化中，所以是虛假的、不實的，本質是「空」。

有部的思想在中國佛教中佔有重要地位，所謂「禪數學」、「毗曇學」以及「俱舍學」的主要內容就是闡發有部的思想。有部有兩部論著《阿毗曇心論》和《阿毗曇雜心論》，十分流行。關於「自性」、「種類」的概念，在這兩部論著中發揮特多。其中有一個頌說：「諸法離他性，各自住己性，故說一切法，自性之所攝。」譬如眼不具有「耳性」，就叫「離他性」；眼自住於「眼性」，就是「各自住己性」。一切現象，都包括在各自的「自性」之中，所以「自性不空」。又有解釋說，所謂「種類」，是事物中的「相似」者，此從外延上劃分；或者說，「所稟性同，是性種類」，此從內涵上確定。《俱舍論》稱此為「種族」，亦名為「界」。「此中種族是生本義」，即「種族」是一切有生物的本原，也就是「自性」先於具體事物，並在特定的條件下，成為具體事物的直接生因。

這一思想，在東晉時代，是論證有神論和宗法關係的佛理根據。慧遠就曾以說一切有部的主張與鳩摩羅什展開過激烈的

爭辯。據傳，他作過《法性論》，謂：「至極以不變為性，得性以體極為宗。」此處的「至極」、「極」，均是「涅槃」的異名。所謂「不變為性」，也有用「不變」規定一切「法性」的意思，所以他把毗曇學的核心，歸納為「己性定於自然」。此「己性」就是不變的自性；「自然」則是物種自類相生的因果律。他把佛教理解為「獨絕之教，不變之宗」，本意即在於此。

慧遠的這些觀點，受到鳩摩羅什的多方批評，集中起來，是不滿於慧遠主張的法性實有，以至稱其所說「似同戲論」。（見《大乘大義章》）

慧遠在促進佛教中國化方面，是一個里程碑式的人物。在教理上影響最大的，是他提出並加以論證的「形盡神不滅」。他把歷來譯經和傳教者模糊或夾雜提到的「識神」、「神」「魂靈」等提到了一種非常清晰而自覺的程度，使有神論成為中國佛教合法而合理的組成部分，因而成了與域外佛教，特別是與印度佛教的「無我」論區分開來的最重要的標誌。也由此解決了困擾域外佛教那種有因果報應，有修習實踐，但無行為的真正負荷者的矛盾。他把「神」的存在，當作當然的前提，是任何眾生流轉三界和趨向涅槃的主體，稱之為「精極而靈者」。此「靈」由「情」感「物」，有「識」求「數」，因而能棄形有化，身朽而不滅。眾生的報應種種，都是由於自身神靈所感而然，「故謂之自然。自然者，即我之影響耳。」就是說，神我創造與神我活動相應的一切，這是一種不容置辯的自然現象。（詳見《沙門不敬王者論》）

這種有神論，在鳩摩羅什等人看來，是佛教的異端，到了唐代禪宗的慧忠一系，再次提出批評，認為此說實同「外道」。但在國人的心目中，有神論正是佛教的特質。南朝梁范縝作《神滅論》，即以「神不滅」說作為佛教的理論核心而嚴加駁難。梁武帝則將范縝的議論視為「違經背親」，組織僧俗大舉圍

攻。但在梁武帝看來，《神滅論》的罪狀不是有違佛理，而是
背離孝道，破壞了宗法制度的宗教依據。

這可以說是一語中的的分析。毗曇學之所以流傳，神不滅
論之所以形成，與維繫當時的宗法血緣關係，有密切的聯繫。
南朝宋的名士羅含撰《更生論》，表現得最明顯。此論大意說，
天地雖大，但渾而不亂；萬物雖眾，但區別清楚。他們「各有
其本，祖宗有序，本支百世，不失其舊」。這「本」，是本原，
也是「本分」，都指亙古不變的本性，即自性。由於自性不變，
所以說：「人物有定數，彼我有成分，有不可滅而為無，彼不
得化而為我。」萬物眾生的生滅不息，就是這有定數的人物，
在三世中彼我不亂地流轉。

三、大乘思潮的興起和佛身淨土、般若實相

以原始佛教和部派佛教為代表的釋迦之學，在後出的佛典
中受到多種多樣的指責和修正。比較普遍的意見認為，釋氏生
於「五濁」之世，所說教理，只為愛好「小教」者施設，多用
「呵責」而少誘導，局限性很大。此類典籍，自稱「大乘」，貶
釋迦之學為「小乘」；高唱「菩薩行」，反對自證涅槃。他們的
共同口號是：「依義不依語，依法不依人，依了義經不依不了
義經。」此中的「義」「法」，亦被人格化為「佛身」，稱作「法
身」；而把所謂「真實」、「實相」作為全部佛教的唯一標準，
不管是由什麼人和什麼經典說的。由此形成了許多內容複雜、
踐行多途的流派，創制了種種經論。對於中國佛教來說，最早
輸入內地的大乘思潮是般若學和佛身說。

在大乘佛教觀念中，佛身是無限多的。佛所教化的佛土也
是無限多的，總稱「三世十方」，各有無限多的佛與佛土[1]。釋

---

1 後出的佛典把這無限多的佛身統一於「法身」，稱之為「化身」和「報身」等居
住的世界名「化土」和「報土」。

迦牟尼佛僅是其中之一，處在所謂「賢劫」時的「忍世界」進
行教化。在釋迦之外的諸佛和國土，都比釋迦教化的國土幸福
而美好。其中最有名的有兩個，一個是在西方，由「阿彌陀」
（無量壽）佛主持的「極樂世界」，亦稱「安養國」；另一個在
上方空中，叫做「兜率天」（喜足天）、是未來佛「彌勒」（慈氏）
的淨土。彌陀和彌勒是中國流傳最廣的兩大淨土信仰系統。前
者促成佛徒結社，稱為「白蓮教」，略名「蓮社」，由此發展成
了「淨土宗」的遠祖。其在下層傳播，則作為民間秘密結社的
重要形式，也可以看作是白蓮教的前身。至於彌勒，實際身分
是菩薩。他的淨土在天上，是能夠享受世間「五欲樂」最佳之
處，所以一般不是平民信仰的領地。但是，終有一天彌勒要下
生人世成佛，那時候，天下太平，衣食豐足，生活快樂，因
此，「彌勒下生」多為貧困者信仰。打著佛教旗號造反的諸多
歷史事件中，以假借「彌勒下生」的名義最多。

　　從既有的漢譯經典看，有關這類佛身、佛土的記載，最通
常的情況是不討論他們的真實性問題。但有一點非常明確：如
果想歸依其心許的佛和希求往生的淨土，信仰者必須念誦該佛
的佛名，甚或構想這個佛的形象。只有在這個前提下，才能感
應於佛，在死後達到預期的目的。佛，特別是為建立自己的淨
土而奮鬥的菩薩，必須具有普渡一切眾生，令其全部改惡從
善，拔除苦難，享受幸福的弘願；這種弘願是一種無堅不摧的
意志力，能夠用以「加被」眾生，促使其信仰堅定。眾生自身
的努力，稱為「自力」；佛菩薩「加被」之力，稱為「他力」。
佛國淨土就是自力與他力其同合力的成就。

　　在這裡，佛與淨土似乎都是真實的存在。即使如此，佛菩
薩也不承擔創世紀和救世主的角色，起決定性作用的，始終是
眾生個人。

　　中國佛教曾圍繞「他方淨土」和「唯心淨土」以及「他力」

與「自力」的問題，有過長期的分歧，直到近代，楊仁山尖銳批評日本真言宗的純「他力」論；章太炎把中國的整個文化，也把佛教的精髓，歸結到「自力」論上。這大體代表中國淨土信仰中知識層面上的主流意見。但在一般民眾的信仰中，卻大都以「他力」崇拜為主。大乘佛教有一個極普遍的實踐口號叫「大慈大悲」，是菩薩必須具備的品格。因此，菩薩往往被視為奇蹟的創造者和眾生的救助者。其中觀音菩薩以救苦救難的形象，普及率最高，而由兜率天降世的彌勒菩薩，則被種種叛逆者塑造成為標準的救世主。

早期大乘佛教興起的哲學思潮，是由《般若》經類為代表的般若學。印度佛教中的中觀學派，就是在這個基礎上形成的。從般若中觀派看來，所謂佛身淨土全是「因緣」所造，均無真實的實體。大乘禪法中有一種叫做「般舟三昧」（「佛現前定」）的，通過禪定觀想預定的諸佛形象，能夠使該佛形象浮現在禪者面前。對於這種由想像而產生的幻相，佛身淨土實在論者認為，這是與佛的一種溝通，是死後必定會生於該淨土的經驗證明；般若中觀派認為，這一經驗恰恰證明，佛身與佛土，只是臆想虛幻的產物，因而本質就是非真實的。這一派系對於佛身淨土的觀點，其實只是它的整個理論體系的具體運用。據此派看來，大乘與小乘在理論上有許多區別，最基本的，在於小乘只承認「人無我」，即像眾生那樣的複合物是不真實的，而肯定構造複合物的單一性（元素）是真實的；大乘不但承認「人無我」，而且主張「法無我」，即單一性也是不真實的，所謂「自性空」。因此，一般稱小乘所說空為「人空」，稱大乘所說空為「人法二空」。

其實，般若中觀派的空觀所指，在於否定認識具有把握客觀真實性的能力。不論是經驗、概念、推理、判斷，一切思惟形式，都屬於主觀範疇，都具有片面、凝固和相互矛盾的性

質，不可能反映聯繫無限、變化萬端的客觀真實性。眾生缺乏自知之明，總以為自己的認識和認識所及的對象，就是世界的客觀真實，其實只是認識上的虛妄顛倒或虛妄分別，也就是「不真」。不真即是「空」。從這種觀點看，眾生面對的世界，實本於眾生的思惟結構，尤其是名言概念的結構。什麼四大、五陰等單一元素，瓶、衣、軍、林等集合物體，以及連結諸種關係的因果必然性，都是名言的假施設，屬於概念上的差別。而世界的本來面目，從認識的本性說，是不可能把握的。

　　世界的本來面目，叫做「真如」，略稱「如」或「如如」，亦名「實相」、「法性」等。從字面上看，似乎是用來表達某種真實本體的，般若中觀派也處處把真如實相作為自己的立論根據，認為它是普存於世與出世、眾生與諸佛的永恒不變的共性。但是，在其具體詮釋和實際運用中，卻有不少差別。「真如」，一譯作「本無」，「實相」亦同「無相」，「法性」即是「性空」。成立「因緣生法」的命題，等於成立「因緣不生」的命題。此派總是用否定的表達形式規定肯定的概念，而肯定的概念，又往往是否定的另一種表達方式。此處即是如此。「真如」意謂如其真實的那樣；「本無」意謂所認識的那樣本來無有；「無相」指「真如」的不可以表示和分別；這不可以用語言認識作任何解說的相狀，就是「實相」。從其不具有認識所賦與的性質說，叫做「性空」；此「性空」是認識及其面對的一切現象唯一可規定的本質屬性，就叫「法性」。諸如此類的名稱，雖有種種，但表達的內容是一樣的，那就是客觀真實之不可認識，既不能肯定其為「有」，也不能否定其為「無」。認識對象只能屬於認識範圍以內的事，即名言表象，所謂「名相」。眾生設想討論的世界，從山川大地、社會人生，到諸佛菩薩，都局限在名相之中，或可直呼之為「假名」。般若中觀派總是採用「只破不立」的否定式論法，所謂「非有非無」、「非非有非

非無」，就是表示語言的非決定論性質，要求行者不受名相的束縛。他們把契合真如實相的狀態，說成是「言語道斷，心行處滅」，所以教人「離四句、絕百非」，以至緘默不語，都是從認識的不可靠性上著眼的。

據此，般若中觀派及中國的三論宗，是否認有任何實體存在的。它的全部論議，就是破除任何實體之可能。物有自體不可能，諸佛實在性不可能，「神」、「我」的存在也不可能。由鳩摩羅什譯介的《中》、《百》、《十二門》「三論」，可以說是無神論的傑作。特別是對於「梵天」和「大自在天」的創世說和命運決定論，極盡其揭露和批判之能事，由此形成的三論學風，也對於中國流行已久的「識神」和「天帝」說，給予了相當的衝擊。這整個思潮，從東漢以來，一直成為反對權威、蔑視名教的有力武器。

但與此同時，還有另外一種解釋，那就是把真如、實相、法性、性空等實體化和本體化的傾向。

《中論・觀四諦品》中有一頌文說：「以有空義故，一切法得成；若無空義者，一切則不成。」如果僅從認識論上講，「性空」只是說明認識之不真實性，因而是對一切現象的共性概念，沒有實體或本體的意義。但是，如果把「空」當成一切法得以形成的空間，是一切法之前的存在，那意義就不同了。《大智度論》說：「諸法實相，常住不動」，「慧眼知諸法實相」，「三世諸佛，皆以諸法實相為師。」這個「常住」的「實相」，可以被當作特殊智慧和學習的對象，更有「實體」的意味。據此，在般若中觀派否定世俗認識和語言世界的同時，似乎還承認另有一種非世俗認識所及的客觀實在，以及可以脫離語言思惟，能夠把握這一實在的特殊認識，即所謂般若（智慧），尤其是般若中的「現觀」實證。這樣，世界就變成了雙重的，即真與假；認識也變成了雙重的，即凡（迷）與聖（悟）。

由於中觀學派特別發揮所謂「二諦」之說，加重了世界及其認識的雙重化印象。

「二諦」指真諦與俗諦。「諦」是真實不虛的意思。凡世俗認同的道理叫做「俗諦」，只有佛教論證的道理，叫做真諦。所以「二諦」也就是二重真理。南朝梁昭明太子解「二諦」義，謂二諦乃是「就境明義」，「以體立名」。「真」是實義，「俗」是浮偽。前者為「出世人所知」，後者為「世人所知」。這二種真理，二種認識，是絕對分離的，沒有聯繫。但是，這一解說受到三論宗人的批評，認為「二諦」均屬言教，只有相對的意義，而不能視為兩種實在的「理」或「境」，所以稱之為「于二諦」、「教二諦」。「于」指相對，「教」即言教。如吉藏就不承認在名教之外，有什麼眾生可以把握的真理、真實存在。

在《維摩詰經》中有一個對天臺宗影響特別大的命題：「從無住本立一切法」就是說，「無住」是一切法得以建立的本原。那麼，「無住」是什麼？鳩摩羅什注釋說，「無住」乃是諸法尚未被「緣感而起」的「莫知所寄」狀態。此狀態是「源」，亦稱「無本」，「無本而為物之本」。這裡，不言而喻的前提，是事物未被「緣感而起」之前，就有一種可以被「緣感而起」的存在，其所以稱之為「無」，僅僅在於認識不知其何所在而已。僧肇對這一命題則補充說，「無住」就是「心動」，「若以心動為本，則有有相生。理極初動，更無本也。」這個心的「初動」，是「緣感而起」的最初表現，但其所以能夠感得種種事物，也應有某種存在作為原型才能自圓其說。後來天臺智顗提出「一念三千」，以構成其「性具」學說的主要內容，即本於此：「一念」即「業感而起」的「心動」，「三千」即是「業感而起」之「一切法」的原型。

總之，從般若中觀派那裡，既可以得出世俗語言世界之外，別有「實相」或元素（原型）存在的結論，也可以得出實

體是存在還是非存在不可決定的結論。

四、瑜伽唯識派的心的本體一元論

　　早在《華嚴經》尚未形成之前，就有它的「十地品」單行
經流行，漢譯初譯於西晉。其中有一個至關重要的命題，叫
做：「三界虛妄，唯是一心作。」略稱「三界唯心」。這一「唯
心」說，將早期佛教的「十二因緣」說統一起來，在般若經類
以世俗世界為虛妄的基礎上，開始向一元論的本體論轉變。完
成這一理論轉變的，就是瑜伽行派。弘揚此派論著《十地經論》
和《攝大乘論》的論師，在南北朝時分別形成地論學和攝論
學；弘揚此派所尊經典《楞伽經》的論師形成楞伽學。它們都
以「心」為最高本體，發展到隋唐，就成了法相宗、華嚴宗、
禪宗以及密宗等的哲學出發點。

　　瑜伽唯識派的最大特點，是把「心」實在化，並將心體一
分為八。它從般若經類的空觀出發，認為世間誠然是虛妄分別
的產物，所以人無我、法無我；但是，虛妄分別者是誰？知其
為虛妄分別者又是誰？答案就是「心」。心有三名：心、意、
識，三者可以互用；特殊地說，「心」指第八識阿賴耶識（藏
識），「意」指第七識末那識（意識），「識」指眼耳鼻舌身意
等所謂前六識。此中前六識之說，與人們的常識相近，容易理
解，關鍵是第七、第八兩識，它們是否真實存在？有什麼區別
於前六識的特點？

　　根據《攝大乘論》等解釋，「六識」的性質是「易動壞」
與「互不相通」。「易動壞」指六識必須依賴各自的「根」（生
理器官）、「境」（特定對象）而生，假若缺「根」或缺「境」，
識即不生；第六識相對自由一些，但也存在「熟眠不夢、醉
悶、絕心、暫死」等無意識的狀態。「互不相通」指六識各有
自己的功能，不能相互溝通，如「眼」不能視聲，「意」不能

直接見色等。「易動壞」與「互不相通」，說明「六識」不能使
人的精神活動構成相應的連續性和統一性；同樣道理，其作為
心理活動的載體，例如受、想、行、思及善惡煩惱等，也就不
能夠連續下來，統一為一個精神整體。

這種心識的連續性和統一性最重要的表現，是對經驗、記
憶和名言概念的積累和儲存。這也是支配今後一切思想行為的
出發點。按照佛教關於業報輪迴和修道成佛的教義，也需要有
一個承擔因果於一身的整體。這一切都證明在六識之外，必定
還有另一個實體存在，這就是阿賴耶識。《攝大乘論》引證一
個經偈說：「此界無始時，一切法依止；若有諸道有，及有得
涅槃。」「此界」的「界」是「因」的意思，實指阿賴耶識，它
的本性在給「一切法」作「依止」（主體）。因為它具有派生諸
法的性能（因性），又有儲藏諸法的性能（果性）；它既是支配
人們思想行為的原因，又是承受與其思想行為相應的結果，因
果的合一，就構成它的「自性」。

人的經驗習慣，名言概念，被當作可能衍生同類思想行為
的因素，由記憶儲存在阿賴耶識中。這些因素，叫做「種子」。
經驗習慣、名言概念對於阿賴耶識不斷的刺激作用，叫做「薰
習」，薰習的結果，保留在阿賴耶識中，稱為「習氣」，也是
「種子」的別稱。就其形成「習氣」、儲存「種子」的功能言，
阿賴耶識也稱「種子識」。「能遍任持世、出世間諸種子」。也
就是說，世間和出世間的一切現象，都作為種子形態儲藏在第
八識中。在特定條件下，內變為「有根身」（身體），外變為
「器」（物質世界）。而這些「有根身」和「器世界」，也都是
「識」的性質，所以稱作身識、身者識、受者識、應受識、正受
識、世識、處識、數識等。總之，一切或在阿賴耶識中，或是
阿賴耶識所變，能變與所變統一為「識」，所以此派的根本命題
就叫「唯識無境」。此「境」泛指離識之外的任何客觀存在。

　　至於末那識，其性能是「恒審思量」。但這思量與一般思惟不同，而是持續不斷地以阿賴耶識為對象並視阿賴耶識為「我」的觀念系列。也就是說，它是自我意識，是分別我、他，視我、他各有實體的那種觀念，所謂「我執」、「人我執」。第六意識與第七末那識同時有令人產生諸法各有「自性」觀念的功能，即「法執」、「法我執」。因此，眾生與萬物之所以被視為真實的各有自性的存在，原因就在於末那識以及第六識具有強加給現象以「自性」的特性。

　　據此，世界萬有無非是識的變現。變現的根據是阿賴耶識中「種子」。「種子」有兩個來源。一是「本有」，一是「始有」。「本有」為無始以來先天所具有，是先驗的；「始有」，由後天薰習而成，來自經驗。這兩種本原說，在瑜伽行派內部是有分歧的，中國的法相宗則給予同等的承認：先天與後天共存。種子可以作多種分類，其中「共相種子」，是成就山川大地等共識的原因；「自相種子」是形成個體特殊表象的原因。雜染種子是世俗的原因，清淨種子是出世間的原因。眾生間的差別與聯繫，眾生的演化與轉變，都是通過「種子」的性能及其變化來實現的。佛教修持的最後目的，在於「轉依」，就是由迷而悟，轉染污種子為清淨種子，轉「八識」為「四智」，轉雜染阿賴耶為清淨阿賴耶。

　　阿賴耶識作為眾生身心的負荷者和流轉與涅槃的主體，其實就是靈魂、識神的富有內容的代稱，儘管瑜伽行派在字面上堅絕否認它是「我」。這樣，有多少眾生就應該有多少阿賴耶識，並各有自己的「種子」（精神世界）和變現的世界（主要是與主體有聯繫的物質世界）。他們遵循的同一原理是「唯識無境」，但現實的主體眾生卻不是一個。因此，說瑜伽唯識系的本體論是一元論的，僅限於其將世界的本源歸之於「唯識」，將萬物的本質歸之為「唯識性」；而世界的具體造物者，依然是多

元的。

　　瑜伽唯識係把「真如」分為很多種，其中以「唯識真如」即「唯識性」最高，亦稱「唯識理」。此派強調「二無我」。「二無我」即是空性，但唯識性真實不空。唯識性是一切現象最普遍的共性，因而也為眾生普遍所在，中國的唯識家稱之為眾生皆有的「理佛性」。唯識真如不是「種子」。對唯識真如的認識，是迷，是悟，才直接作用於「種子」，決定種子是染是淨。因此，在多主體創世的同時，還存在一種不依賴任何個體的意志為轉移的客體，即唯識性。唯識性說明世間與出世間的一體化；阿賴耶識則說明創世主的多元化。

　　以上大體是唐玄奘譯介的瑜伽行派的觀點，一般稱為「新譯」，為法相宗所宗。以北魏菩提流支譯經集團為中心的地論師，把第八阿賴耶識視為本性清淨的識體，亦名「如來藏」。「如來藏」是一個純清的心體，孕含一切佛如來的品格和功德，所以視之為儲存「如來」的藏庫。世間萬有的產生，其因不在阿賴耶，而是第七識；第七識亦名阿陀那（執持），是它及第六意識妄自給阿賴耶以「我」的觀念和給「法」以「自性」的觀念的結果。以南朝梁真諦為主的攝論師，判第八阿賴耶為雜染性質，把「如來藏」定為第九識，亦名「無垢識」。舊譯的這兩大派別雖有差別，但都把人及其世界的最高本體「心」規定為本性清淨。這兩股思潮的合流，於是就產生了《大乘起信論》一書。

　　《起信論》的哲學體系，是隋唐以來中國佛教的主流。它的綱要是「一心二門」。「一心」的唯一規定是「不生不函滅」，即絕對的靜止。「二門」是用來解釋這「一心」的，均有涵蓋萬有，作染、淨所依的主體的意思。其中的「心真如門」，即「如來藏」，亦名「一法界」，指萬有得以產生的共因；亦名「一大總相」，指遍及萬有的共性。其中的「心生滅門」，指不生不

滅之真如同生滅的和合，也就是阿賴耶識。按照這類解釋，
「一心」不動是原始本體；心動為二，是萬物產生之源。此中
「無明」，是令心由不動到動的第一推動力。心動是「迷」的標
誌，心靜是「悟」的標誌。「迷」是虛妄，「悟」是真如。因
此，迷悟真妄均依一心而轉。真如與覺悟為一；虛妄與迷執為
一，主觀與客觀為一，最終是色（物質）心（精神）不二，皆
統一於「一心」之中。此說後來就成為中國佛教泛神論的基本
根據。

道教觀點

盧國龍（中國社會科學院世界宗教研究所 副研究員）

　　本體論是西方哲學的一種理論範型，以之作為標題，探討道教中相關或者相類的思想理論，可以發現它有兩個主要的歷史來源，並因此形成兩種相對不同的理論型態。一個來源是先秦道家之老莊，通過詮釋《老子》和《莊子》，發展出道教的道體論和道性論，主要致思於道體有無、道教體用、道物本末、道性與人性的關係等問題。另一個來源是秦漢時代的精氣本元論，通過觀念上的繼承並在富有道教特色的修持及宗教體驗中，了證自身與萬物的共同本元，建立道教的生成論和修養上的返本還元論。這兩種理論型態，都可以與西方哲學中的本體論相溝通，進行理論的對話，但運思方式並不完全相同。所以，當我們在本體論的標題下展開討論時，就有必要在理解方法上注意到以下兩點。

　　首先，道教雖按照體用、本末等對應範疇，理解道體與物象的關係，表現為比較規範的本體論型態，但同時它又具有深厚的歷史意識，即試圖從窮本溯源的角度，理解這種關係的來龍去脈。這在道教思想的歷史實際中，就表現為道體論和本元論兩種理論型態，可以分，也可以合。分或者合，在很大程度上要取決於思想家個人的理論興趣、所關注的思想主題，甚至是所採取的著述方式，而非取決於範式化的體系結構。思想主題具有時代性，如晉唐之「重玄」、宋元之「內丹」等。「重玄」致思於道體和道性問題，邏輯思辯性較強，本體論特點也較明顯。「內丹」建立在精氣本元論的基礎上，理論闡述既有概念敷釋的一面，但同時又離不開個人的修持體驗。著述方式則往往與道教學風的歷史嬗變有關，如隋唐尚注疏，而宋元多詩詞等。注疏體的概念系統，一方面必然要受到原典的影響，另一

方面又必然要吸收其他思想流派的概念或者創造出新概念，用以敷陳新義。詩詞則更多地採用譬喻、暗示等方法，形式固然活潑，但含義卻因不穩定而難以把握。這種情形，使道教的本體論思想從理論型態到概念形式，都表現得相當複雜，要理解其思想真諦，往往就要走上「得意忘言」一路，而不能過分相信概念分析的有效性和準確性。

其次，對於道教的思想家們來說，道體或者本元，並不是外在於自我的客體或認識對象，而是一種既體現於外物，也體現於自我本身的存在，所以他們採取的運思方法，通常都是體悟和內觀式的冥想，而非不動聲色的邏輯推衍。因為這個緣故，他們很少是單純地站在本體論的層面上討論問題。例如談道體，就必然要牽涉到體道的精神修養和境界，否則便可能被認為是虛誕；談精氣本元，也必然要涉及清虛自然的人生修持和體驗，否則就可能被認為是疏闊。學理性的推闡與自我生命意識的陶煉、涵養，在許多道教思想家那裡都是一個互動而連貫的整體，前者使後者在理論上昇華，後者則賦予前者許多活潑潑的意義，不能裂為兩橛。

以上兩點，是我們在理解道教的本體論思想時，所當注意的特質。本文為了遵守「對話」的主題和編寫體例，僅選擇其中學理性較強、本體論色彩也較濃厚的部分進行敘述，姑且算作對其思想整體的一種分疏。

一、道體與元氣

道在有無之間，非實體，而是實體之物的所以然之理。因此，談道體必相對於物象世界而言，否則以空對空，是鑿空頑空之戲論。物象世界的發生發展，肇萌於元氣。由元氣化生萬物，道即體現其中。所以，道教的道體論，通常與元氣論結合在一起。

　　道教論道的主流，淵源於《老子》。《老子》肯定道是一種比器物、比器物的表象運動都更根本的存在，這一點即是道教探討道體問題的基點。對於許多道教的思想家來說，值得重新思考的問題，不是作為根本的道是否存在、是否屬於純粹邏輯的假設，而是如何更真切地體悟道的存在，感受它對於自我，同時也是對於整個物象世界的意義。

　　東晉時的著名道教學者葛洪，因為在所著《抱朴子內篇》中，寫過一段批評道家諸子偏執玄虛的文字，便被一些讀者理解為旨趣迥異於道家。[1]其實，在該著的開宗明義第一篇裡，葛洪就吸收道家的思想，作為言之宗，事之主。其說云：

　　玄者，自然之始祖，而萬殊之大宗也。眇昧乎其深也，故稱微焉。綿邈乎其遠也，故稱妙焉。其高則冠蓋乎九霄，其曠則籠罩乎八隅。光乎日月，迅乎電馳。或倏爍而景逝，或飄畢而星流，或蕩漾於淵澄，或霏霏而雲浮。因兆類而為有，托潛寂而為無。淪大幽而下沉，凌辰極而上游。金石不能比其剛，湛露不能等其柔。方而不矩，圓而不規。來焉莫見，往焉莫追。乾以之高，坤以之卑，雲以之行，雨以之施。胞胎元一，範鑄兩儀，吐納大始，鼓冶億類，迴旋四七，匠成草昧，轡策靈機，吹噓四氣，幽括沖默，舒闡粲尉，抑濁揚清，斟酌河渭，增之不溢，挹之不匱，與之不榮，奪之不瘁。[2]

　　這一篇的篇名，叫作〈暢玄〉。暢可以理解為抒發、暢論，玄在同篇裡也稱作「玄道」。暢玄也即論道。在同書的〈黃白〉篇中，葛洪曾這樣自陳其寫作動機，並表達出對於讀者的期望：

1　見《抱朴子內篇‧釋滯》，王明《抱朴子內篇校釋》，中華書局，1985年，頁151。
2　王明，《抱朴子內篇校釋》，頁1。

　　所以勤勤綴之於翰墨者，欲令將來好奇賞真之士，見余書而具論道之意耳。[3]

　　「暢玄」與「論道」，說法雖有不同，意義卻基本一致，是葛洪此書的建言大旨。

　　那麼，葛洪所暢之玄或者說所論之道，其涵蘊又是什麼呢？上引〈暢玄〉篇，用詩賦般的文彩，描繪其所謂「玄」亦即「玄道」，如果去華存實，則大旨不外乎肯定有這樣的一種存在，它比繽紛萬象的物質世界更根本，是天地斡旋、日月輪轉、萬物發生發展且有倫有序的總根源，超越萬物萬象並具有終極理本的意義。

　　按照現代的概念思惟去分析，葛洪的思想似乎缺乏邏輯的嚴密性。當他說玄道是「自然之始祖」時，思想屬於生成本元論。而當他說玄道是「萬殊之大宗」時，則指具象萬殊之物的最高同一性而言，思想又歸屬於本體論。本元論與本體論，是兩種互不相同的理論思惟，前者追問事物從哪裡來，後者思考事物的本質怎麼樣。問題既不相同，運思也自有別。葛洪舉東合西，並列論之，思想的展開似乎不夠精純。

　　然而，從道教史上來看，我們本沒有理由設定某種模式，用以考核葛洪及其同道者是否精純。因為按照道教的（同時也是中國的）思惟方式去理解，要真正搞清楚事物的本質，一種可能的方法就是搞清楚它的來龍去脈，把握事物變化發展的全過程。由於這個緣故，本元論與本體論，在道教史上通常形成一種互補關係，或兼糅為一，或轉相發明。葛洪的問題，在於他沒有意識到兩種理論思惟的差別，並有意識地將二者圓化為一體。

　　唐道士吳筠的思想，與葛洪的思想基本上屬於同一種類型，但吳筠意識到了本元與本體的差別，並試圖將二者結合起

3　王明，《抱朴子內篇校釋》，頁282。

來。吳筠著有《玄綱論》，也是道教史上的名篇。《玄綱論·道
德章第一》說：

　　道者何也？虛無之系，造化之根，神明之本，天地之源。
其大無外，其微無內，浩曠無端，杳冥無對。至幽靡察而大明
垂光，至靜無心而品物有方。混漠無形，寂寥無聲，萬象以之
生，五音以之成，生者有極，成者必虧，生生成成，今古不
移。此之謂道也。

　　德者何也？天地所稟，陰陽所資，經以五行，緯以四時，
牧之以君，訓之以師，幽明動植，咸暢其宜。澤流無窮，群生
不知謝其功；惠加無極，百姓不知賴其力。此之謂德也。

　　然則通而生之之謂道，道固無名焉。畜而成之之謂德，德
固無稱焉。嘗試論之，天地人物，靈仙鬼神，非道無以生，非
德無以成。生者不知其始，成者不見其終。探奧索隱，莫窺其
宗，入有之末，出無之先，莫究其朕，謂之自然。自然者，道
德之常，天地之綱也。[4]

　　此所謂道德，是吳筠對於道德本體的感悟。因為感悟，他
堅信道德本體是存在的，其存在性，則因感悟而不證自明。

　　這種感悟，不是關於實體存在的思辯性或者邏輯化的論
證。因為道德本非實體，所以，即使我們能夠探奧索隱，思辯
入微，但最終仍然找不到道德實體的跡象，「莫究其朕」，而只
能歸結為「自然」。

　　從認識論的角度看，歸結為「自然」是一個終止符，意味
著對道德本體作進一步的探究已不可能。這不免要讓人懷疑吳
筠屬於不可知論行列。然而，這不是吳筠感悟的方式。

　　吳筠的感悟方式，是立足於物象世界的固然之理，並由此
推闡道德本體對於物象世界的意義，了證道德本體的存在。物

4《道藏》第二十三冊，文物出版社，1988年。下同，只註頁碼，頁674。

象世界的固然之理包括兩個方面，一是生生不已，二是有倫有序。由此固然之理而推闡道德本體，則本體對於物象世界具有相應的兩重意義，一是通生無匱，二者品物有方。這兩重意義，同時也就是對於道德本體的存在論證明。

但是，道體既屬「虛無之繫」，是一種無形質的存在，又如何能化生出萬物之實有呢？這類問題，可能會困擾住任何一位哲學家--只要他相信萬物的發生有一個開端。吳筠相信那樣一個開端，所以他也必然受到困擾。擺脫困擾可以有不同的思路，吳筠的思路是吸收秦漢以來的元氣論。在《玄綱論·元氣章第二》說：

> 太虛之先，寂寥何有？至精感激而真一生焉，真一運神而元氣自化。元氣者，無中之有，有中之無，曠不可量，微不可察，氤氳漸著，混茫無倪，萬象之端，兆朕於此。於是清通澄朗之氣浮而為天，濁滯煩昧之氣積而為地，平和柔順之氣結而為人倫，錯謬剛戾之氣散而為雜類。自一氣之所育，播萬殊而種分。既涉化機，遷變罔窮。然則生天地人物之形者，元氣也；授天地人物之靈者，神明也。故乾坤統天地，精魂御人物，氣有陰陽之革，神無寒暑之變。雖群動糾紛，不可勝紀，滅而復生，終而復始。道德之體，神明之心，應感不窮，未嘗廢於動用之境矣。[5]

毋庸否認，吳筠關於元氣生成的描述，包含了玄思冥想的成分，即冥想有那樣一個「太虛之先」，作為元氣萌動之前的宇宙狀態。但另一方面我們也應該看到，這種玄思冥想並不是隨意性的，它不但有傳統根據，而且有道教修持體驗方面的獨特背景。

就其概念思惟而言，所謂「至精感激而真一生」，淵源於

5《道藏》第二十三冊，頁674。

《老子》的「道生一」之說，此即其傳統根據。然則，道如何能生一？《老子》蓋未嘗言，而道教結合於內修體驗，演衍頗豐。漢代的河上公注《老子》，有云：

> 道之恍惚，其中有一，經營生化，因氣立質。[6]

五代人彭曉，在所著《還丹內象金鑰匙》一文中，曾這樣描述「真一之精」：

> 夫黑鉛水虎者，是天地妙化之根，無質而有氣也，乃玄妙真一之精，爲天地之母，陰陽之根，日月之宗，水火之本，五行之祖，三才之元。萬物賴之以生成，千靈稟之以舒慘。[7]

大約成書於宋代的《丹經極論》，也同樣將「真一之炁」推度為造化之本元：

> 真鉛未有天地混沌之前，鉛得一而先形。次則漸生天地陰陽，五行萬物眾類。故鉛爲天地之父母，陰陽之本元。（中略）真鉛即真一之炁也。[8]

諸如此類的說法，都採用了內丹家所常用的術語和暗示。內丹家承漢末魏伯陽《周易參同契》之舊說，以鉛汞二藥配坎離二卦，鉛為坎，當北方，配五行為水，生數一，所以「真鉛」與「真一」同義。內丹家對於「真鉛」或者「真一」，歷來自珍為不傳之秘，但又經常性地作些譬喻、暗示，旁敲側擊，等待悟者自悟。

北宋道士張無夢，著《鴻蒙篇》，言內丹事。其說有云：

> 遊玄牝之門，訪赤水之珠者，必放曠天倪，囚千邪，翦萬

---

6 五代道士強思齊，《道德真經玄德纂疏》卷六輯錄，《道藏》第十三冊，頁408。
7 《雲笈七籤》卷七〇，齊魯書社，1988年影印本，頁390。
8 《道藏》第四冊，頁345。

異，歸乎抱樸守靜。靜之復靜，以至於一。一者道之用也，道者一之體也。一之與道，蓋自然而然者焉。[9]

這些說法，在內丹家屬老生常談，只是教外人很少接觸而已。其大旨，是說修煉時入於虛靜狀態，豁落內外，一遍虛漠。虛靜中丹田忽然發熱震動，為一陽來復之象，是丹藥生成之始。這種丹藥，在內丹家看來是父母未生之前的一點真陽，由代代沿續傳遞而來，其最初根源，則在宇宙發生之時，由於有這種修煉體驗和看法，內丹家相信，宇宙有一個發生的端點。吳筠所謂「至精感激而真一生」，即指端點發生而言。

進而言之，由元氣化生萬物，自是物理世界的事，與道德本體又有何關係？這個問題，吳筠的論述中已包含了答案：萬物由元氣化生，生而復滅，終而復始，循環不休，動用不止，「道德之體」即潛運在循環動用之中，「應感不窮」。

同樣的思想，也體現在道教的基本教義中。道教的經書總集是《道藏》，《道藏》按照三洞四輔分類，三洞又各分為十二部，其中的第一部為「本文」。這一套分類方法，由南朝道士陸修靜、宋文明就《靈寶經》的分類問題提出來，此後延用於其他兩洞，並歷代遵守，直至明《正統道藏》。「本文」是宋文明訂立的名目，在他之前的陸修靜，名之曰「本源」。所收經書，起初是《靈寶經》類的《元始五老赤書玉篇真天文書經》，此經的主體屬「雲篆」，是一種符圖化的文字。經稱「本源」或「本文」，有其特殊的意義。如宋文明《靈寶經義疏》說：

第一經之本源，自然天書，八會之文。（中略）是三才之原根，生在立地，開化人神，萬物之根。云有天道、地道、神道，此是謂也。

9（宋）曾慥，《道樞》卷十三《鴻蒙篇》，《道藏》第二十冊。此篇之名蓋曾氏所加，頁674。

同書又就「本文」之義解釋說：

陰陽之分，有三元八會之炁，以成飛天之書，又有八龍雲
篆明光之章也。此三元八會通誦之文者，分也，理也。析二儀
故曰分也，理通萬物故曰理也。諡法：經緯天地曰文。此經之
出，二儀以分，萬物斯理，經緯天地曰文也。[10]

　　這兩段解釋，基本意思相同，意即元氣從混沌一團的狀態
中發生分化時，像雲霧變幻一樣。形成了各式各樣的圖案。這
些圖案，既是元氣始動、天地肇分、萬物發生的實際情形，同
時也反映出天地萬物的發生之理。而符圖化的「雲篆」道經，
則是對那種變化情形的摹寫，所以陸修靜標之為「本源」，宋文
明據意義改稱為「本文」。稱「本源」，是說「雲篆」道經乃天
地萬物的發生之始；稱「本文」，則強調元氣生成中就包含了文
理，亦即天道、地道、神道。兩種名稱的意思是一樣的，但叫
作「本文」更貼切，所以歷代延用。

　　以上是道教將道體論與元氣論結合起來的一些例證。類似
的例證，還可以舉出許多。雖然在思想展開時，有些人側重於
發暢道體之義，有些人側重於冥想元氣生成的所以然之故，但
從總體上看，他們無疑都符合這樣一種思想傾向：宇宙整體發
生發展的全過程，就反映出道體的存在及其意義。換言之，道
體不是脫離萬物大化流行的某種絕對的本體，所以對於道體存
在的感悟，也須從萬物的大化流行出發。

二、道德體用與道體有無

　　不離物而言道，是道教探討道體問題的基本立場。這種立
場，既表現在道體論與元氣論的結合中，也表現在關於道德體

10　敦煌P2256號，引自大淵忍爾《敦煌道經‧圖錄篇》。前一段疑是轉引陸修靜
　　《寶文統錄》之舊說。

用和道體有無的思辯中。

《老子》書分〈道〉、〈德〉二篇。關於這二篇的關係，道教學者主要從這樣三種角度進行理解。其一是有無，如唐初道士孟安排的《道教義樞》說：

道義主「無」，治物「有」病。德義主「有」，治世「無」惑。[11]

其二是始終，如五代道士張薦明的《道體論》說：

道者圓通化始，德者遂成物終。[12]

其三是體用，如北宋道士陳景元著的《道德真經藏寶纂微篇》說：

道者德之體，德者道之用。[13]

這三種角度，運思各有特點，是按照不同的概念思惟，推闡道德本體之根旨。但差異中又具有共同的本質，即發暢道德本體之義，總是相對於物象而言。這種相對性，有隱有顯。從始終的角度講比較明顯，始終是事物生成變化的始終，也即事物發生發展的過程，道德本體就體現在過程之中。從有無和體用的角度講比較隱蔽，但「有」的主體是物，「用」的對象也是物。所以不論從哪個思惟角度出發，道教探賾道德本體問題，都同樣地依傍於物象世界。

唐初道士成玄英，是闡發老莊思想、建構道教重玄學的一代宗師。重玄學是一種高度抽象的思辯哲學，成玄英尤其是抽象思辯的代表。但論及道之本體時，他同樣地立足於物象世界。如說：

---

11 見該書卷一〈道德義〉，《道藏》第二十四冊，頁805。
12 見該書〈論老子道經上〉，《道藏》第二十二冊，頁881。
13《道藏》第十三冊，頁690。

道不離物，物不離道。道外無物，物外無道。用即道物，體即物道。亦明悟即物道，迷即道物。道物不一不異，而異而一。不一而一，而物而道。一而不一，非道非物。非物，故一不一；而物，故不一一也。[14]

內在的思辯性，使這段論述顯得詰屈聱牙，但其思想大旨，卻依然可以看得出來。大旨可以分三層來理解。第一是站在存在論的層面上強調道與物的同一性，因為道物不相離異，所以說凡有物之處即有道存在，反過來也可以說，凡有道之處便有物發生。第二是從體用的角度理解道物關係，就體而言，物之體即是道之體，就用而言，道之用則表現為物之動。第三是從同異的角度剖析道物關係，道之與物，既非全然同，也非迥然異，所以有「不一不異」等種種說法。從這三個層面理解道物關係，可以悟道。悟道者，即物是道（「悟即物道」），而迷者則將道視為物外之物，越追求越乖離。

成玄英即物論道的三層意思，也是道教學者的共同看法，只是角度互有不同而已。南齊時的道門高士顧歡，從有無體用的角度辯議道體，既為後世道教開發了一種致思方向，也顯示了與中國傳統哲學，尤其是與魏晉玄學的思想聯繫。《老子》第十一章，用車轂、埏埴、戶牖為例，說明有與無的關係：「故有之以為利，無之以為用。」顧歡注解說：

利，益也。轂中有軸，器中有食，室中有人，身中有神，皆為物致益，故曰「有之以為利」也。然則，神之利身，無中之有，有亦不可見，故歸乎無物。神為存生之利，虛為致神之用。明道非有非無，無能致用，有能利物。利物在有，致用在

---

14 五代道士強思齊，《道德真經玄德纂疏》卷六輯錄，《道藏》第十三冊，頁407。

無。無謂清虛，有謂神明。而俗學未達，皆師老君，全無為之道。道若全無，於物何益？今明道之為利，利在用形；無之為用，以虛容物故也。[15]

這段注解，與鍾會的《老子注》大旨相近。鍾會說：

舉上三事，明有無相資，俱不可廢。故有之以為利，利在於體；無之以為用，用在於空。故體為外利，資空用以得成，空為內用，藉體利以得就。得利用相藉，咸不可亡也。無賴有為利，有藉無為用，二法相假。[16]

鍾會是魏晉之際的玄學家，在王弼之後，郭象之前。其「有無相資」的思想，歷史地看是玄學發展的一個思想環節。玄學從王弼之「貴無」論到郭象統合有無之「獨化」論，中間大抵經歷了「有無相資」的思想過渡。但由於鍾會的著作久佚，而且郭象的「獨化」論玄學體系，是通過注解《莊子》建立起來的，所以研究者很少注意到他與前期《老子》注的思想聯繫。顧歡也通過注解《老子》，闡發自己的思想，其思想與鍾會的相通處，則比較注文可以明顯地看出來，都強調道在有無之間，而有與無又不能截然割裂。但顧歡畢竟傳授過道教上清派的經誥，具有修持煉養的宗教體驗，所以他對有無體用之理，取用身體與精神的關係作譬喻。精神無形質可見。但屬身體所固有，亦猶道雖無形可見，但屬物象中所固有。這種譬喻，也是道教注重感受和體悟的表現。

繼顧歡之後，南梁時的孟智周、臧矜等義學道士，也盛談道德體用和有無體用之義。其說可見於《道教義樞》引錄：

有無體用者，孟法師云：「金剛火熱，水濕風輕，若此之

---

15 舊題〈吳郡徵士顧歡述〉，《道德真經注疏》卷一，《道藏》第十三冊，頁282。
　　案此書係唐道士集注本而誤題，其中引錄「顧曰」當出顧歡《老子義疏》。
16 （宋）李霖，《道德真經取善集》卷二，《道藏》第十三冊，頁856。

徒，以有爲體。無爲豁然，體不可立，借理顯相，以寂然無形爲體。」[17]

又引臧矜之說云：

道德一體，而其二義，一而不一，二而不二。不可説其有體有用，無體無用。蓋是無體爲體，體而無體。無用爲用，用而無用。然則無一法非其體，無一義非其功也。尋其體也：離空離有，非陰非陽，視聽不得，搏觸莫辯。尋其用也：能權能實，可左可右，以小容大，大能居小。體即無己，故不可以議；用又無窮，故隨方示見。[18]

這兩段論述，基本思想一致，大要都在於強調對於道體存在的感悟，要契入事物之理，而非滯於物象。其中「借理顯相」一句，概括尤精，意即道只是物象之理，因為物物皆具其理，我們就能感悟到各種物理背後的道存在。道是各種物理的總根源，物理則是道體存在的顯現或表象。

從邏輯上說，孟智周、臧矜是首先預設有那樣一種道體存在，然後將各種物象之理歸結為它的顯現。這種思想邏輯，具有將道實體化的傾向。但另一方面，道終究不是實體，所以又須對其存在作「離空離有」之類的界説。悟時信其有，尋之反為無，這種抽象思惟的困境，可能是致思本體的問題時通常都會出現的。為了擺脱這重困境，隋唐時的重玄學者就道體有無問題，展開過相當繁複的思辯。[19]但由於從某種意義上說，困境本身就是由思辯製造出來的，所以思辯並不能提供最終的出路，而只能還原為個體生命的直接感悟。

---

17 〈有無義〉《道教義樞》卷十，《道藏》第二十四冊，頁835。
18 《道教義樞》卷一，《道藏》第二十四冊，頁804。
19 詳拙著《中國重玄學》，人民中國出版社，1993年。

三、攝跡歸本與返本還元

道教的道體論，由推闡道家思想而來。宏觀地看，從道家
到道教關於道體或者道德本體的各種闡述，根旨都在於發明天
地萬物的自然本理，用作治國和修身的依據。自然本理是一
體，治國修身乃二用，所以道家道教的道體論，也可以說就是
一種明體達用之學。明體與達用，從邏輯上看有先後，而在實
際運思中則相互啟沃，難分軒輊。因為道家道教的思想，本沒
有主客二元的設定，對於道體的解悟，通常是現實觀察與歷史
反思相結合，外觀與內省相印證，合古今內外，而進入一種
「滌除玄覽」、「虛室生白」式的冥想，所以明體中就包含了達
用，而達用也被作為明體的一條途徑。

在許多道教的思想家看來，道教之所謂教，本質上就是道
體之應用。金元之際的郝大通說：

> 教者道之所以生也。道本無名，強名曰道；教本無形，假
> 言顯教，教之精粹，備包有無。故以無言之存乎道體，以有言
> 之存乎器用。體之以為無，用之以為利。[20]

因為道與教本質上就是體與用的關係，所以信教從教的旨
趣，就正在於體道或修道。體道或修道，道教中也通常稱作攝
跡歸本、返本還元、反樸歸真等等。復歸的歸宿即是道體，道
教以為這樣便能掃落種種蔽障，再現出與道同質的本真之我。

復歸於道體是道教修持的根本綱領。圍繞這個綱領，形成
了紛繁複雜的修行方術，並且演衍出各種義理詮釋。歸結其大
旨，則主要在修命和修性兩個方面。

所謂修命，簡單地說就是按照自然本理進行攝養。關於這
方面，內丹法是其主流。內丹有道與術兩個層面，術是操作方
法，本文略過不談，道則是內丹的基本原理，淵源於《周易參

20〈周易參同契簡要釋義序〉《太古集》卷一，《道藏》第二十五冊，頁868。

同契》。宋道士陳顯微的《周易參同契解》說：

> 大道形於造化而造化至推窺測也，苟能窺造化而測其機，
> 則能探道妙而盜其用。（中略）於是仰觀俯察於天地之間，而
> 顯造化之妙用者，莫大乎日月；旁求於經書之中，而載造化之
> 妙理者，莫出乎易卦。而又將日月往來盈虧之跡，校易卦爻畫
> 變動之理，莫不相參而一致，是則《參同契》所由作也，謂參
> 大易之理，同造化之妙，契大丹之道也。[21]

　　此雖一例，但卻是內丹家的通見共識。按照內丹家的看
法，道體無體，只顯現在天地造化之中，造化是道體之功用。
效法其功用，掌握造化之匙，就能與道體合真。正是在這個意
義上，內丹家普遍地推崇《周易參同契》，以為它揭示了天地造
化的秘奧。也同樣是在這個意義上，內丹家強調說：「還丹不
依天道，必無成理。」[22]

　　效法道體之用，或者說符契造化之機，大要在三個方面。
第一是將人體看作與天地宇宙相同的體系，即以人體為「小宇
宙」，由自身的生命現象和精氣運行，體驗天地造化之理，這在
內丹術語中，就叫作「安爐立鼎」。第二是仿照一定時限內，例
如一日、一月或一年的陰陽消長，調伏自身的精氣循環。陰陽
消長的徵象有寒暑交替、冷暖往復、月象盈虧等，對應於修煉
體驗則是精氣的動靜循環，這在內丹術語中，就叫作「火候法
度」。第三是在修煉中感受自身元氣的存在，唐道士作《元氣論》
說：「生命之根，元氣是矣」。[23]宋張伯端作《悟真篇》說：
「勸君窮取生身處，返本還元是藥王。」[24]指的都是入靜時所感
受到的丹田氣功，而這在內丹術語中，就叫作「藥物生成」。

21《道藏》第二十冊，頁275。
22 宋代道士作，《龍虎手鑒圖》，《道藏》第三冊，頁116。
23《雲笈七籤》卷五十六，齊魯書社，1988年影印本，頁309。
24《道藏》第二冊，頁918。

　　將以上三個方面有機地結合起來，進行修煉，便是內丹修命的體驗，同時也就是對於造化之理亦即道體的體驗。張伯端的《悟真篇》中有這樣一首詩：

　　恍惚之中尋有象，杳冥之內覓眞精。
　　有無由此自相入，未見如何想得成。[25]

　　這既是一首內丹詩，也是一首體道詩。所謂「尋有象」、「覓眞精」，都是化用《老子》的說法。《老子》第二十一章說：「道之為物，惟恍惟惚。惚兮恍兮，其中有象；恍兮惚兮，其中有物。窈兮冥兮，其中有精。其精甚真，其中有信。」張伯端的詩，以內丹修煉能感受到元氣，亦即感受到生生不息的造化之機，自無形而生有象，體悟到有無相契合的至道本體存在，所以批評偏執思辯的玄思冥想。這類詩詞作品，自唐五代內丹道以至金元全真道，不乏其例。張伯端的《悟真篇》，是內丹道的經典之作，很有代表性。僅舉其詩一例，便可見道教對於道體存在的領悟，除思辯的一面之外，還有擺脫思辯而還原為直接本驗的另一面。

　　對於道體存在的直接體驗，同時也就是道教修性的根本內容。關於心性修養，自南北朝以降道教便敷陳甚盛。但由於其中吸收了儒學和禪宗的一些說法。研究者耽玩名相，以至主流認識不清，特色甄辨不明。其實，道教的心性學自成一體，對其他思想流派的思想雖有所吸收，但非為附麗，而與它自身的道體論、元氣論以及體道論、修養還元論，一一若合符節，從而形成自身的主體性。關於這個問題，本文不遑詳論，僅可粗陳其大義[26]。

　　粗略地講，道教心性修養的要義，在於將對自然造化之

25《道藏》第二冊，頁938。
26 拙稿《道教哲學》就這個問題略有敘論，稿付華夏出版社，。

理，對道德本體的認知活動，內化為心靈根性的體驗活動，以此達到與道體冥合的精神境界。

　　大約從南北朝末開始流傳的《內觀經》，是一部專談心性修養的道教經典。此經談修養，立足於內觀身心性命之由來，歸趣於清虛明淨而體道。如說：

　　天地構精，陰陽布化，萬物以生。承其宿業，分靈道一，父母和合，人受其生。（中略）所以謂生有由然也，子內觀之歷歷分也。

　　諦觀此身，從虛無中來，因緣運會，積精聚氣，乘業降神，和合受生。法天象地，含陰吐陽，分錯五行，以應四時。

　　從道受生謂之命，自一稟形謂之性，所以任物謂之心，（中略）所以通生謂之道。道者，有而無形，無而有情，變化不測，通神群生，在人之身，則為神明，所謂心也。所以教人修道則修心也，教人修心則修道也。

　　按照這些說法，人的身心性命雖得之於父母，但更根本的來由，卻是天地陰陽之大化以及通生無匱之道體。人生天地間，受陰陽陶鑄而有形體，至於人的生命靈性，則稟受道一而來。一即《老子》所謂「道生一」之一。道在人身中的體現。就是由心體所生發出的神明，所以說修心即是修道。

　　修心的根本方法，在於清虛明淨，遣蕩塵俗的各種沾染，還其稟道始初的本來面目，此即經中所謂「始生之時，神源清淨，湛然無雜」。這種修養，《內觀經》列有虛心、無心、定心、正心、清心、淨心諸名目。修養的結果，則曰心直、心平、心明、心通。達到了這重境界，就能夠「生道合一」。生命與道體合而為一，既是復歸本元，也是肉身成道。

　　唐道士司馬承禎的《坐忘論》，也專談體道修性之事，並且傳為歷史名篇，唐宋時深受教內外人士讚賞。其論旨，與《內

觀經》大體相近似。如說：

　　原其心體，以道爲本。但爲心神被染，蒙蔽漸深，流浪日久，遂與道隔。若淨除心垢，開識神本，名曰修道。無復流浪，與道冥合，安在道中，名曰歸根。[27]

　　修養心性亦即修道的旨趣，在於歸根返本，根本即道體。道體有虛通不滯、順適自然等義，修道便是在這些意義上達到與道體的冥合。

　　金元時的全真道，更明確地將自全性命本真作為立教宗旨。元代全真道士姬志真，有《滿庭芳・全真》詞，詠味其旨趣云：

　　全本無虧，眞元不妄，從來何少何多。靈源互古，天地與同科。奈染諸緣萬境，生情識，招致群魔。難超越，虛生浪死，苦海任奔波。聰明求出離，回機一念，決證無何。勘元初本有，些子淆訛，應現頭頭。總是分明在，依舊山河。高懸鑒又還打破，拍手笑呵呵。[28]

　　「真元」或曰「元初本有」，也就是自然性命的本來面目，它如同天地一樣，發源於至道本體，自古以固存。所謂全真，簡言之也就是復歸於「真元」，復歸於至道本體。

　　全真道的心性修持，有較明顯的頓漸之分。頓法即打破高懸鑒，當下便是道體。漸法則體天地之道而行之，如全真教祖王重陽說：

　　夫人之一身，皆具天地之理。天地所以含養萬物，萬物所以盈天地間，其天地之高明廣大，未嘗爲萬物所蔽。修行之人，凡應萬事，亦當體之。[29]

27《道藏》第二十二冊，頁893。
28《雲山集》卷五，《道藏》第二十五冊，頁398。
29《重陽眞人金鎮玉關訣》，《道藏》第二十五冊，頁798。

體天地之道而行，也即馬丹陽所謂「常處無為清淨自然之理」。[30]這種心性修持，質而言之即是將對於自然之理、對於道德本體的認識活動，內化為心靈根性的體悟活動，在靈魂深處達到與道體的冥契合一。作為一種精神境界，則如明初道士趙宜真的《警學偈》云：

道人唯道即為身，幻假形骸未是親。色見聲求難覓我，更論年甲愈迷真。[31]

趙宜真既是全真道教徒，又是淨明道派的嗣師，其說頗具代表性。這首偈的意思甚明顯，就是以體道為「真我」，超越有各種局障的現實之我。

以上就道教的本體論思想所作的梗概敘述，雖然只是隨意示例性的，但從中也可以看出這樣幾點。

首先，道教的本體論或道體論，時常都與元氣生成論緊密地結合在一起，形成一種互證互補的關係。這樣兩種理論思惟的結合，使道教不站在純粹存在論的層面上探討本體問題，而是試圖把握宇宙發生發展的全過程，來體悟道體的存在，以及意義。

其次，道教史上，也曾有學者就道體的存在問題，展開過相當繁複的邏輯思辯，但思辯道體之有無，總是相對於物象世界而展開的，認為道體即存在於物象世界之中，不離物而言道，所以其道體不是絕對的本體。

最後，不離物而言道，奠定了道教體道論的思想前提。其體道論之大意，在於將自我以及天地萬物都看作道德本體的顯現或載體，由對於自我性命根源的直接體驗、悟達道源，超越有局障的現實之我，復歸與道合一的「真我」。

30《丹陽真人直言》，《道藏》第三十二冊，頁155。
31《原陽子法語》卷下，《道藏》第二十四冊，頁86。

基督教觀點

李秋零（中國人民大學哲學系 教授）

一、無中創有

「世界從何而來」，這是一個幾乎所有宗教都必須並且力圖做出回答的問題。基督教產生自猶太教的一個小宗派。在形成的過程中，它一方面繼承了猶太教的經典，這就是它聖經的前半部分—舊約；另一方面它也形成了自己的經典，這就是它聖經的後半部分—— 新約。舊約開篇伊始，就是回答「世界從何而來」這一問題的〈創世紀〉。

基督教所信奉的是獨一真神耶和華上帝。上帝是永恒的存在。世界則是上帝的造物。據〈創世紀〉所說，太初時候，上帝用六天時間創造了天地、日月星辰、花草樹木、鳥獸蟲魚等萬物，並在最後照著自己的形象創造了人。到了第七天，上帝造物之工已經完成，就在這天歇息了。上帝由於是世界的創造者，同時也就是世界的主宰。

〈創世紀〉是猶太民族的神話。它用樸素的語言描述了猶太民族關於世界起源的傳說，其中尚缺乏明晰的邏輯反思。這也就給種種不同的解釋留下了餘地。當猶太教、特別是基督教走出巴勒斯坦的狹窄領域，開始與以明晰的邏輯思惟為特徵的古希臘羅馬文化接觸的時候，就衍化出一系列神學問題。而最核心的問題是，上帝是用什麼創造了世界的？

如果答案是上帝用某種東西創造了世界，那麼勢必產生一個追問，即這「某種東西」是不是上帝的造物？如果回答說「不是」，就會出現不是上帝創造、與上帝同樣永恒的東西，這東西就會限制上帝的的無限性、絕對性，與基督教關於上帝的唯一性和全能的教義發生衝突，從中產生二元論的結論。如果回答說「是」，問題並沒有得到解決，人們還會問：上帝是用什

麼創造這「某種東西」的？

對於基督教來說，答案是必然的，也是唯一的，即上帝是從無中創造這個存有的世界的。

首先，上帝創造世界沒有藉助任何他之外、不是由他創造的工具或手段。基督教最負盛名的神哲學家奧古斯丁說：「你也不是手中拿著什麼工具來創造天地，因為這種不由你創造而你藉以創造其他的工具又從哪裡得來的呢？」[1]按照聖經的說法，上帝是藉著靈（聖靈）和話語（聖言、邏各斯、道）創造世界的。上帝創造天地時，「上帝的靈運行在水面上」。[2]「靈」這個詞的希伯來文原意是「空氣」，其存在形態為自然界的風和動物的呼吸，進而引申為活力。當把這個詞運用於上帝時，已經失去了物質的屬性，成為一種純精神的力量。至於話語，聖經中說：「上帝說，要有光，就有了光」。[3]以下的創造也都以「上帝說」為開端。這意味著上帝是藉著他的話語進行創造的。所以奧古斯丁說：「因此你一言而萬物資始，你是用你的『道』—— 言語——創造萬有。」[4]但這裡的道絕不是靠物質的振動發出聲音的說話。「如果你創造天地，是用一響即逝的言語說話，如果你真的如此創造了天地，那麼在天地之前，已存在物質的受造物，這受造物暫時振動，暫時傳播了這些話。可是在天地之前，並沒有任何物體，即使有，也不是用飛馳的聲音創造的，而是利用它來傳播飛馳的聲音，藉以創造天地。形成聲音的物體，不論是怎樣，如果不是你創造，也絕不存在。」[5]「這『道』是『和你天主同在』的天主。」[6]在從猶太教接受的舊約

---

1 奧古斯丁，《懺悔錄》第十一章，第五節。
2 〈創世紀〉1：2，以下除特別說明外，均據中文版和合本。
3 〈創世紀〉1：3。
4 奧古斯丁，《懺悔錄》，第十一章，第五節。
5 奧古斯丁，《懺悔錄》，第十一章，第六節。
6 奧古斯丁，《懺悔錄》，第十一章，第七節。

中，靈和話語還都只是依附於上帝的，靈是上帝的大能，而話語則是上帝說出的。而到了基督教的聖經新約，特別是〈約翰福音〉，靈和話語獲得了一種實體性的存在。但這種實體性的存在並不是上帝之外的存在，而是與上帝同在的存在。〈約翰福音〉說：「太初有道，道與上帝同在，道就是上帝。這道太初就與上帝同在。萬物是藉著他造的。凡被造的，沒有一樣不是藉著他造的。」[7] 這道又成了肉身，也就是上帝的獨生子耶穌基督。所以道也就是聖子。基督教不僅繼承了猶太教關於上帝藉著道創造世界的說法，又進一步明確宣佈道（聖子）就是上帝，聖靈也就是上帝。於是，在嚴格的一神論框架內，就出現了基督教的聖父、聖子、聖靈三位一體的獨特教義。聖父、聖子、聖靈三位都是神，但並不是三個神，而是一個神。據此，上帝是藉著他自己創造世界的。

其次，上帝創造世界沒有使用任何材料。〈創世紀〉在這一問題上的說明是模糊的。〈創世紀〉說道：「起初上帝創造天地，地是空虛混沌，淵面是暗」。[8] 這段話在美國聖經公會的《新修訂標準版》（New Revised Standard Version）中是這樣翻譯的："In the beginning when God created the heavens and the earth, the earth was a formless void and darkness covered the face of the deep"。在這裡，"a formless void"指的是什麼？它似乎不應是絕對的虛無，否則 "formless" 一詞就是多餘的，而且下文又提到了 "the face of the deep"。那麼，它是古希臘哲學家亞里士多德所說的不具任何形式的（formless）純質料嗎？如果回答是肯定的，那它是上帝的造物，還是上帝創世所用的材料？如果是前者，則聖經並未指明，甚至給人的印象往往還是相反的；而如果是後者，則至少

---

7 〈約翰福音〉1：1-4。

8 〈創世紀〉1：2。

這材料不是由上帝所創造的，上帝所創造的只是物質形式，如亞里士多德所說的那樣，是賦予質料以形式。隨著神學思惟的進一步發展，這一問題引起了神學家們的注意。奧古斯丁在這一問題上的觀點具有奠基性的意義。在奧古斯丁看來，上帝「只能從空無所有之中創造天地」。所謂「地是空虛混沌，淵面黑暗」，指的就是「未賦形，還近乎空虛，不過已經具備接受形相的條件」的物質，即質料。它是上帝最初的造物。上帝「從空虛中創造了近乎空虛的、未具形相的物質，又用這物質創造了世界，創造了我們人的子孫們所讚嘆的千奇萬妙」。[9]至於上帝所賦予物質的形相，即形式，則是永恒地存在於上帝裡面的「理念」，其總和就是與上帝同在的邏各斯，即聖言、道。奧古斯丁尤其強調，上帝創造世界也不是在時間與空間中進行的。因為時間與空間都是上帝的創造物，在上帝創造之前，根本沒有時間與空間的存在。就空間而言，上帝「創造天地，不是在天上，也不在地上，不在空中，也不在水中，因為這些都在六合之中。」上帝「也不在宇宙之中創造宇宙，因為在造成宇宙之前，還沒有創造宇宙的場所。」[10]就時間而言，面對異教徒「上帝在創世之前做些什麼」的提問，奧古斯丁提出，上帝「是一切時間的創造者」，上帝「在一切時間之前，而不是在某一時間沒有時間」。[11]因此不是創造發生在時間之內，而是時間存在於創造之內。奧古斯丁的這種「無中創有」說，從此成為基督教神哲學的主流。

再次，既然上帝是藉著自身從無中創造世界的，那麼，上帝是從他自身中創造世界的嗎？對這一問題的回答比較複雜，在基督教神哲學內部長期存在著不同的觀點。早在基督教神哲

---

9 奧古斯丁，《懺悔錄》，第十二章，第八節。
10 奧古斯丁，《懺悔錄》，第十一章，第五節。
11 奧古斯丁，《懺悔錄》，第十一章，第十三節。

學形成之際，新柏拉圖主義者普洛提諾曾提出一個被後世稱之為「流溢說」的體系。普洛提諾認為萬物的本原是無規定的、自足自有的、超越一切存在的「太一」，世界是從太一流溢出來，而不是由太一創造出來的。太一如同無限的噴泉，從中噴湧出水流，但無限的水源永不枯竭。太一如同太陽，從中輻射光芒，而自身毫無損失。太一流溢的過程分為三個階段，即從太一流溢出心智，從心智流溢出靈魂，從靈魂又流溢出物質。物質離太一最遠，沒有太一的痕跡，沒有形式、性質，是絕對的貧乏，是邪惡的基質。這種學說深刻地影響了基督教神哲學的形成。基督教早期最重要的異端之一諾斯替教派（諾斯替教派是一個非常複雜的宗教和哲學流派，自身又分化為許多各自不同、相互獨立的小宗派，其中有基督教的，也有非基督教的）就主張，至高無上的神由於其自身充滿著存在，而不得不把存在向外流溢，從而產生了一系列的神靈存在物。在這些神靈中，那離神越遠的，在善良的程度上就越減少。而那最後的、最低的、最少善良的、最不完全的神靈創造了邪惡的物質和以此為主要組成部分的世界。這樣的物質是邪惡的，與至善的上帝形成了相互排斥互不相容的兩元。而另一些基督教神哲學家則從新柏拉圖主義出發，採用寓意解經法，認為上帝創世並不是工匠製作意義上的創造，上帝是一切事物的本原，上帝從自身的完滿中流溢出世界萬物。在這種意義上，上帝就是全體，上帝在自身中已經包含著一切。一切都在上帝之中，上帝也在一切之中，上帝就是一切。世界萬物都是從上帝流溢而出，因此都具有上帝的神性。這樣的神學觀點被稱作是萬有在神論。但這種觀點如果發展到極端，就會得出「上帝就是自然，自然就是上帝」的泛神論結果。這是教會的正統神學所不能容許的。正統基督教教義認為，世界不是由上帝從自己的本體產生的，而是由上帝從虛無中創造的。而物質在本質上是好的，因

為它是上帝創造的。當上帝創造它的時候，上帝看著它是好的，而且是甚好的。但物質的好（善）與上帝的至善相比，只能說是相對的好，甚至是不好。奧古斯丁指出：「你創造天地，並非從你本體中產生天地，因為如果生自你的本體，則和你的『獨子』相等；反之，凡不是來自你的本體的，也絕不能和你相等。但除了你三位一體、一體三位的天主外，沒有一物可以供你創造天地。因此，你只能從空無所有之中創造天地，一大一小的天地；由於你的全能和全善，你創造了一切美好：龐大的天和渺小的地。」[12]「因此，是你，主，創造了天地；你是美，因為它們是美麗的；你是善，因為它們是好的；你實在，因為它們存在，但它們的美、善、存在，並不和創造者一樣；相形之下，它們並不美，並不善，並不存在。」[13]

最後，上帝創世的活動是否完成？按照聖經的說法，上帝在六天之中完成了造物之工。他創造萬物，使萬物各從其類，都有其獨立的存在，而且他為萬物制定法則，使萬物根據他的命令可以自動地運行。聖經的這種說法曾成為近代自然神論的依據。自然神論認為上帝在創造世界和自然規律之後，就不再干預世界上的事，而任自然規律來支配一切。這種觀點當然遭到了正統神學的反對。實際上，奧古斯丁就已經批判過這樣的觀點。他說：「你的『道』既然常生常在，永永無極，則無所謂逝，亦無所謂繼，你用了和你永恆同在的『道』，永永地說著你要說的一切，而命令造成的東西便造成了，你唯有用言語創造，別無其他方式；但你用言語創造的東西，既不是全部同時造成，也不是永遠存在。」[14]隨著自然科學的發展，特別是達爾文發表《物種起源》，提出進化論之後，基督教神學內部曾發生

---

12 奧古斯丁，《懺悔錄》，第十二章，第七節。
13 奧古斯丁，《懺悔錄》，第十一章，第四節。
14 奧古斯丁，《懺悔錄》，第十一章，第七節。

圍繞如何理解創世說的爭論。基要主義根據「聖經文字靈感說」，堅持必須按照聖經的字句來信仰，反對接受進化論。但也有一些神學家認為，聖經所說的六天創世，可理解為六個階段，這樣〈創世紀〉所說的創造過程和進化論的描述就基本吻合了。而在現代神學中，則出現了「持續創造」的說法，例如現代過程神學的懷特海等人強調，創造是一個無窮演變的過程。現代新教神學家卡爾・巴特認為，創造以及創造之後的事並不是兩件不同的事，上帝的安排就是人類和世界的保存和管理，這也同樣是一種創造，就是持續的創造。上帝在創造之後，繼續藉著他的靈活和話語不斷地和世界發生關係，以保證世界的長存。現代天主教神學家德日進則認為，上帝的創造不是在歷史上的某一特定時間裡一次性地完成，而是貫穿於宇宙進化演變的整個過程中，宇宙的進化和人類的歷史發展，都是上帝創造的體現。這也意味著，上帝在創造之後並沒有「遜位」，而是繼續管理著他創造的這個世界。這個世界上所發生的一切，都是上帝意旨的體現。因此，上帝創造世界，是一個永恒的過程。

二、上帝實在

對於早期基督教來說，上帝的實在是一個自明的事實，根本用不著人的證明。上帝是世界萬物的創造者，是世界萬物存在的根據和保證，受到希臘哲學影響的教父哲學還用哲學的術語稱上帝是「理念的理念」，「形式的形式」，具有最高的現實性，是唯一真正的現實。上帝創造的世界萬物也是存在的，但與上帝的存在相比，由於它們的存在依賴於上帝的存在，因而不是一種真實的存在，甚至只能說是一種虛無。因此，無論是聖經還是早期的教父哲學，都沒有給自己提出證明上帝存在的任務。聖奧古斯丁所關心的，僅僅是如何通過心靈的修養找到上帝。

　　十一世紀以降，由於卡洛琳王朝所倡導的文化復興運動的影響，歐洲的理性主義重新抬頭，一些神學家開始注重用理性的邏輯方法論證神學教義，在此基礎上逐漸形成了一個新的神哲學形態，即經院哲學。證明上帝存在的任務也就是在這個階段提出的。

　　用理性證明上帝存在的首創者，是在西方思想史上被人看作「最後一位教父和第一個經院哲學家」的安瑟爾。他的論證被後世稱之為「本體論的證明」。這種證明的實質，就在於認為上帝的存在是一個自明的、必然的真理，否認上帝的存在必然導致邏輯上的自相矛盾。因而證明上帝的存在不需要藉助有限的經驗事實，而只需要藉助先驗的邏輯力量，僅僅從概念就可以推演出上帝的存在。安瑟爾謨引用聖經經句「愚頑人心裡說，沒有上帝。」[15]進行論證，認為愚頑人心裡說到「上帝」的時候，他明白自己所指的是一個「可設想的無與倫比的偉大存在者」，也就是說，一個「可設想的無與倫比的偉大存在者」即上帝是存在於他的思想中的。但安瑟爾接著又區分了「心靈中的存在」和「現實中的存在」，認為「還有一種不可設想的無與倫比的偉大的東西，它就不能僅僅在心中存在，因為，即使它僅僅在心中存在，但是它還可能被設想為也在實際上存在，那就更偉大了」。這也就意味著，真正「無與倫比的偉大存在者」不能僅僅存在於思想中，而是必須也同時存在於現實中，因為若不然，就會有一個既存在於思想中也存在於現實中的存在者比它更偉大。這是自相矛盾的。「所以，如果說那種不可設想的無與倫比的偉大的東西，只有在心中存在，那麼，凡不可設

15　〈詩篇〉14：1。
16　安瑟爾謨，《宣講》第二章。
17　安瑟爾謨，《宣講》第三章。
18　高尼羅，《為愚人辯》第五章。

想的無與倫比的偉大的東西，和可設想的無與倫比的偉大的東西，就是相同了。但是，這明明是不可能的。所以，毫無疑問，某一個不可設想的無與倫比偉大的東西，是既存在於心中，也存在於現實中。」[16]如果要否認上帝在現實中的存在，勢必陷入邏輯上的自相矛盾。「上帝的存在，是那麼真實無疑，所以甚至不能設想它不存在。某一個不能被設想為不存在的東西，既是可能被設想為存在的，那麼，這個存在就比那種可以設想為不存在的東西更為偉大。所以，如果那個不可設想的無與倫比的偉大東西可以被設想為不存在，那就等於說『不可設想的無與倫比的偉大東西』和『可以設想的無與倫比的偉大東西』是不相同的，這是荒謬的說法。因此，有一個不可設想的無與倫比的偉大東西，是真實存在，這個東西，甚至不能被設想為不存在。而這個東西就是你，聖主啊，我的上帝。」[17]

安瑟爾的證明方式提出不久，就遭到了隱修士高尼羅的批駁。高尼羅認為，當愚頑人說「沒有上帝」時，只不過說明他理解「上帝」這個概念的意蘊，但不能說上帝已經存在於他心中。即便能說上帝已經存在於他心中，存在於他心中的也未必就存在於現實中。「假如有某一個甚至不能用任何事實來設想的東西，一定要說它在心中存在，那麼，我也不否認這個東西也在我心中存在。但是，從這事實，我們卻萬萬不能得出結論：這個東西也存在於這現實中。所以，除非另有確切無疑的證明，我絕不承認它是真實地存在著。」因為說有一個既存在於思想中也存在於現實中的存在者比一個僅僅存在於思想中的存在者更偉大，實際上已經預先斷定有一個既存在於思想中也存在於現實中的存在者。因此，「要證明上述東西在現實中存在，你首先必須證明這一個無可比擬的偉大東西確確實實地存在於某處，然後從它比一切事物都偉大這一事實，說清楚它自身也是潛存著的」。[18]就像不能用具有海上仙島的概念來證明仙

島確實存在一樣，最偉大的東西也未必不能被設想為不存在。

當然需要指出的是，高尼羅絕不是一個無神論者，他所否定的也絕不是上帝的存在，而是安瑟爾對上帝存在的本體論證明。然而，安瑟爾則認為，本體論證明僅僅適用於上帝的存在，因為只有上帝才是「無與倫比的偉大存在者」。而一個海上仙島，無論怎樣設想它的富饒和完美，都不能說它的概念中已經包含了必然的存在。因此，高尼羅從海上仙島這樣的有限事物出發來反對關於無限事物的證明，在安瑟爾看來是邏輯上站不住腳的。安瑟爾的反駁，的確抓住了高尼羅的要害，因此在此之後，安瑟爾的本體論證明仍為笛卡爾、萊布尼茨、黑格爾等哲學家所欣賞和運用。不過，高尼羅要求安瑟爾「另有確切無疑的證明」，要求他「首先證明這一個無與倫比的偉大東西確確實實地存在於某處」，卻無疑在呼喚著證明上帝存在的一種新方式，即經驗的方式。

這一任務是由基督教歷史上最具影響力的神哲學家托馬斯·阿奎那完成的。此期歐洲理性主義的復興，不僅提高了邏輯的地位，而且也同樣提高了經驗和事實的地位。特別是亞里士多德哲學的重新傳人，更進一步促進了這一過程。亞里士多德哲學與基督教神學的結合，促成了托馬斯·阿奎那神哲學的形成。證明上帝的存在，是托馬斯神哲學的一項重要內容。托馬斯認為，上帝的本質已經包含著存在，但這只是一個信仰的事實，對於理性來說卻不是一個自明的真理，對此必須加以證明。不過，像安瑟爾謨那樣從純粹概念推論出存在是不符合邏輯的。上帝的存在是確鑿無疑的事實，但上帝本身是我們無法認識的，因而對上帝不能作先天的證明，而只能做後天的證明，即從結果去證明原因，從上帝的創造物去證明上帝的存在。對此，托馬斯作出了經典的解釋：「因為結果同其原因相比，顯然我們更容易認識結果，所以我們往往通過結果來認識

原因。任何結果，只要我們越認識它，就越能推論其原因。因為結果淵源於原因，有果必定先有因。所以，上帝的存在，從上帝本身我們是無法認識的，但是，我們可以通過認識到的結果加以證明」。[19]這一點，與新約的思想也是吻合的。〈羅馬書〉中說道：「自從造天地以來，上帝的永能和神性是明明可知的，雖是眼不能見，但藉著所造之物，就可以曉得，叫人無可推諉。」[20]

在《神學大全》中，托馬斯一共提出了五種證明：（1）事物的任何運動都是由在它之前的另一個運動引起的，推論下去，最後必然追溯到一個不受其他事物推動的第一推動者；（2）任何事情都以另一事物為動力因，因此，必然有一個最初的動力因；（3）任何事物都是從其他事物獲得其存在和必然性，由此推論下去，必定有一種東西，它自身就是必然的，同時又能賦予其他事物以必然性和存在的理由；（4）事物都在不同的程式上具有良好、真實、高貴等品性，其標準就在於它們與最好、最真實、最高貴的東西接近的程度。因此，世界上必然有一種東西，作為世界上一切事物得以存在和具有良好以及其他完美性的原因；（5）世界上的一切事物都是和諧的，有秩序的，彷彿是有目的的安排。之所以如此，是由於受到某一個有知識的智慧的存在者的指揮。綜合上述推論，就可以得出一個必然的結論，即上帝是存在的。[21]

托馬斯的五種證明，又稱通向上帝的五條路徑，其前四種顯然是援引並改造了亞里士多德關於運動與變化、原因與結果、潛能與現實的學說，實際上是根據亞里士多德的「無限後退不可能」原則所做出的邏輯結論。由於這些證明是從宇宙間

---

19 托馬斯，《神學大全》，第一集，第一部，第二題，第二條。
20 〈羅馬書〉1：20。
21 托馬斯，《神學大全》第一集，第一部，第二題，第三條。

的具體事物出發的，因而被稱作「宇宙論的證明」，其中，第
一、二、三種證明方式被看作是最典型的。此處且舉第二種證
明方式為例。托馬斯的證明如下：「在現象世界中，我們發現
有一個動力因的秩序。這裡，我們絕找不到一件自身就是動力
因的事物。如果有，那就應該先於動力因而存在，但這是不可
能的。動力因，也不可能推溯到無限，因為一切動力因都遵循
一定秩序。第一個動力因，是中間動力因的原因；而中間動力
因，不管是多數還是單數，總都是最後的原因的原因。如果去
掉原因，也就會去掉結果。因此，在動力因中，如果沒有第一
個動力因（如果將動力因作無限制的推溯，就會成為這樣情
況），那就會沒有中間的原因，也不會有最後的結果。這是顯然
不符合實際的。因此有一個最初的動力因，乃是必然的。這個
最初動力因，大家都稱為上帝」。[22]

托馬斯從人們身邊的具體事物出發證明上帝的存在，的確
比安瑟爾謨抽象的、思辨的本體論證明具有更強的說服力。因
而直到今日，他的證明仍是基督教在傳教活動中最常用的證明
上帝存在的方式之一。然而，在托馬斯的證明中，有一個致命
的弱點，而這個弱點恰恰也是托馬斯宇宙論證明的基點。這就
是亞里士多德的「無限後退不可能」的原則。如此，一方面本
體論所要證明的結論，即第一因的必然存在，實際上已經暗含
在前提之中，另一方面又把上帝這個絕對者、無限者編織進了
相對者、有限者的因果序列，從而強迫上帝服從有限世界的因
果規律，為其論敵的攻訐留下了突破口。

至於托馬斯的最後一個證明，則因為把世界看作是一個
「設計者」按照既定目的安排的，從而被稱作是上帝存在的「設
計論證明」或者「目的論證明」。這一證明的闡述如下：「我們
看到，那些無知識的人，甚至那些生物，也為著一個目標而活

22 托馬斯，《神學大全》，第一集，第一部，第二題，第三條。

動；他們活動起來，總是或常常是遵循同一途徑，以求獲得最好的結果。顯然，他們謀求自己的目標並不是偶然的，而是有計劃的。但是，一個無知者如果不受某一個有知識和智慧的存在者的指揮，如像箭受射者指揮一樣，那他也不能移動到目的地。所以，必定有一個有智慧的存在者，一切自然的事物都靠它指向著他們的目的。這個存在者，我們稱為上帝。」[23]這一證明和托馬斯的其他四個證明一樣，都屬於後驗的證明，但其特點在於，它所利用的不是像因果關係那樣的宇宙間的某種普遍特徵，而是宇宙間可以觀察到的某種秩序。顯然，這種證明方式由於藉助的是類比的方法，在邏輯的必然性方面有所欠缺，但卻由於其所借用的例證之生動性、豐富性，由於人們尚不能解釋宇宙間的某些秩序而更具感染力。因而也成為人們常用的一種證明方式。這方面最著名的代表人物是十八世紀的英國神哲學家帕雷。帕雷用一塊掛錶必然是鐘錶匠設計、製造出來的為例，指出由各個部分組成的整個宇宙也形成了一種設計，而且比鐘錶的設計更為複雜，更為令人驚訝不已，因而必然使人想到一位比人間設計師更高明、更偉大的「宇宙鐘錶設計師」，即一位世界的創造者。

上帝存在的各種證明方式的一個共同特徵，就是把上帝存在的教義建立在自然理性的邏輯力量之上。但也正因為此，它們遇到了自然理性的各種各樣的抵制。前述高尼羅對安瑟爾謨的批判是較早的實例。此後，經院哲學內部的唯名論曾宣佈「上帝並不是形而上學的主題」。[24]休謨對設計論或目的論的證明曾給予近乎毀滅性的批判。所有哲學批判都集中於一個問題，即自然理性有沒有資格或者權利證明上帝的存在？在這方面，德國哲學家康德作出了最為系統的闡述。

---

23 托馬斯，《神學大全》，第一集，第一部，第二題，第三條。
24 鄧斯・司各特，〈引言〉，《巴黎論著》，第三題，第一條。

　　康德首先把傳統神學關於上帝存在的證明歸納為三種方式。「從思辯理性出發只有三種證明上帝存在的方式是可能的。人們懷著這樣的意圖所能夠選擇的所有道路，或者是從一定的經驗和由此所認知的我們感性世界的特殊性狀開始，根據因果律，由這種特殊性狀一直上溯到世界以外的最高原因；或者經驗地以不確定的經驗為基礎，例如以任何一種存在為基礎；或者最終抽去一切經驗，完全先驗地從單純的概念推論出一個最高原因的存在。第一種證明是自然神學的證明，第二種證明是宇宙論的證明，第三種證明是本體論的證明，除此之外，沒有、也不可能有別的證明。」[25]然後，康德對這三種證明方式逐一進行了批駁。

　　在康德看來，三種證明上帝存在的方式中，最根本的也就是本體論的證明。因此康德也最注重對本體論證明的批判。康德認為，上帝存在的本體論證明的本質，在於僅憑上帝的概念就可以推論出上帝的存在。絕對必然的存在者的概念，即上帝的概念，乃是一個純粹的理性概念，即一個單純的理念，它的客觀實在性是不能為理性所證明的。但在過去一切時代中，人們卻總是談論絕對必然的存在者，而且在談到它時，不是努力去理解人們是否以及如何能夠思惟它，而是盲目地力圖證明它的存在。在康德看來，本體論證明的要害在於混淆了邏輯必然性和實在必然性之間的區別。在依據同一律所做出的分析命題中，謂詞必然屬於主詞，但由此並不能說這個主詞連同它的謂詞實際就存在著。因此，人們在思考至高無上的、全能的上帝時，可以形成上帝這個主詞中包含著作為其謂詞的存在概念，但不能由此得出上帝實際上存在著的結論。康德舉例說：現實的一百元錢所包含的，並不比一百元錢的概念多出一絲一毫。

---

25 康德，《純粹理性批判》，《康德文集》科學院版，第三卷，柏林1968年，頁396。

但對於一個人的經濟狀況來說，現實的一百元錢所造成的影響，與一百元錢的概念是截然不同的。如果想藉助一百元錢的概念來增加自己的收入，那完全是徒勞的。同樣，藉助本體論的證明來確證上帝的存在的努力也是白費的。

康德把宇宙論的證明概括為：「如果有某種東西存在，則亦必然有一絕對必然的存在者存在。現在，至少我自己存在著，故一個絕對必然的存在者存在著。小前提包含著一種經驗，大前提則包含著從一種經驗到必然者存在這一推論」。

[26]顯然，這種證明是建立在經驗的基礎之上的。康德發現，這種證明至少有兩個困難。首先，「宇宙論的證明利用這種經驗，僅僅是為了實施一個唯一的步驟，即為了推論出一個必然存在者的存在。至於這個存在者具有哪些屬性，經驗的論據並不能告訴我們。於是理性就全然放棄了經驗，到純粹的概念背後去探索一個絕對必然的存在者必須具有什麼樣的屬性。」[27]然而，這恰恰是宇宙論證明本想放棄、現在又不得不重新揀起的本體論證明。其次，從感性世界的結果和原因的系列中推論出第一原因，依靠的是「超驗地」運用因果原則，即在運用因果原則時超出了感覺經驗的範圍，而在感覺世界之外，是不能正當地運用因果原則的。

至於自然神學的證明，即設計論或目的論的證明，康德認為：「這種證明在任何時候都是值得令人稱道的。它是最古老、最清晰、最符合共同的人類理性的證明。」[28]它的推論如下：我們在這個世界上到處可看到按照一定的意向形成的合目的的秩序。如果沒有一個絕對理念按照其絕對意向對此進行選擇、計劃，世界上紛繁複雜的事物就不可能構成這種合目的的

---

26 康德：《純粹理性批判》，《康德文集》科學院版，第三卷，頁404。

27 康德：《純粹理性批判》，《康德文集》科學院版，第三卷，頁404-406。

28 康德：《純粹理性批判》，《康德文集》科學院版，第三卷，頁415。

秩序。因此，必然有一個全知全能的存在者，來作為這個世界合目的性的原因。然而，「按照這一推論，如此眾多的自然設施的合目的性與和諧，僅足以證明形式的巧合，卻不足以證明質料的巧合，即不足以證明世界中實體的巧合。因為對後者來說，還要求能夠證明，如果世界上的事物就其實體而言不是一個最高智慧的產物，它們自身就不配按照普遍的法則具有這樣的秩序和諧和；但為此，就需要完全不同於與人類藝術相比所要求的論據。因此，這一證明至多說明了一個常常被他所加工的材料的適用性所大大限制的世界建築師，而不是一個一切都服從其理念的世界創造者。但是，這對於我們眼前的偉大意向，即證明一個全然充足的原初存在者，是遠遠不夠的。要證明質料自身的巧合，我們就必須求助於一種超驗的論據，而這恰恰是在這裡應予避免的」。[29]因此，自然神學的證明最終必須退回到宇宙論的證明，而宇宙論的證明如前文所說，不過是改頭換面的本體論證明而已，故自然神學的證明最終依然是把概念當作存在，所以不能成立。

　　康德以其縝密、嚴謹的邏輯推論對經院哲學關於上帝存在的傳統證明進行了嚴厲的批判。然而，我們絕不可以據此說康德否認上帝的存在。對他來說，理性既不能證明上帝的存在，也不能證明上帝的不存在。或者說，康德和高尼羅一樣，所否定的是證明上帝存在的可能性，而不是上帝存在本身的可能性。而有趣的是，康德為了滿足其倫理學的需要，提出「上帝存在」的道德公設。康德的倫理學是一種動機論的倫理學。在康德看來，符合道德規律的行為並不一定是善的，而只有出自道德義務的行為才是真正的善。然而，道德上的善還不能說是完全的善。理性把普遍的幸福視為宇宙間的一個目的，所以，幸福是獲得完全的善的一個本質條件。道德行為與幸福的結合

---

29 康德，《純粹理性批判》，《康德文集》科學院版，第三卷，頁417。

才是至善。但是,至善並不能在經驗世界實現。經驗表明,有德之人不一定有福,有福之人也不一定有德,相反,有時為了短暫的幸福甚至要放棄道德。因此,要想把道德與幸福結合起來,就只有設想超出經驗世界,信仰一個全能的、公正的、作為道德立法者的上帝,來保證道德與幸福在彼岸的結合。康德由此得出了「道德必然導致宗教」的結論。思想史上,也有人把康德的這種觀點稱之為證明上帝存在的第四種方式,即道德論證明。但在康德哲學的意義上,上帝只是根據道德的需要提出的一個「公設」,一個假定。因此,康德的道德論證明並不是嚴格邏輯意義上的證明。

　　進入現代以來,一些神學家力圖復活、更新、改造這些傳統論證。例如馬爾科姆力圖通過上帝的「必然」存在乃是指上帝的「永恒」、「獨立」存在來復活本體論的論證,克雷格力圖利用宇宙大爆炸學說斷定宇宙在時間上有一個開端來復活宇宙論證明,杜·諾伊、阿瑟·布朗等人利用現代科學新揭示的一些自然秩序來復活設計論或目的論的證明,拉希德爾、劉易斯等人繼續以道德律的客觀性來證明其絕對根基即上帝等。此外,在傳統的三種證明方式之外,還有諸如意志論的證明、或然性的論證等,此處就難以一一羅列了。值得注意的是,正如約翰·希克所說,「我們考察過的各種論證當中,似乎沒有一種可以迫使人相信上帝,如果那人沒有這種信仰的話。」[30]因此,許多神哲學家在作出證明的同時也承認證明自身的局限性。看來,只要基督教繼續存在下去,證明上帝的存在就仍會是一個常提常新的課題。但另一方面,也有很多宗教思想家對用理性論證上帝的存在提出了反對意見。在他們看來,上帝是一個體驗到的實在,而不是推論出的實在。基督徒信仰上帝,不是出自理性證明的強制力量,而是出自愛的自由選擇。更有

---

30 希克,《宗教哲學》,三聯書店,1988年,頁70。

一些神學家從康德觀點出發，認為上帝的存在是既不能用理性證明，也不能用理性否證的。因此，用理性證明上帝的存在是神學家錯誤地加給自己的一個本不應承受的負擔。神學家的任務不是用理性去證明上帝的存在，而是用理性去反駁對上帝存在的否認。

三、超越還是內在，還是既超越又內在？

根據基督教正統神學的觀點，上帝是世界的創造者，是世間萬物運動的第一推動者，是世界秩序的設定者和維護者，上帝在這個世界之上，在這個世界之外，用他的意志管理著這個世界，而這整個世界無非是上帝意旨的體現。「什麼東西也不會發生，除非萬能的上帝的意志願意它發生。或者是願意它發生，或者是允許它發生，或者是實際上使它發生」[31]在托馬斯‧阿奎那的神哲學中，這種觀點進一步得到了系統的表述。這一點，從托馬斯關於上帝存在的證明就可以明顯地看出，此處不再贅述。

基督教與古希臘哲學的接觸和融合，又進一步使上帝的這種超越性獲得了思辨的形式，這樣，在基督教傳統中，又出現了「上帝不是什麼」的說法。

持這種觀點的，大多是從新柏拉圖主義哲學出發、神秘主義色彩比較濃厚的神學家。基督教聖經關於上帝的說法，為這種觀點提供了理論的基礎。在聖經中，上帝是無高無上的神，是超越一切具體形象的。因此聖經嚴格禁止拜偶像。在與古希臘哲學的接觸中，上帝與「無限」這個哲學的概念結合在一起，並獲得了超越一切「有限」的意義。而由於人的一切認識和概念都是一種限定，都是有限的，所以上帝也就是不可認識的，是人的一切概念都無法表述的，因而也就不能說上帝是什

---

31 奧古斯丁，《教義手冊》第九十五章。

麼。即便是「存在」這樣最基本的範疇也不足以表述上帝，因為上帝也是超存在的。基督教神哲學史上極具影響力的思想家狄奧尼修斯(Dionysius)對此做了經典的闡述：「正如感覺既不能把握也不能感知心靈的事物，正如表象與形狀不能包容單一的和無形體的東西，正如有形體者不能觸及不可觸摸的和無形的東西，同樣真實無疑的是：諸存在者也被超乎存在之上的無限所超越，眾理智被超於理智之上的一切所超出。事實上，不可思議的一是一切理性過程都無法把握的。任何詞語都不能企及無法言說的善、一、一切統一之源和超存在之在。它是超出心靈的心靈，超出言說的言說，它不能由任何言談、直覺、名字所理解。它存在，但其存在方式迥異於任何其他存在的存在方式。作為一切存在的原因，它本身超出存在，並且唯有它才能對何為真正的存在作出最具權威性的說明」。[32]上帝「既不可被『不存在』，也不可被『存在』所描述。存在者並不知道他的真實存在，他也不按它們的存在認知它們。關於他，既沒有言說，也沒有名字或知識。黑暗和光明、錯誤和真理——他一樣也不是。他超出肯定與否定。」[33]因此，狄奧尼修斯雖然並不反對說上帝是存在，是全能、全知、全善的肯定神學，但認為人們在使用這些稱謂時必須意識到它們的有限性，意識到它們是對上帝的一種限制，因而力主用只說上帝不是什麼的否定神學來補充肯定神學。

狄奧尼修斯這種思想進路也表現在奧古斯丁、愛留根納等神哲學家那裡，而在十四世紀的德國神秘主義中達到極致。該學派的著名代表艾克哈特大師說道：「每一事物都在其存在中起作用；沒有任何事物能夠超出其存在起作用。火除了在木頭中起作用之外，不能在其他任何地方起作用。而上帝在他所能

32 狄奧尼修斯，《論聖名》第一章。
33 狄奧尼修斯，《神秘的神學》第五章。

夠運動的範圍裡是在存在之上起作用的；他在無中起作用。還在有存在之前，上帝就在起作用。他是在存在還不存在的時候創造存在的。……倘若我稱上帝為一種存在，我就會和要稱太陽是蒼白或者黑的一樣說了某種錯話。上帝既不是這也不是那。……如果我說上帝不是存在並且高出於存在，我並沒有由此而否認上帝是存在，毋寧說是在上帝裡面抬高了存在」。[34]「上帝既不是存在也不是善；善依附於存在，並且超不出存在，因為如果沒有存在，就沒有善，而存在也比善更純粹。上帝既不是善的，而不是更善的，也不是最善的。誰要是說上帝是善的，就和稱太陽為黑的一樣對上帝不公正。」[35]「上帝是所有存在的原因，因此，存在就其本質而言並不在上帝裡面。」[36]而深受該學派影響的尼古拉‧庫薩更明白無誤地表示，上帝既不是某個東西，也不是存在，但也不是無。「上帝既不是無，不是不存在，也不是既存在又不存在，而是存在與不存在的一切本原的源泉和起源。」[37]

這些神哲學家之所以得出這般結論，乃是因為上帝絕對超越了包括存在在內的所有從有限物的類比中得出的屬性以及表述這些屬性的概念。於是，上帝就是不可言說的。於是，就要像維特根斯坦那樣，對不可說的東西保持沉默。然而，如果僅僅停留在這一點上面，也就不會有神學了。因為神學（theology）的原意就是「說神」。因此，上述思想家在力主否定神學的同時，也不否認肯定神學的積極作用。更何況，基督教的上帝，並不僅僅是一個絕對超越的上帝，而且同時也是一個內在的上帝。

《聖經新約》的〈約翰福音〉提出太初有道，道與上帝同

34 艾克哈特，《德語講道與論文集》，慕尼黑，1979年，頁196。
35 《德語講道與論文集》，頁197。
36 艾克哈特，《拉丁文著作集》，第五卷，斯圖加特，1937年，頁45。
37 尼古拉‧庫薩，《論隱秘的上帝》，三聯書店，1996年，頁8。

在，道就是上帝，萬物都是藉著道被造的。而這裡所說的「道」
和古希臘哲學的重要範疇「邏各斯」（logos）乃是同一個詞。
當早期神哲學家借用希臘哲學建立和闡釋基督教教義的過程
中，這個道被解釋成作為事物原型的理念之總和。所謂藉著道
創造萬物，也就是以道為原型創造萬物。這樣，道作為萬物的
本質而內在於萬物之中，也就是呼之欲出的結論了。所以奧古
斯丁認為，上帝是這樣一種存在，「我們來自它，借助它而存
在，存在於它之中」[38]。但這並不是像有些泛神論者那樣是把神
理解為萬物的整體，或者認為上帝是萬物存在的處所。「萬物
皆在上帝之中，但上帝並不是萬物的處所。」[39]上帝作為最高的
精神實體，是把萬物的本質包含在自身之內。聖經中，上帝面
對摩西關於他的名字的提問回答說：「我是我所是」。[40]只有上
帝才有資格這樣說，只有萬能的上帝才能是他所是的一切。它
是上帝的超越性的一個見證。但另一方面，這句話又意味著，
上帝在自身中包含著一切事物的本質，不僅包含著所有現實存
在著的事物，而且同樣包含著所有存在過的、將會存在的事
物。同時，上帝作為一切事物的最高本質，也就存在於一切事
物之中。所以奧古斯丁說：「神就是神自身，不在地點的間隔
和廣延之中；但是，在神的永恒不變和卓越的威力中；即內在
於每種事物之中。因為萬物都是在神之中；同時，又外在於每
種事物，因為神在萬物之上。」[41]尼古拉·庫薩用「包容」和
「展開」這一對範疇對此作出了經典的論述：「上帝是一切事物
的包容和展開。就他是包容來說，一切事物在上帝之中就是上

---

38 奧古斯丁，《論真宗教》第五十五章。
39 奧古斯丁，《獨語錄》，第一篇，第三章，第四節。
40 〈出埃及紀〉3：14。中文版和合本譯作「我是自有永有的」，顯然
有誤。而美國聖經公會的《新修訂標準版》則把這句話譯作："I AM WHO I
AM" 並在注釋中說明還可譯作 "I AM WHAT I AM" 或者 "I WILL BE WHAT I
WILL BE"（即「我是我所是」或「我能是我所能是」）。
41 奧古斯丁：〈「創世紀」注釋〉，第八卷，第二十六章，第四十八節。

帝自身；就他是展開來說，他在一切事物之中就是他所是的東西，就像真理在摹本中一樣。」[42]這也就是說，上帝是一切事物的最高本質，所以一切事物的本質都無差別地包容在上帝裡面；同時上帝作為事物的本質又是一事物中決定該事物是該事物的最高原因，因而也就是上帝展開而為萬物。故而尼古拉‧庫薩的結論是：一切事物在上帝之中，上帝在一切事物之中，上帝就是一切事物。

在基督教教會中，特別是自托馬斯‧阿奎那的神哲學取得正統地位之後，一般來說是上帝超越性的主張構成了主流，而強調上帝內在性的主張則多因有泛神論傾向而受到打擊。但同時強調超越性與內在性的神哲學，如奧古斯丁、狄奧尼修斯、尼古拉‧庫薩等人的思想也佔有舉足輕重的地位。進入近代以後，伴隨著實驗科學的興起和發展，科學主義的思惟方式逐漸佔據了統治地位，傳統的上帝觀也受到了衝擊。上帝超越性的主張最後極端化為伏爾泰、牛頓式的自然神論，上帝被視為所謂的遜位神，僅保留了創世和第一次推動的權力，而把世界的發展和秩序留給了自然自身。上帝內在性的主張最後極端化為布魯諾、斯賓諾莎式的泛神論，上帝被完全等同於自然。這些傾向成為基督教神學所不得不回答的問題。

現代基督教神哲學在這一問題上值得注意的傾向是，在許多現代宗教思想家看來，僅僅強調上帝的超越性，或者僅僅強調上帝的內在性，都無法真正說明上帝與世界的關聯，因而主張把超越論與內在論辯證地結合起來，用超越論來補充內在論。這種傾向被稱之為「超泛神論」。例如，蒂利希和麥奎利等宗教思想家把上帝定義為存在本身。存在作為存在是一切存在物的根基，因而不同於任何存在物，超越於一切存在物；但另一方面，存在又體現、內在於一切存在物之中。這種觀點與奧

42《尼古拉‧庫薩著作集》第一卷，柏林，1967年，頁44。

古斯丁、狄奧尼修斯、尼古拉‧庫薩等人的思想頗有相近之
處。從發展的趨勢上看，作為超越論和內在論之合題的超泛神
論的影響正在日益增強。[43]

---

43 參見何光滬，《多元化的上帝觀—20世紀西方宗教哲學概覽》，第五章，第十
五節。

神性論 (道論、天論、佛性論)

「道」、「天」、「佛性」、「上帝」等之性質

神人關係 (天人關係等)

絕對性與終極性

儒教觀點

鄭家棟（中國社會科學院哲學研究所 研究員）

　　儒家是不是宗教？如果回答是肯定的，它又在什麼意義上可以稱之為宗教？此問題近些年來多有爭論。無論我們對宗教作如何寬泛的理解，恐怕亦應當承認凡謂宗教者，必然關涉到某種超越的祈向，此超越的祈向又必然關涉到某種超越性的實在。在儒家思想乃至中國文化中，「天」可以說是一個最古老、最富有宗教性、超越性內涵的概念。且「天」的宗教性內涵早已深深紮根於民族的集體無意識之中，百姓家供奉的「天地君親師」，中國人在危難之中不能自己的對於「天」的呼求和哀歎（「天哪」！），「蒼天在上」（此處所謂「蒼天」，並不是指「蒼蒼然者」的自然之天）、「蒼天有眼」、「天理難容」等語句，都與「天」之最原初的神性涵義有關。

　　若就典籍文化的發展而言，問題似乎要複雜得多。從殷周時代的有關典藉，到孔、孟、《中庸》、《易傳》，再到後世的宋明儒家，天的內涵曾幾經變化。此種變化固然可以從不同的角度和側面加以闡發說明，而在筆者看來，其總體趨勢是由超越而內在，由宗教而哲學，由神性之天到形而上的義理之天。這就使得今天人們有關儒家與宗教之關係問題的討論，常常自覺或不自覺地陷於一種窘境：肯定儒家是宗教或有其宗教性的學者，一方面多反對從神性的觀點定義宗教，另一方面又無不著意凸顯早期儒家乃至前儒家對於人格之天、神性之天（或天道）的信仰。兩方面究竟哪一點更具有決定性的意義？從文化關懷（而非純粹宗教學）的角度看，今天我們講儒家的宗教性究竟是要接著宋明理學講，還是應當更多地追溯到孔子乃至更為久遠的傳統？本文的立意不在於系統回答上述問題，卻與對上述問題的思考不無關係。

一、天與天道
天

本世紀初期出土的殷墟甲骨文中有殷人祀帝祀祖的記載，無祀天的記載，郭沫若等據此斷定：「天」的概念雖早已有之，但以「天」為至上神是始於周初，殷人的至上神是「帝」或「上帝」。[1]

從《詩》、《書》的有關記載來看，在周人那裡，「天」、「帝」、「上帝」、「昊天」、「皇天」、「昊天上帝」、「皇天上帝」等，都是涵義相當的概念，可以通用、互用或並用，都是指謂一有意志和至上權威的人格神，諸如：

聞於上帝，帝休，天乃大命文王。（《書·康誥》）

上帝既命，侯於周服。侯服於周，天命靡常。（《詩·大雅·文王》）

昊天上帝，則不我遺。（《詩·大雅·雲漢》）

皇天上帝，改厥元子茲大國殷之命。（《書·召誥》）

相比較而言，周人似乎更樂於使用「天」的概念來稱謂至上神。伴隨著地上統一王朝的建立，天、帝也擺脫了氏族神的特徵，而具有了某種近於基督教之上帝的普遍性：

天生蒸民，有物有則。（《詩·大雅·蒸民》）

天生蒸民，其命匪諶。（《詩·大雅·大明》）

天亦哀於四方民，其眷命用懋。（《書·召誥》）

普天下之人（「四方民」）皆為天之所生，都為天帝所關愛，就這一點而言是平等的，沒有什麼差別。

與上一點相聯繫，周人有關思想的另一突出特徵是天、帝

---

1 參見郭沫若，《先秦天道觀之進展》，《郭沫若全集》歷史編第一卷，人民出版社，1982年。又陳夢家在《殷墟卜辭綜述》中支援郭氏之說，見該書第581頁，中華書局，1992年。

具有鮮明的倫理品格，它不再是不可捉摸的，喜怒無常的；它不僅是不可抗拒的權威和力量的象徵，而且是公正與至善的象徵。它要運用自己的權威與力量襃揚德行和懲罰惡行。這特別表現在天帝要「惟時求民主」，即降命於有德之人為世間的統治者，天帝藉此參與和干預世事：

惟乃丕顯考文王，克明德慎罰，不敢侮鰥寡，庸庸，祗祗，威威，顯民。用肇造我區夏，越我一二邦，以修我西土，惟時怙冒，聞於上帝，帝休。天乃大命文王，殪戎殷，誕受天命，越厥邦厥民。（《書‧康誥》）

我不可不監於有夏，亦不可不監於有殷。我不敢知曰，有夏服天命，惟有歷年。我不敢知曰，不其延。惟不敬厥德，乃早墜厥命。（《書‧召誥》）

由夏商王朝覆滅的歷史教訓導致的政治思考，居然從根本上改變了有關天帝之品格及其與人的關係的認識。它同時也鮮明地體現出中國宗教思想的特徵：天帝的獎懲不是表現在來世，而是表現在現世。

在一定意義上可以說，周人的有關思想奠定了中國文化的某種基調。政治上的德治主義自不待言，即使是後世儒家被牟宗三等人所稱許的「道德的宗教」，似乎亦可以在其中尋到某種端倪。不過在周人那裡，道德（嚴格地說只是倫理）與宗教還只是某種外在關係，最後是落實到周天子「祈天永命」的政治涵義上講；與此相關聯，其所謂道德也只是在「德行」上講，而非在「德性」上講。此與後世孔子儒家所闡發者具有實質性的區別。

天道

「天道」概念係晚出。《古文尚書》〈湯誓〉、〈泰誓〉、〈畢命〉篇中，都曾明確使用「天道」概念，但方家們已認定

《古文尚書》係後人所偽。比較多地使用「天道」（或「天之道」）
一語見於《左傳》和《國語》。孔子論及「天」與「道」之處頗
多，但從未提及「天道」一詞，《論語》中「天道」一詞僅見
於子貢所說「夫子之言性與天道，不可得而聞也」一語中。但
「天道」概念在後儒那裡頗為流行，也頗為重要。近人則有「天
道觀」的提法，用以總括古代哲人有關天、道、理等整體性、
根源性範疇的認識。[2]

「天道」為一複合詞，因而也就具有更多的歧義性。就總體
而言，可以說「天」主要是就存在方面而言，「天道」則更多
地是就過程、活動、表現方式、活動方式而言（此與「道」之
作為「道路」的原初涵義有關），而由表現方式、活動方式又可
引申出某種法則的意義。在體用相即、即實體即功能的中國思
想傳統中，「天」和「天道」，又常常是涵義相當，可以互用
的。

天道概念的提出和流行，標示著人們有關認識的發展，表
明人們對於所謂天的內涵及其活動方式，有了某種初步的認識
（實際上是人的自我認識）。殷人之帝，喜怒無常，自然無所謂
「天道」（或帝道）可言，所以只能每事必卜。

《左傳》、《國語》中的「天道」（或「天之道」）概念主要
在以下幾種涵義上使用：

一是，神性義的天道：

天道賞善而罰淫。（《國語‧周語中》）

天道異可而損否。（《國語‧魯語下》）

范文子曰：「吾聞之，天道無親，惟德是授，吾庸知天之
不授晉且以勸楚乎？」（《國語‧晉語六》）

宋災，於是乎知有天道。（《左傳‧襄公九年》）

---

2 例如郭沫若在其定作於三〇年代中期的《先秦天道觀之進展》那篇著名的論文
中，在「天道觀」的名義下探討殷商的「帝」，西周的「天」，老子的「道」等。

二是，自然義的天道：

盈而蕩，天之道也。（《左傳‧莊公四年》）

盈必毀，天之道也。（《左傳‧哀公十一年》）

天道皇皇，日月以爲常。明者以爲法，微者則是行。陽至而陰，陰至而陽。日困而還，月盈而匡。（《國語‧越語下》）

三是，一般法則義的天道：

君人執信，臣人執恭，忠信篤敬，上下同之，天之道也。（《左傳‧襄公二十二年》）

女何故行禮，禮以順天，天之道也。（《左傳‧文公十五年》）

前兩種講法，都不是就天本身而言，而是講天之某種較爲確定的活動方式。西周文獻中亦有以天爲「蒼蒼然者」的說法，《詩經》中如「鳶飛戾天，魚躍於淵」（〈旱麓〉），「有鳥高飛，亦傅於天」（〈菀柳〉）等，都是講的自然之天，亦即《說文》所釋：「天，顛也。至高無上，從一大。」不過有一點明顯的不同：上引《左傳》、《國語》的三條都不是直接地就自然形體和現象說天，而是就一過程說天，這一過程有其自身的法則和規律。

第三種講法已與天的原初意義（無論是自然之天，還是神性之天）相去甚遠，它是單純就法則、律則、規範的涵義上說。「天」成了「道」的修飾語，用以說明此道的客觀性和必然性。神性之天所具有的倫理屬性與天作爲某種客觀普遍性法則涵義的結合，就形成了後來倫理之天的觀念。

「天道」概念之形成並被越來越廣泛地使用的另一個影響是：使天的概念進一步遠離了神話（中國自古就缺少一個神話傳統），進一步模糊乃至於最後消解了天的人格性特性。基督教

中亦有「道」的概念，但道是依託於作為實體的上帝而存在和發揮作用，而中國思想中的「天道」概念乃是即天即道，即道即天。它日益深化為一種普遍的思想模式；無論是神性之天還是自然之天，都是從作用、功能、屬性、活動、效用上來瞭解，而非從「實體」上來瞭解。此種模式在《中庸》、《易傳》那裡得到了系統的表述。

二、孔子對天人關係的變革及其意義

在有關「天」的規定上，孔子可以說談不上什麼創見，他的思想建樹主要體現在天人關係方面。中國古代的宗教思想一直是在一個政教合一的架構中運作，這一情況直到辛亥革命前沒有實質性的改變。但自殷到西周再到孔子，有關天人關係、神人關係的認識，卻發生了三次根本性的變革。

在殷商時代，人對於至上神是完全被動的，人只能消極地接受神的旨意（通過占卜），而神可以說是喜怒無常的，其降福（若）降災（堇）是完全不可捉摸的。周人肯定人在與神的交往中具有某種主動性和能動性：天帝具有至高無上的權威和不可抗拒的力量，但它並不是隨意地使用自己的權威和力量，它要運用此權威和力量安排人間的秩序，具體地說，是要授命有德的君王統治世間。所以說，歸根到底天帝授命與否是與統治者的行為有關。但上述關係僅限於天帝與君王之間，只有周天子才能祭天，才能承受天命，才與天帝有直接的關係，天子以下不能與天帝有直接的關係。春秋時期，禮崩樂壞，周天子早已不能獨承天命，天帝被認為可以直接降命於諸侯乃至卿大夫，[3]

---

3 李杜在《中西哲學思想中的天道與上帝》一書中指出：春秋時期，「原來只與周天子有關係的天帝亦分別地與春秋時期興起的諸侯有關係。至後來卿大夫起而專諸侯之政，天帝又再由與諸侯的關係而發展至卿大夫。」書中引《左傳·襄公二十九年》「天禍鄭久矣，其必使子產息之」爲證（台北：聯經出版事業公司1978年，頁39）。

但天帝仍然只是貴族們的天帝，而與庶民無關。自西周到春秋，「以德配天」的思想一直佔有重要的地位，直至發展出「夫民，神之主也」（《左傳‧桓公六年》）的觀念。但是，在孔子之前，「以德配天」的思想一直只是單純地被套在政治裡面講，只是成為一種對少數統治者的勸勉與約束。孔子並不反對政教合一，但他顯然認為，道德遠較之政治具有更為普遍、深遠和根源性的意義，道德可以影響於政治，但它又不自限於政治，它超越於政治。進一步說，儒家不僅不反對政教合一，可以說「作之君，作之師」、「內聖外王」一直是孔子儒家所追求的理想；但「教」之所以為教必須具有超越於政治的獨立性。儒家之所以為宗教乃在於它具有獨立於政統之外的道統，而這一道統的開啟者，不是文王、周公，而是孔子。

時下的某些研究誇大了周初「以德配天」思想的意義。實際上，在周人那裡，宗教與道德之間還只是一種外在約束的關係，「敬德」的目的只是為了使周王朝不失去「天命」，道德在相當大的程度上成為了政治的手段，此與後世儒家的思想具有實質性的區別。

孔子無疑認同於「以德配天」的思想，他對於文王、周公的讚歎亦表明了這一點，但孔子於此之外更開出了一條「下學而上達」的理路。下學上達是人人都可以做的，終極存在者（天）與每個人都有關，問題只是在於能否以及如何使之具現在個體的生命之中。

孔子的特殊貢獻在於他的「仁學」。一般講孔子宗教思想者，講天論而不講他的仁學，或以為孔子的天論與其仁學是矛盾的：後者講的是人學，屬人文主義的範疇；前者則仍然沒有擺脫傳統宗教的束縛。實際上，仁學之為「人學」，不是與「天學」相對待的人學，不是寡頭的人文主義意義上的人學。孔子說自己「信而好古」，「吾從周」，此大有深意。就總體的趨向

而言，與其說孔子思想（包括他的仁學）是認同於春秋時期種種對於天神的褻瀆和宗教情感的淡漠，不如說他試圖通過另一種途徑重建天的崇高與莊嚴。面對價值系統的崩壞和信仰的失落，孔子所思考的不是簡單地拋棄傳統的信仰，而是如何在主體自身為重建信仰找到內在的根據，找到與人的生命、生活、活動相統一的根據。

　　當代新儒家學者牟宗三有關儒家思想的詮釋，通常被認為失之於理性化，但在六〇年代初期出版的《中國哲學的特質》一書中，牟先生對於孔子思想的分析頗能夠矯正一些流行的偏見。他指出：

　　性與天道並非孔子開闢的思路，他所開闢的思路就是仁與聖的一路。顯然，孔子對性與天道這一傳統思路是念念不忘的。如此我們可以推想，孔子談論仁、智、聖的時候，必已具有一種內心的超越企向，或者說具有一種內在的超越鼓舞，這企向或鼓舞，就是他對於天命天道的契悟與虔敬。實在說來，孔子是以仁智與聖來遙契性與天道。[4]

　　仁的作用內在地講是成聖，外在地講的時候，必定要遙契超越方面的性與天道。仁和智的本體不是限制於個人，而是同時上通天命和天道的。[5]

　　孔子建立「仁」這個內在的根據以遙契天道，從此性與天道不致掛空或懸空地講論了。如果掛空地講，沒有內在的根，天道只有高高在上，永遠不可親切近人。因此，孔子的「仁」實為天命、天道的一個「印證」。[6]

　　孔子所說的「知我其天」，「知天命」與「畏天命」的天，都不必只是形上實體的意義。因為孔子的生命與超越者的遙契

---

4 牟宗三，《中國哲學的特質》，台灣學生：書局，1963年，頁27。
5 牟宗三，《中國哲學的特質》，頁28。
6 牟宗三，《中國哲學的特質》，頁30-31。

關係實比較近乎宗教意識。孔子在他與天遙契的精神境界中，不但沒有把天拉下來，而且把天推遠一點。雖在自己生命中可與天遙契，但是天仍然保持它的超越性，高高在上而爲人所敬畏。因此，孔子所說的天比較含有宗教上「人格神」的意味。而因宗教意識屬於超越意識，我們可以稱這種遙契爲「超越的」遙契。否則，「知我其天」等話是無法解釋的。[7]

　　孔子的仁學與重建信仰有關，那麼孔子的信仰是有神的，亦或是無神的？此首先關涉到如何認識和評價《論語》中孔子有關「天」的言論。《論語》中孔子直接說及「天」與「天命」者有：

　　子曰：「不怨天，不尤人，下學而上達，知我者其天乎！」（《論語・憲問》）

　　子疾病，子路使門人爲臣。病間曰：「久矣哉，由之行詐也！無臣而爲有臣。吾誰欺？欺天乎？」（《論語・子罕》）

　　王孫賈問曰：「與其媚於奧，寧媚於竈，何謂也？」子曰：「不然，獲罪於天，無所禱也。」（《論語・八佾》）

　　子曰：「大哉！堯之爲君也。巍巍乎唯天爲大，唯堯則之。」（《論語・泰伯》）

　　子畏於匡。曰：「文王既歿，文不在茲乎？天之將喪斯文也，後死者不得與於斯文也；天之未喪斯文也，匡人其如予何！」（《論語・子罕》）

　　子曰：「天生德於予，桓魋其如予何！」（《論語・述而》）

　　子見南子。子路不悅。夫子矢之，曰：「予所否者，天厭之，天厭之。」（《論語・雍也》）

　　顏淵死。子曰：「噫！天喪予，天喪予！」（《論語・先進》）

　　子曰：「予欲無言。」子貢曰：「子如不言，則小子何述

焉？」子曰：「天何言哉？四時行焉，百物生焉。天何言哉？」
（《論語‧陽貨》）

　　五十而知天命。（《論語‧為政》）

　　君子有三畏：畏天命，畏大人，畏聖人之言。（《論語‧季
氏》）

　　與有關「仁」和「禮」的論述相比，孔子言「天」與「天
命」之處可以說是少之又少，且沒有一條是正面地說明他所理
解的天與天命是什麼，於是乎詮釋者們，也就見仁見智，眾說
紛紜。

　　筆者認為，考察孔子的天論必須首先考慮到孔子去古不遠
和「信而好古」這一事實。孔子是儒家學派的開創者，但是，
他之開創儒家學派，並不是主張割斷傳統或對於傳統加以根本
性的變革，而是要在傳統的基礎上加以損益。在其所處的時
代，孔子的文化立場不是激進的，而是保守的。如我們上文指
出的，孔子並不是要隨順「天」之地位的沒落而主張摧毀或拋
棄對天的信仰，毋寧說他是要尋求一條理性（生命理性而非知
識理性）的道路來重建信仰。

　　孔子沒有正面說明「天」是什麼，但天是他所敬畏的對
象。他顯然認為，天能夠對人的呼求做出反應，也能夠在終極
意義上對人的言行做出裁決。在此種意義上，天至少還保留了
某種人格性，否則的話，「知我者其天乎」，「畏天命」，「獲
罪於天，無所禱也」等語，就全無意義。朱熹注《論語》「獲
罪於天，無所禱也」一句，以「理」釋「天」，言「天者，即理
也。其尊無對，非奧竈之可比也。逆理，則獲罪於天矣。」錢
大昕批評道：「『獲罪於天，無所禱也』，謂禱於天，豈禱於理
乎？」純粹從理學家「道德的形上學」的立場出發，恐怕很難
對孔子的有關思想作出相應的解釋。

　　有關孔子「天何言哉？四時行焉，百物生焉」一句的詮

釋，亦存在實質性的分歧。有趣的是，認定孔子仍信仰神性之天者，亦多主張孔子此處所言乃為自然之天。對此，馮友蘭則別有所見，他認為：「孔丘的這段話無非是說，上帝也可以『無為而治』。說不言就證明他能言而不言。當然，說天發號施令，並不一定像小說中所說的，上帝坐在雲霄寶殿上，對他的文武百官，發佈聖旨。只是說，自然界和社會中以及個人的事情的變化都是上帝的意志的體現。」[8]實際上，與主張「太初有言，言與上帝同在」的基督教傳統不同，「言」與「無言」之對於儒家傳統中的「天」不一定具有實質性的意義，特別是當「天」與「道」的概念相互融合之後，「無言」可以說更成為了天的基本特徵之一。《孟子・萬章上》曾論及天之「不言」：「『然則舜有天下也，孰與之？』曰：『天與之』。『天與之者，諄諄然命之乎？』曰：『否。天不言，以行與事示之而已矣。』」進一步說，天如何「以行與事示之」，孟子曰：「使之主祭，而百神享之，是天受之。」此類對於天非常明確的神性義的解釋，在《孟子》書中甚為少見，它倒適可以作為馮氏所說天「能言而不言」的佐證。

可以說，在有關天的認識上，孔子同樣是在傳統與變革之間取一中道。一方面，他並不著意凸顯傳統之天的人格特徵，這或許可以解釋孔子何以說「天」而不言「帝」。《論語》中只有「堯曰」篇引述商湯的話說到「帝」。與天之概念的演變和涵義的多重化相比，帝的概念似乎要明確得多，可以說它就是指謂一人格神，此種涵義直到今天也沒有太大的改變。孔子顯然對於較為原始的人格神概念並沒有多大興趣。

另一方面，如我們上文指出的，孔子也並不贊同對於天的貶損與褻瀆，並不主張把天完全拉回到人間。從文獻中看，

---

8 馮友蘭，《中國哲學史新編》，人民出版社，1982年，頁152。此觀點馮氏數十年沒有改變，參見其早年所著兩卷本《中國哲學史》第四章。

「天地」概念在當時已比較多的被使用。而「天」「地」並舉，往往是把天作為萬物中的一物，此顯然與逐漸擺脫其神性的意義有關。《論語》中從未使用「天地」概念，可以肯定地說，此一概念與孔子有關天的認識是不相容的。

三、性與天道：從《中庸》、《易傳》到宋明儒家

《中庸》自宋以後被推重絕非偶然。就基本的思想形態而言，與其說宋儒近於孔孟，不如說更近於《中庸》、《易傳》。

牟宗三認為，「性與天道」亦即「從天命天道下貫說性」，乃是孔子之前即已存在的「中國的老傳統」。[9]他徵引《詩》與《左傳》中的三條加以論證：

《詩·周頌·維天之命》：「維天之命，於穆不已。於乎不顯，文王之德之純。」

《詩·大雅·蒸民》：「天生蒸民，有物有則。民之秉彝，好是懿德。」

《左傳·成公十三年》：「劉康公曰：吾聞之，民受天地之中以生，所謂命也。是以有動作禮義威儀之則。以定命也。」

第一段是講文王之德與天德無間。後兩段中「天生蒸民」之「天」與「民受天地之中以生」之「天」有實質性的區別（一為神性之天，一為自然之天），但都認為天與人之間是一種連續的、正面的、肯定的關係，此確與講「原罪」，講「失樂園」的西方宗教不同。

《論語·公冶長》：「子貢曰：夫子之文章，可得而聞也；夫子之言性與天道，不可得而聞也。」這是第一次明確地把「性與天道」作為一個問題提了出來。孔子何以不言「性與天道」，我們不得而知，我們甚至於不能瞭解孔子是否有意拒斥他

---

9 牟宗三，《中國哲學的特質》，頁25。

的同時代人已在使用的「天道」概念。「性」的概念早在
《詩》、《書》中已見使用，基本上是指人的自然欲求。《論
語·陽貨》：「子曰：性相近也，習相遠也。」程伊川認為此
中「性」字是指人的自然之性，蓋義理之性乃為人人所同然
者，無所謂「遠」「近」之說。若依伊川之說，則孔子便沒有論
及超越意義上之普遍人「性」的概念。但孔子言「繪事後素」，
似乎相信禮樂教化能夠找到很好的人性基礎；又講「天生德於
予」（《論語·述而》），此與「天生蒸民，有物有則」則是一脈
相承。

　　《中庸》的核心就是講「性與天道」；「天命之謂性，率性
之謂道，修道之謂教。」此語與《易傳》的「乾道變化，各正
性命」（〈彖辭〉涵義相當。「天命之謂性」之所謂「天」，既非
是人格神之天，亦非是自然之天，可以說它是指謂某種本源、
根源、超越性存有或實在。此超越性存有或實在不能夠從一般
所謂「實體」意義上來瞭解，它是即體即用、即真實即變異、
即存有即活動的。「天地之道，可一言而盡也；其為物不貳，
則其生物不測。」「天地之道」就是表現在其「為物不貳」、
「生物不測」的功能上。在此種意義上，也可以說天、天命、天
道即為一深遠無際、生生不息的創造力和推動力，而此創造力
和推動力即遍在人與天地萬物之中。至此，人與天帝（人格神）
的關係乃徹底轉化為「性與天道」的關係。「性與天道」（即天
道性命相貫通）體現了儒家對於天人之際的獨特認識，它同時
也代表了一種不同於西方宗教的超越形式和路徑。牟宗三說：
「天道高高在上，有超越的意義。天道貫注於人身之時，又內在
於人而為人的性，這時天道又是內在的（Immanent）。因此，
我們可以康德喜用的字眼，說天道一方面是超越的
（Transcendent），另一方面又是內在的（Immanent與
Transcendent是相反字）。天道既超越又內在，此時可謂兼具宗

教與道德的意味，宗教重超越義，而道德重內在義。」[10]就我個人的瞭解，此為使用「內在超越」概念的濫觴。今天，「內在超越」的說法受到一些學者的批評，認為其中有含混不清之處。但問題的實質在於：此一概念確實表述了儒家思想（特別是從《中庸》、《易傳》到宋明儒家）乃至中國文化的某種特徵（或許從某種西方模式來看，中國文化本身就有些「含混不清」），所以，真正困難的問題似乎不在於概念的辨析，而在於今天我們究竟應當如何認識，和評價中國文化的基本精神及其發展。

「性與天道」的終極境界是即人即天。孔子說「人能弘道」，「我欲仁斯仁至矣」，但在他的思想中，天仍然是高高在上者，天、人之間仍有很大的距離。他讚美堯帝：「大哉！堯之為君也。巍巍乎唯天為大，唯堯則之。」堯之偉大也只是「則天」，並不是說已能夠與天並立或與天為一。《易傳》則每每以聖人與天地並稱：「苟非其人，道不虛行。」（〈繫辭下〉）「天地養萬物，聖人養賢以及萬民。」（〈彖辭〉）「天地之大德曰生，聖人之大寶曰位。」（〈繫辭下〉）天與人之間的距離感消失了，對天與聖人的讚美取代了對天的敬畏。《中庸》曰：「唯天下至誠，為能盡其性。能盡其性，則能盡人之性。能盡人之性，則能盡物之性。能盡物之性，則可以贊天地之化育。可以贊天地之化育，則可以與天地參矣。」此一段話經常為闡發中國哲學之精神者所引用，不過我們可以肯定地說，「與天地參」不適於表述孔子的有關思想。既然天道「內在」於人和天地萬物，那麼天人之間也就不存在任何不可逾越的界限，聖人乃即人即天，其聖德大業即是人道的體現，亦是天道的體現：「大哉聖人之道！洋洋乎發育萬物，峻極於天。」「仲尼祖述堯舜，憲章文武，上律天時，下襲水土。譬如天地之無不持載，無不

---

10 牟宗三，《中國哲學的特質》，頁20。

覆幬；譬如四時之錯行，如日月之代明」。」《中庸》、《易傳》的有關思想與孔孟一系的心性理論相結合，成為後來儒家思想的主流。

自《中庸》、《易傳》以下，「天」的內涵變得更加不確定，可以肯定地說，天並沒有完全失去其終極的、超越的、神聖的乃至神性的內涵，但它無疑被賦予了更多理性的、現實的、倫理的規定。朱子曰：「天即理也」、「天者，理而已矣。」把天歸結於「無情意，無計度，無造作」的、抽象的「理」，其作為現實倫理法則的意義已遠遠重於其宗教意義；從另一方面說，「天即理也」似乎也並不代表朱子的全部意思，我們看下面幾句：

蒼蒼之謂天，運轉周流不已，便是那個。而今說天有個人在那裡批判罪惡，固不可。說道全無主之者又不可。這裡要人見得。（《語類》卷一）

蓋天地是個至剛至陽之物，自然如此運轉不息。所以如此，必有爲之主宰者。這樣處要人自見得，非言語所能盡也。（《語類》卷六十八）

今人但以主宰說帝，謂無形象，恐也不得。若如世間的所謂玉皇大帝，恐亦不可。畢竟此理如何，學者皆莫能答。（《語類》卷七十九）

天之幾種不同的涵義並存，此在宋明儒家那裡相當普遍，但是，占主導地位的是義理之天和自然之天。

問題的關鍵不在於天是否仍然具有某種神性的意義，而在於天作為超越理念是否仍然真實地具有某種終極的、絕對的、無限的內涵，而不至於被淹沒在有限的事物之中，成為某種虛假的無限性。而要做到這一點，我們就必須正視人的有限性，正視天人之間的距離，正視「仲尼終不免嘆口氣」的無奈，可

以說此正是宋明儒家的問題所在。《中庸》講「天命之謂性」，講人性來自於天道，到了宋明儒家那裡，則發展為性體、心體、良知即是天道實體。牟宗三曾論及孔子、孟子、《中庸》與宋明儒家之間的區別，指出：「孔子踐仁知天，未說仁與天合一或為一，但依宋明儒，其共同傾向則認為仁之內容的意義與天之內容的意義到最後完全合一，或即是一。」「孟子言盡心知性知天，心性是一，但未顯明地表示心性與天是一。宋明儒的共同傾向則認為心性天是一。」《中庸》說「天命之謂性」，「但未顯明地表示天命於吾人之性其內容的意義完全同於那『天命不已』之實體，或『天命不已』之實體內在於個體即是個體之性。」總之，在宋明儒家那裡，仁與天為一，心性與天為一，性命天道為一，此所謂「為一」，乃是指「完全合一，或即是一」。[11]而在牟宗三等當代新儒家看來，這正是宋明儒家之對於原始儒家的主要發展和貢獻，亦是其高於孔孟儒家的主要之點。人究竟在什麼意義和多大程度上可以超越自身的有限性？究竟在什麼意義和多大程度上可以做到「知天」、「同天」？從上面簡要的分析中我們可以看出，對於上述問題，孔孟儒家或許並不像後來的宋明儒家講的那樣落實而絕對。在孔子思想中，內在超越與外在超越兩種理路可以說是同時並存；孟子講的「盡心」、「知性」、「知天」也不過是為人們指出一個在實踐上所努力的方向。宋明儒家將《論語》、《孟子》和《中庸》、《易傳》的思想融合為一並加以發展，徹底打通了天人的界限，將天道性命通而為一。我們固不可以輕斷宋明儒家背離了孔孟的真精神，但確實對先秦儒家有一轉向。在某種意義上可以說，他們是把天道完全隸屬於心性論，將天道的超越性歸結於心性本身的超越性，天人之間的距離及某種程度上的緊張關係完全消失了。人們通常只是從限制、壓抑人的具體存在和

11 參見牟宗三，《心體與性體》（一），台北：正中書局，1968年，頁17。

感性欲求方面批判宋儒的「存天理，去人欲，」事實上這種對人的限制、壓抑正是緣於天理失去了本應具有的超越性和理想性。程朱理學的問題也不在於他們強調天理「不為堯存，不為桀亡」的永恒絕對性，而在於他們往往是把現實的倫理法規直接作為天理的具體規定，因而在一定程度上混淆了現實存在與超越理想之間的界限，現實倫理和社會的發展也就失去了進行自我批判的超越尺度。在此種前提下，越是強調和凸顯天理的超越性，就越限制人與社會的自由發展。

　　有一點我認為值得特別指出：孔子曰：「君子有三畏：畏天命，畏大人，畏聖人之言。」此所謂「畏」乃敬畏之意。對天命的敬畏是源於天人之間的距離和把天命視為超越的、高高在上的主宰者所引發的神聖感。到了宋儒則只講一個「敬」字。朱子以「畏」說「敬」：「敬只是一個畏字。」（《語類》十二）實際上，宋儒之「敬」與孔子之「畏」已相去甚遠，敬只是就修心的工夫上說。伊川云：「涵養須用敬，進學則在致知。」（《遺書》十八）朱子云：「敬者工夫之妙，聖學之成始成終者皆由此。秦漢以來，諸儒皆不識這敬字。直至程子方說得親切」。」（《語類》十二）隨著天人關係的改變，天人距離的消失，對天命的敬畏之心已然完全讓位於修養工夫上「主一」、「整齊嚴肅」的誠敬之心。即人即天，何畏之有？明王陽明認為「敬」字亦屬多餘：「明明德只是個誠意。……若須用添個敬字，緣何孔門倒將最要緊的字落了，直待千餘年後要人補出？正謂以誠意為主，即不須添敬字。」（《傳習錄》上）明清之際來華的天主教傳教士利瑪竇曾在《天主實義》中指出：「吾竊貴邦儒者，病正在此常言明德之修，而不知人意易疲，不能自勉而修；又不知瞻仰天主，以祈慈父之佑，成德者所以鮮見。」利瑪竇是站在天主教的立場上說話，但「人意易疲」卻是一個無法迴避的事實。梁漱溟在早年著作中曾舉過一個例子：在西

北回民漢民雜居區，信教的回民不吸鴉片，生活上有許多良好的習慣；漢民雖然號稱尊孔聖，卻「就在任聽自便之中，而許多人墮落了。」

　　說了上面許多，其意並不在於否定儒家的廣大高明之處。天人合一確實是一種很高的境界和智慧，西方世界完全有理由向中國文化學習這樣一種智慧。但是，從另一方面說，為中國文化的發展計，我們是否也應注意吸收和借鑒西方哲學、宗教那種天人相分的智慧呢？正是基於此種思考，筆者曾在一篇文章中批評當代新儒家「似乎過於在天人合一處用心，片面強調了即內在即超越、即人即天的一面，把儒家思想講得圓而又圓」。[12]由此所導致的問題，我稱之為「內在與超越兩不足」：一方面對人性中有限、虛無乃至荒謬的層面，缺乏應有的認識；另一方面對超越理想的貞定和對神聖的追求，似亦缺乏堅實的基礎和應有的力度。[13]從自身的文化傳統來說，歷史上儒家能夠為我們提供的思想資源是多方面的，關鍵還在於向哪個方向開掘以及如何開掘。就當代儒家的發展而言，恐怕不能夠以陸王心學自限，亦不能夠以宋明儒學自限，[14]甚至也不能夠以典藉文化的精英傳統自限。只有在一個更為廣大的文化視野之中，有關儒家與宗教或儒家思想之宗教性問題的討論，才具有真實而確定的意義。

---

12 鄭家棟，〈儒家思想的宗教性問題〉，《當代新儒學論衡》，台北：桂冠圖書公司，1995年。

13 鄭家棟，〈現代新儒學的邏輯推展及其引發的問題〉，《當代新儒家人物論》，台北：文津出版社，1994年，頁352-354。

14 大陸學者何光滬認為：「儒學之『返本』，在時間上須跨越宋明心學，返歸先秦天帝觀之根本。」（〈中國文化的根與花─談儒學的「返本」與「開新」〉），《原道》，北京：團結出版社，1995年，頁42。

佛教觀點

賴永海（南京大學哲學系 教授）

　　佛教的最終目的是成佛，而佛性論就是研究眾生有沒有佛性？能不能成佛的理論，因此佛性理論一直是佛教的中心問題。當然，如同佛教本身就是一個歷史過程一樣，佛性理論也有一個不斷發展變化的過程。

一、佛性者，眾生覺悟之因，眾生成佛之可能性

　　佛性，是梵文Buddhata的漢譯，亦作佛界、佛藏、如來界、如來藏等。「佛者，覺義」，「性者，種子因本義」。[1]所謂佛性，亦即眾生覺悟之因，眾生成佛的可能性——這是中國佛教界對佛性最一般的理解。但是，佛性之「性」在印度佛教中，原為「界」字，《瑜伽師地論》釋「界」義曰：「因義，……本性義，……是界義」。[2]可見，佛性一詞，原就有佛之體性的意義，慧遠說：「佛性是佛之體性」，[3]這是符合印度佛教之本意的。另外，《阿毗達磨俱舍論》釋「界」義曰：「法種族義，是界義。」[4]「界聲表種族義」。[5]這說明佛性與種族說有關，佛這一族類稱為「佛性」。後來，隨著佛教的不斷發展，「界」義也不斷發生變化，至大乘佛教時期，「界」已含有更深的意義，被作為形而上真理的別名。這樣，佛性，又具有本體的意義。

　　同其他意識型態一樣，佛性理論作為一種宗教學說，其產生和發展深受不同社會歷史條件影響，因此，在佛教發展的不同階段，或者在不同國家和地區，佛性的基本意蘊和內涵是不

1《大正藏》第四十四卷，頁472。
2《大正藏》第三十卷，頁610。
3《大正藏》第三十七卷，頁827。
4《大正藏》第二十九卷，頁5。
5《大正藏》第二十九卷，頁5。

盡相同的。例如，在釋迦時代，佛性問題是根本不存在的。當時，釋迦牟尼與弟子共住，一起飲食，一起談論，什麼是如來根本不成問題。所謂「吾在僧數」，說明釋迦牟尼也是眾比丘之一，差別僅在於他比一般比丘更有修養、更有學問、能力更高一些罷了。釋迦牟尼逝世之後，其肉身不存在了，但他所說的法還在，弟子們出於崇敬、景仰的心情，一方面把釋迦佛法化，另一方面又把佛法人格化。二者的結合產生了具有超越性、本體性的「法身」。《增壹阿含經》〈序〉說：「釋師出世壽極短，肉體雖死法身在。」[6]這說明在釋迦逝世之後，眾弟子結集《阿含經》時已有「法身」一說。隨著佛教的不斷發展，釋迦牟尼開始從一個能人、聖者向具有三十二種相、八十種好的超人過渡。部派佛教時期，特別是大眾部已把釋迦牟尼描繪成至上神，並提出了佛壽無邊、法身長存的理論。但是，幾乎在整個小乘佛教時期，成佛者僅限於釋迦一人，其他人不具佛性，也不能成佛：「若小乘中，但佛一人有佛性，餘一切人皆不說有。」[7]「於此教中除佛一人，餘一切眾生皆不說有大菩提性。」[8]如果從理論上說，小乘佛教是主張「無常」、「無我」的，而所謂「佛性」，實際上帶有濃厚的「神我」色彩，因此，小乘佛教是不應該有佛性說的。《大涅槃經·梵行品》明確地說：「十一部經不說佛性」；[9]《光明普照高貴德王菩薩品》亦說：「一切聲聞緣覺經中不曾聞佛有常樂我淨」；[10]所謂「十一部經」，亦即小乘佛教的經典。《地持》云：「十二部中，唯《方廣》部是菩薩藏，餘十一部是聲聞藏。」[11]中國古代的許多

6《大正藏》第一卷，頁549。

7 法藏，《華嚴一乘教義分齊章》卷二。

8 法藏，《華嚴一乘教義分齊章》卷二。

9《大正藏》第十二卷，頁472。

10《大正藏》第十二卷，頁493。

11 石峻等編，《中國佛教思想資料選編》第二卷，第二冊，頁69。

名僧還常把有無佛性作為區劃大、小乘的重要標幟之一，如智顗在《法華玄義》中說：「大、小乘通有十二部，但有佛性無佛性之異耳。」[12]。

當然，說大乘佛教始有佛性說，這是就總體而言，實際上，大乘佛教初期的空宗，從理論上說不會有佛性思想的。大乘空宗的思想，若一言以蔽之，即「空」。此「空」非一無所有之空，而是如《中論》〈三是偈〉所說的：「因緣所生法，我說即是空，亦為是假名，亦是中道義。」[13]亦即萬物因緣和合而有，故無自性，無自性故空，但空不礙幻有、假有。這種性空幻有、空有相即的思想，一方面承接了早期佛教之緣起性空、無常無我思想，另一方面又為後期之妙有思想打開了大門，鋪平了道路。到了大乘中期，特別是諸如《涅槃經》、《勝鬘經》、《如來藏經》等如來藏經典出現之後，佛性思想才有了長足的發展。但是，此類如來藏系經典對佛性之理解（即所謂「如來藏我」）又往往帶有濃厚的「神我」色彩，為了擺脫「神我」色彩的影響，印度佛教中瑜伽行派採用了另一種善巧的說法，即以種子和轉依來說明如來藏、佛性以及眾生能否成佛、如何成佛等問題，亦即以「無漏種子」釋佛性，而以「轉識成智」、「轉染成淨」來說成佛問題。提出並弘揚這種思想的，是無著、世親及瑜伽行派諸論師，其代表性論典是《瑜伽師地論》、《顯揚聖教論》、《攝大乘論》、《唯識三十頌》等。

但是，真正對中國佛教佛性理論產生較大影響的，是幾部帶有濃厚綜合色彩的大乘經典，如《楞伽經》、《大乘起信論》、《維摩詰經》、《大般涅槃經》等。這幾部經典對佛性之界定，頗具綜合性和創造性，例如，《楞伽經》就把如來藏系之佛性說與唯識系佛性說統一起來，明確提出「阿梨耶識名如

12《大正藏》第三十三卷，頁803。
13《大正藏》第三十卷，頁33。

來藏」。[14]另一部具有綜合和創造性的經典是《大乘起信論》。該
論以「一心二門」為綱骨，認為一心即心之本體，由此一心向
光明界、清淨界、悟界看，便是真如門；由此一心向無明界、
雜染界、迷界看，便是生滅門。真如門是自性清淨心，生滅門
是雜染虛妄心。由無明而有虛妄生滅，由虛妄生滅之現實而修
習向上，即可至究竟果位，此稱為一心法界。《大乘起信論》
中所說的「心」具有清淨之「真心」和虛妄之「現實心」的雙
重性質，加之，《起信論》對中國佛教之佛性理論影響至大、
至深，故中國佛教佛性論中之佛性，往往帶有「真心」和「妄
心」的雙重性質。

　　由於在佛教的不同發展階段或不同佛教經典中佛性的性質
往往不盡相同，由此造成了在中國佛教的不同時期或不同宗派
中佛性之性質常常多有差異，例如，在南北朝時期就有十一家
佛性說，有的以「眾生」說佛性，有的以「心」為佛性，有的
則以「真神」為佛性，等等。六朝以後，宗派林立，各宗各派
都有自己的佛性說，但就以天臺、華嚴、唯識、禪宗等幾大宗
派說，又大體上可分為兩大流派：天臺、華嚴、禪宗等屬一
派。此派對佛性義之具體解執雖不無差別，但基本上都以「真
常心」為佛性；唯識宗為一派，以「無漏種子」為佛性。若就
經典而言，佛性在各部經論中稱謂不一，叫法繁多。吉藏在
《大乘玄論》中指出：「經中有明佛性、法性真如、實際等，並
是佛性之異名。」「佛性有種種名，於一佛性亦名法性、涅槃，
亦名般若、一乘，亦名首楞嚴三昧、師子吼三昧，故知大聖隨
緣善巧，於諸經中說名不同。」[15]例如，在《涅槃經》中名為佛
性，於《華嚴經》中名為法界，於《勝鬘經》中名如來藏自性
清淨心，於《楞伽經》中名為八識，於《楞嚴經》中名為首楞

14《大正藏》第十六卷，頁559。
15《大乘玄論》卷三。

嚴三昧,於《法華經》中名為一乘,等等。

各宗派乃至各部經論不僅對於佛性之稱謂不一,而且對佛性義之解執亦各有殊異。例如名為佛性者,主要指眾生覺悟之性;名如來藏者,主要指如來藏眾生,眾生藏如來;融諸性相,究竟清淨,名為自性清淨心;為諸法體性名為法性;妙實不二,名為真如;盡原之實,名為實際;理絕動靜,名為三昧;理無所知無所不知,名為般若;善惡平等,妙運不二,名為一乘;理用圓寂名為涅槃,等等。

當然,儘管不同時期、不同派別或不同經典對於佛性之釋名、定義乃至對佛性性質之界定各有差異,但不妨礙它們都是佛教的佛性說,而且不妨礙它們作為佛教的佛性有著一些共同的、最基本的意蘊和內涵,這個最基本的蘊涵即是我們在本節開頭所指出的,所謂佛性,即是眾生覺悟之因,眾生成佛的可能性。因為眾生悉有此佛性在,所以如梁武帝所說的「成佛之理皎然」。

二、從「覺者爲佛」到「眾生本來是佛」

佛教的最終目標是成佛,佛的本意是「覺者」、「覺悟的人」,也就是說,佛也是人,所不同的是,他是覺悟了的人罷了——當然,這是早期佛教的佛陀觀,這種佛陀觀隨著時間的推移逐漸發生了變化,到了大乘佛教時期,當佛陀變成了無所不在的「如來」時,此時的佛就被本體化了。如果說小乘佛教的佛陀只有釋迦牟尼一人,那麼,到了大乘佛教,十方世界則有無量無數佛。與此相應,小乘佛教時期的佛陀是眾生的信仰、崇拜對象,到了大乘佛教時期,眾生只要通過修證即可成佛,而到了中國佛教的華嚴、禪宗,在眾生與佛的關係上,更是出現了「眾生本來是佛」的思想。

由於佛教傳入中國是大小二乘並有、空有二宗兼傳,加之

受中國古代神仙方術、傳統宗教及儒家思想的影響，中國佛教在眾生與佛相互關係問題上，異說紛紜且表現為一個不斷變化、發展的過程。

在佛教傳入中土之初，當時的中國人用傳統的宗教觀念和神仙方術去理解和接受佛教，結果把佛教變成神仙方術的一種，東漢時，人們把釋迦牟尼佛和作為道家創始人的黃帝、老子相提並論，視為同類神，此正如《牟子理惑論》所說的「佛之言覺也，恍惚變化，分身散體，或存或亡，能大能小，能圓能方，能老能少，能隱能顯，蹈火不燒，履刃不傷，在污不染，在禍無殃，欲行則行，坐則揚光，故號為佛也。」[16]阿羅漢也成為「能飛行變化，曠劫壽命，住動天地」[17]的仙家者流。此時的漢地佛教，主要修習小乘禪學，其中，尤以修習安般守意禪者為多。此系禪學認為，通過修習「四禪」、「六事」（即通過調節人的呼吸，過到心意專一，在此基礎上，再作「不淨觀」，進而「攝心還念，令諸陽陰皆滅」，[18]最後，盡除一切意欲，進入一種無思無想的境地）就可以得到諸如「天眼通」、「神足通」等各種「神通」。

與小乘禪學不盡相同，漢魏佛教的另外一個系統是大乘般若學。此系佛教主要是通過修習「緣起性空」理論，悟解包括眾生在內的一切諸法皆空，進而證涅槃、得解脫。

南北朝時期，中國佛教有一個長足的發展，出現了許多以研習、闡釋某一經論為主的學派，同時也產生了不少在中國佛教史上具有較大影響的大德高僧。就佛性思想而言，最具代表性的當推慧遠、梁武帝和被稱為「涅槃聖」的竺道生。

梁武帝的佛性思想，具有濃厚的中國傳統「靈魂說」的色

---

16 《牟子理惑論》。
17 《四十二章經》。
18 康僧會，〈安般守意經序〉。

彩。他提出一種被稱為「真神論」的佛性學說,以「神性不斷」來說明眾生可以成佛,認為「心有神靈不失之性,……由此能成大覺果。」[19]「以真神不斷故,成佛之理皎然。」[20]意思是說,因為人之身內有一永傳不斷的「真神」,所以人人得以成佛。梁武帝這裡所說的「真神」,就佛教的思想淵源說,是來源於涅槃學中的「佛性我」,但因梁武帝所說的「真神」在很大程度上具有實體性,因此更帶有中土傳統宗教所說的不滅的靈魂性質。

慧遠的佛性思想集中地體現在其「法性論」之中。此「法性論」的基本思想,即慧遠所說的「至極以不變為性,得性以體極為宗。」[21]這裡所說的「極」與「至極」,均指佛教的最高境界——涅槃。意思是說,所謂「法性」,是不寂不變的、不變不有的,作為佛教最高境界的涅槃即是證悟體會此「法性」。

如果說梁武帝的「真神論」在相當程度上是中土「靈魂說」的翻版,那麼,慧遠的「法性」則具有較濃厚的融合性質,即融合了佛教的「法性」、玄學的「本無」,和中國傳統宗教的「靈魂」。

在印度佛教中,法性與實相、真如、法界、佛性等是同義而異名,亦即指不有不無、不空不有、不生不滅之體性。慧遠所說的法性,既有印度佛教所說的諸法體性之含義,又有魏晉玄學「本無」的性質,或者準確點說,是以玄學之「本無」說佛教的「法性」。由於「法性」與「本無」都帶有本體的性質。因此,慧遠在論述眾生如何才能成佛,如何才能達到最高境界時,認為應以「體極為宗」,即主張反本歸極、體證佛性。

應該進一步指出的是,慧遠所說的「本性」雖然具有本體

---

19 蕭衍,《立神明成佛義記》。
20 蕭衍,《立神明成佛義記》。
21《高僧傳》卷六。

的性質，但由於受到中國傳統靈魂說的影響，又常常帶有實體性，這一點，集中體現在慧遠十分強調「法性」是一種「不變之性」，並以此為根據，宣揚人的精神是永恒長存的。而此一永恒長存之神，既是報應的承擔者，又是成佛的根據。

在魏晉南北朝諸高僧大德中，佛性思想最為豐富和深刻的，當推被稱為「中土涅槃聖」的竺道生。竺道生對中國佛性理論的主要貢獻有三：一是建立了「體法為佛」、「當理為佛」的本體論的佛性理論；二是主張「一切眾生悉有佛性」；三是倡「頓悟成佛」論。

與梁武帝、慧遠的佛性理論具有相當程度的過渡性和融合性不同，竺道生的佛性理論，具有較堅實的理論基礎且頗具開創性。

首先，他以般若實相論為依據，提出「體法為佛」、「當理為佛」思想。竺道生認為，所謂「如來者，萬法雖殊，一如是同，聖體之來，來化群生，故曰如來」[22]、「體法為佛，法即佛矣」。[23]也就是說，所謂如來者，乃是體證此真如、實相而來教化眾生的聖者。進一步說，佛即是一切諸法之體性、本體。

基於佛是諸法本體的思想，竺道生進一步指出一切眾生「本出於佛」，[24]並以此為依據提出一種被當時佛教界視為悖經違聖的「一切眾生悉有佛性」說。這種思想的提出對於當時的佛教界具有振聾發聵之作用。

晉宋之際，由於涅槃佛性學剛傳入中土，其時在中土流傳之佛教經典都主一闡提不具佛性、不能成佛。據說竺道生在研習、講解六卷《泥洹經》時，覺得六卷《泥洹經》不盡符涅槃精義，對一闡提不具佛性說尤表懷疑，因此，深入地研究了當

---

22 竺道生，《妙法蓮華經註疏・序品》。
23 竺道生，《大般涅槃經解・師子吼品》。
24 竺道生，《大般涅槃經集解・文字品》。

時流傳的諸多大乘經典，剖析經理，洞入幽微，終於孤明先發，首倡一闡提人亦具佛性，皆得成佛。因當時大本《涅槃經》尚未南傳，獨見忤眾，舊學僧黨以為邪說，譏憤滋甚，遂擯而遣之。但竺道生並沒有因被擯遣而改變主張，而是據理固守，並當眾發誓：「若我所說反於經義者，請於現身即表癩疾。若與實相不相違背者，願捨壽之時，據師子座。」[25]後北涼曇無讖所譯《北本涅槃經》傳到南京，果稱闡提有佛性，「於是京邑諸僧，內慚自疚，追而信服。」[26]「時人以生推闡提得佛，此證有據，頓悟不受報等，時亦憲章。」[27]至此，竺道生才被追認為「涅槃聖」，其學說也得到社會承認，並進而衍為佛教界之統治思想。

竺道生對於中國佛性理論的另一個重要貢獻是首倡「頓悟成佛」論。所謂「頓悟成佛」，意謂眾生之成佛，不在於歷劫苦修，而在於「以不二之悟，符不分之理。」[28]竺道生這個思想在中國佛性論乃至於中國佛教思想史上都具有十分重要的意義並產生極其深遠的影響，因為它從理論高度上回答了為什麼對於作為本體的般若實相（或佛性）之體證、把握必須採用頓悟的方法，而不能採取漸修的方法——漸修從理論的角度說，是屬於對部份的認識，而再多的部份相加也不能構成本體，本體是不可分的，對於不可分的本體（實相、佛性均屬本體）的認識和把握，只能採取整體性把握的方式，即頓悟。

隋唐二代是中國佛教的鼎盛期，也是佛教中國化的成熟期。這時期出現的中國佛教諸宗派，大多另闢蹊徑，自造家風，以「六經注我」的精神，「說己心中所行法門」。天臺宗以「性具善惡」的佛性理論和「止觀並重」的修行方法，一改佛教

---

25 《高僧傳‧竺道生傳》。
26 《高僧傳‧竺道生傳》。
27 《高僧傳‧竺道生傳》。
28 慧達，《肇論疏》。

關於佛性至善的傳統說法和南義北禪的分裂局面，建立了第一個中國化的佛教宗派。華嚴宗也以圓融理論為法寶，調和了中土佛教史上「眾生有性」說與「一分無性」說的尖銳對立，使它們各得其所，同時根據《大乘起信論》的「心造諸如來」及「一心二門」等思想，改變了《華嚴經》以「法性清淨」為基礎說一切諸法乃至眾生與佛的平等無礙，從而使中土佛性論的「唯心」傾向更加明顯，為以心為宗本的禪宗的產生與發展鋪平了道路。而作為中土佛教之代表的禪宗，更是全印度佛教之源頭，而直探心海，由超佛之祖師禪而越祖的分燈禪，把傳統之佛教與佛教之傳統掃除殆盡。至此，印度佛教的中國化，已發展成中國化的佛教。與之相應，中國佛教的佛性理論也具有更為濃厚的中國化特色。

在眾生與佛的相互關係上，天臺宗最基本的思想，是認為一切眾生本具佛性，悉能成佛。

當然，從理論上說，當竺道生所倡「一切眾生悉有佛性」說得到《北本涅槃經》的印證進而為整個佛教界所接受之後，「眾生有性」的思想就成了中國佛教思想之主流。換句話說，南北朝以降的佛教各宗派，大多（唯識宗除外）主張一切眾生悉有佛性，皆能成佛。因此，佛性本具思想，與其說是天臺宗佛性學說的特點，毋寧說是中國佛教界一個重要的思想潮流。實際上，天臺宗佛性學說的特點，並不在眾生本具佛性上，而在於對以下問題的回答、論證上，即眾生為何本具佛性？眾生所本具的佛性性質如何？應該怎樣修行，才能達到成佛的目的？等等。

對於眾生為何本具佛性問題的回答，天臺宗立論的一個重要依據是「十界互具」說。所謂「十界互具」，即認為從佛、菩薩、緣覺、聲聞四聖界到天、地、阿修羅、餓鬼、畜生、地獄六凡界，並不是彼此隔絕、互不融通的，而是各各互具，亦即

其中的任何一界都具其他九界。具體地說，佛界也具包括地獄
在內其他九界，而人界也具包括佛界在內其他九界。人界具佛
界，換句話說，也就是眾生本具佛性。

　　對於眾生所本具佛性之性質的看法，是天臺宗佛性學說最
具特色之所在。按照佛教之傳統看法，佛性本是至純至淨、盡
善盡美的，印度、中國佛教各宗各派都如是說，但天臺宗卻一
反佛教的傳統看法，主張佛性不但本具善性，而且本具惡性。
這一悖世俗、反傳統的「性具善惡」說，把天臺宗的佛性學說
與其他宗派的佛性思想嚴格區分開來。而如果從理論上說，天
臺宗此一思想的得出，是建立在「三因互具」說和以上所論及
的「十界互具」說上。

　　「十界互具」說的其中一個重要觀點，是佛界也具餓鬼、畜
生、地獄諸界，而此三界在佛教裡乃屬「三惡道」，因此，佛界
具惡乃「十界互具」說的題中應有之義。此外，天臺宗對「性
惡說」還有一個更為嚴密的理論論證，即「三因互具」說。所
謂「三因互具」，亦即天臺宗認為佛性可進一步分為正因、緣因
和了因三種。在此三因佛性中，正因佛性如中道實相（或曰
「中」），是無善無惡的；而緣因佛性和了因佛性則如般若觀照
（或曰「空」）和五度功德（或曰「假」），是具有善惡的，此其
一；其二，正、緣、了三因並不是懸隔殊絕的，而相即互具
的：「言緣必具了、正，言了必具緣、正，言正必具緣、了。
一必具三，三即是一，毋得守語害圓誣罔聖意。」[29]此有如空、
假、中三諦圓融互具一樣，說空，即假、中亦即空，說假、
空、中亦即假，說中，空、假亦即中，即空即假即中，雖三而
一，雖一而三，三即是一，一即是三。宋代遵式在評述天臺宗
的「三因互具」說時指出：「天臺所談佛性，與諸家不同。諸
家多說一理真如名為佛性，天臺圓談十界，生佛互融，若實若

29《大正藏》第三十三卷，頁757。

權，同居一念。一念無念（空），即『了因佛性』。具一切法（假），即『緣因佛性』；非空非有（中），即『正因佛性』。是即一念生法，即空、假、中，……圓妙深絕，不可思議。」[30]正是以圓融三諦之理論為基礎，天臺宗建立了比較嚴密的「三因互具」說。至於眾生應該如何修行才能成佛問題，天臺宗也建立一套比較完整的修行理論，其中最具代表性的是其「止觀並重，定慧雙修」的修行方法。

佛教傳入中國後，在修行方法上曾出現過「南義北禪」的局面，即南方重義理、重智慧，北方重止觀、重禪定。這種局面至天臺宗開始有了轉變，天臺宗從其創始人智顗起就一直把「止」和「觀」作為轉迷開悟、成菩薩作佛的兩種最基本的修行方法。認為佛法雖多，但「論其急要，不出止觀二法」，[31]而這二法又猶如車之兩輪、鳥之兩翼，不可有所偏廢，而應該「止觀並重」、「定慧雙修」。「若偏修禪定福德，不學智慧，名之曰愚；偏學智慧，不修禪定福德，名之曰狂。」[32]「愚」固然難見佛性，「狂」也不可能成佛，因此，「止」之與「觀」，應該兩端並舉，相資為用，這樣，才能見佛性，成佛道。

華嚴宗的佛性學說，與天臺宗多有相通之處，例如，都主張眾生悉有佛性，均視眾生與佛為圓融互即的關係。當然，在論證眾生悉具佛性的思路上及談論生佛圓融的方法上，二者之間又存在著明顯的差別。

與天臺宗從生佛互具的角度去談眾生本具佛性不同，華嚴宗是從「淨心緣起」的角度談一切眾生悉有佛性。所謂「淨心緣起」，亦即認為一切諸法（包括眾生）都是「如來藏自性清淨心」緣起的產物，此有如智儼在《華嚴五十要回答》中所說

---

30 遵式，〈為王丞相（欽若）講《法華經》題〉《天竺別傳》卷下。
31 《大正藏》第四十六卷，頁462。
32 智顗，《童蒙止觀》。

的：「佛性者，是一切凡聖因，一切凡聖皆從佛性而得生長。」
[33]如來藏「是一切諸佛、菩薩、聲聞、緣覺乃至六道眾生等體。」
[34]也就是說，如來藏、佛性，是四聖六凡一切眾生之因、之體，
只是由於眾生因各種無明業障，迷妄執著，故有六道輪迴之
苦，如果能遠離各種迷妄執著，悟見自身中之如來智慧，則與
佛無異。華嚴宗此種迷凡悟聖的思想，澄觀在《大華嚴略策》
中有一個經典的表述，他說：「夫真源莫二，妙旨常均，特由
迷悟不同，遂有眾生及佛。迷真起妄，假號眾生；體妄即真，
故稱為佛。」[35]此謂眾生與佛，原本無異，只是由於迷悟不同，
故有眾生與佛的差別。迷真而起妄，故假號為眾生；若能體妄
即真，眾生即是佛。

「迷凡悟聖」雖是華嚴宗看待眾生與佛相互關係的一個觀
點，但華嚴宗並不僅僅停留在「迷凡悟聖」上，根據華嚴宗
「理事無礙」、「事事無礙」、「一即一切」、「一切即一」的圓
融理論，在眾生與佛的相互關係上，華嚴宗最後走上了「眾生
本來是佛」的道路。在《華嚴經探玄記》中，法藏說：「離佛
心處無所化眾生，況所說教？是故唯是佛心所現。此義云何？
謂諸眾生無別自體，攬如來藏以成眾生。然此如來藏即是佛智
證為自體，是故眾生舉體總在佛智心中。」[36]意思是說，眾生非
於佛智之外別有自體，舉體全在佛智之中，這無疑是眾生即佛
的意思。不但眾生即佛，而且佛即眾生。法藏說：「總在眾生
心中，以離眾生心無別佛德故。此義云何？佛證眾心中真如成
佛，亦以始覺同本覺故，是故總在眾生心中。從體起用，應化
身時即是眾生心中真如用大，更無別佛。」[37]也就是說，佛非別

33 智儼，《華嚴五十要回答》卷下。
34 智儼，《華嚴五十要回答》卷下。
35 澄觀，《大華嚴略策》。
36 法藏，《華嚴經探玄記》卷一。
37 法藏，《華嚴經探玄記》卷一。

佛，乃是證眾生心中真如而成，是眾生心中真如從體起用的結果。不但法身佛是這樣，化身佛也是眾生心中真如之大用，此外更無別佛。

既然眾生本來是佛，那麼，何謂眾生？何謂佛？眾生與佛又有一些什麼區別？現實中的眾生又如何才能成佛？對於這些問題，華嚴宗人是這樣回答的：眾生與佛，「唯依妄念而有差別，若離妄念，唯一真如。」[38]「迷真起妄，假號眾生；體妄即真，故稱為佛。」此謂一切眾生都是妄念執著的假相、假號，如果能夠離妄還原、體妄歸真，那麼，一切眾生與佛無異。

對照天臺與華嚴二宗的佛性思想，可以看出，天臺宗主要是站在眾生的立場去講成佛，故倡「性具善惡」、「止觀雙修」，而華嚴宗則站在本來是佛的立場去看眾生，故主張離妄還原、體妄證真；如果說天臺宗的「定慧雙修」較強調棄惡修善、轉迷開悟的實踐修行，那麼，華嚴的「離妄還原」的修證學說則更取純理論的形式。當然，二宗有一個共同點，即都主張一切眾生悉具佛性，皆能成佛。

在隋唐佛教諸宗派中，也不是所有的宗派都主張一切眾生悉有佛性，皆能成佛，以傳承、弘揚印度瑜伽行派思想為己任的唯識宗，就反對一切眾生悉有佛性說，他們依據《瑜伽師地論》、《佛地經論》等大乘論典，提出「五種種性說」，認為有一類眾生決定無佛性，永遠不能成佛。在成佛問題上，唯識宗不講涅槃、解脫，而講轉依，或者準確點說，以轉依來講涅槃、解脫。唯識宗把染淨諸法都歸諸阿賴耶識，視阿賴耶識為染淨之所依，認為佛教一切修為的目的，就是轉染成淨、轉識成智。當人們把阿賴耶識中的雜染分轉化為清淨分時，作為染淨合體之阿賴耶識已不復存在而轉化成大圓鏡智，此時，也就是成佛得解脫了。

---

38 澄觀，《大華嚴經略策》。

　　唯識宗把部份眾生拒之於佛門之外的思想，與南北朝之後中國佛教界業已形成的「一切眾生悉有佛性」思想潮流頗不合拍，因此，很快就遭到佛教界的冷落和遺棄。而自中唐以降，在中國佛教界流傳最廣、影響最大、甚而最後成為中國佛教代表的是禪宗。

　　禪宗的佛性思想集中地體現在其「即心即佛」理論上。所謂「即心即佛」，也就是惠能在《壇經》中反覆指出的：「自心是佛，更莫狐疑，外無一物而能建立，皆是本心生萬種法，故經云：『心生種種法生，心滅種種法滅。』」[39]「本性是佛，離性無別佛。」[40]惠能把印度佛教中帶有濃厚本體色彩之佛性訴諸眾生當下現實之人性、心性，使得禪宗的整個思想，包括佛性理論、修行方法、解脫理論等發生了根本性的變化──因為既然自心是佛，對外（包括對佛、菩薩）的信仰、崇拜就天然合理地為自尊自信所取代；他度（包括佛度、菩薩度）就變成自力自度，強調禪定變成了注重「心悟」，講究出世間求解脫變成提倡「即世間求解脫」。

　　既然眾生心本是佛，佛即是眾生心，眾生即佛，佛即眾生，眾生與佛，元同一體，那麼，「何處有佛度眾生，何處有眾生受佛度？」[41]在這裡，傳統的外在的對佛菩薩的崇拜、信仰變成了去尋找「主人翁」，發現自我，發見自身之心性，傳統佛教的依賴於佛度、師度，變成了強調自性自度。與之相應，傳統的修禪靜坐的修行方法也逐漸地發展為強調「明心見性」、「道由心悟」；「不悟，即佛是眾生，一念悟，眾生是佛。」[42]「前念迷即凡，後念悟則佛。」[43]此外，對於傳統佛教所注重的

39　惠能，《壇經》。
40　惠能，《壇經》。
41　希運，《黃檗禪師宛陵錄》。
42　惠能，《壇經》。
43惠能，《壇經》。

「出世求解脫」，禪宗也易之以「即世間求解脫」，把成佛從「彼岸」拉回「此岸」，此誠如惠能在《壇經》中所說的：「佛法在世間，不離世間覺。離世覓菩提，恰如求兔角。」[44]禪宗對傳統佛性思想所進行的這一系列變革，既源於大乘佛教利他濟世、關懷世間的精神，又深受儒家人本主義和入世精神的影響，到了近現代，中國佛教更發展為注重人生、強調入世的「人間佛教」，把出世與入世統一起來，把做人與作佛統一起來。

三、體證佛性是一種超越生死之境界

如同其他的宗教一樣，佛教雖然會因特定的社會歷史條件和文化背景而出現世俗化的傾向，但作為一種宗教，它的最終目標、最高境界，仍然是而且必須是超越性的。

佛教之超越性首先應當表現在其佛性思想上，因為不管從佛之種性的角度去釋佛性，還是把佛性理解為佛之體性，佛性都是最能體現佛之本質的東西，而佛之本質正是相對於眾生的本質、相對於世俗性而言的，換句話說，佛的本質，正在其超越性。

佛教自其傳入中土之日起，就因其超越性而常常與中土傳統的世俗倫理與王道政治發生衝突。早在魏晉時期，佛教界就曾因主張佛教應遁世離俗而與世俗倫理與王道政治發生衝突，其中最具代表性的當推「沙門敬王」之爭。按照中國的傳統，王道是「天命」、「天意」的代表，「普天之下，莫非王土，率土之濱，莫非王臣」，世間的一切悉歸皇帝所有，佛教作為一股社會力量和一種社會意識形態，它當然必須隸屬和服從於王道政治，僧人應該像社會各界人士一樣遵從世俗的禮儀跪拜君親，但是當時佛教界領袖慧遠則以佛教的超越性為根據，提出佛教作為一種「方外」之教，僧人作為出家之人，與世俗之教化和在家之人士當有所區別，認為「在家奉法，則是順化之民，情未變俗，跡同方內，故有天屬之愛，奉主之禮。」[45]而

「出家則是方外之賓，跡絕於物。其為教也，達患累緣於有身，不存身以息患；知生生由於稟化，不順化以求宗。」[46]慧遠這種佛教是方外之教，應變俗以求宗的理論是以如下的思想為依據的，即佛教是以「溟神絕境」之「泥洹」為最高境界的，要達到這種境界，就必須「超落塵封」、「反本求宗」，而「超落塵封者」則應「不以情累其生」，「反本求宗者」，則應「不以生累其神」。「不以情累其生，則生可滅；不以生累其神，則神可冥。冥神絕境，故謂之泥洹。」[47]所謂「泥洹」者，「涅槃」是也；而「涅槃」則是「佛性」之異稱，佛性之超越性於此可見一斑。

佛性就一般意義說，是指成佛的可能性。這種可能性通常不局限於一生，也不在視聽之內，此與世典之談論善惡報應，多「以一生為限，不明其外」頗多異趣，佛性之超越性，這也是其表現之一，正如慧遠所說的：「佛教所以越名教，絕九流者，豈不疏神達要，陶鑄靈府，窮源盡化，鏡萬象於無象者也。」[48]

佛教的這種陶冶性靈、窮源盡化的超越性，如果把它與世俗禮教相比照，就顯得更為突出。對此，歷代佛教思想家也早已有所認識，例如，慧琳在《白黑論》中說：「周、孔設教，正及一世，不見來生無窮之緣。……視聽之外，冥然不知，良可悲矣。釋迦關無窮之業，拔重關之險，陶方寸之慮，宇宙不足盈其明，……指泥洹以長歸，乘法身以遐覽，神變無不周，靈澤靡不覃。」[49]南朝宋文帝也引范泰、謝靈運的話說：「六經

---

44 《壇經》。
45 慧遠，《沙門不敬王者論·在家一》。
46 慧遠，《沙門不敬王者論·出家二》。
47 慧遠，《沙門不敬王者論·求宗不順化三》。
48 慧遠，《三報論》。
49 慧琳，《白黑論》。

典文，本在濟俗為治耳，必求性靈之真奧，豈得不以佛經為指南邪！」[50]隋唐之後的許多佛教思想家則把佛教視為「治心」之「無為法」，他們認為，「儒者，聖人之大有為者也；佛者，聖人之大無為者也。有為者以治世，無為者以治心。」[51]「儒者，飾身之教，故謂之外典也；釋者，修心之教，故謂之內典也。」[52]所有這些論述都十分強調佛教作為一種無為法所應有的超越性，當然這種超越性從某種意義上說，是就其終極性而言，因為就其社會存在來說，佛教往往與儒家等世俗教化相為表裡、相輔相成，但就其最終目標、最高境界說，則是絕對的、超越的，這一點，尤以大乘佛教的以涅槃為反本歸極、體證佛性表現得最明顯。

佛教發展至大乘，思想上發生了一個很大的變化，即出現了佛性的本體化。大乘佛教之佛性，與「真如」、「實相」等無異，均是指一切諸法（包括眾生與佛）之本體。此時，作為佛教最高境界的涅槃，已不是世俗之修善積德等有為法所能達到的，而是必須體證本體，與本體合一，亦即所謂「反本歸極」、「體證佛性」。這種向本體的復歸、對本體的證悟，從某種意義說，完全是一種境界，一種超越生死的境界，超越善惡的境界。

---

50 《弘明集》卷一。
51 契嵩，《寂子解》。
52 智圓，《中庸子傳》上。

道教觀點

胡孚琛（中國社會科學院哲學研究所 研究員）

　　什麼是道教？從道教的文化特徵及其形成和發展的歷史看：所謂道教，是中國母系氏族社會自發的以女性崇拜為特徵的原始宗教在演變過程中，綜合進古老的巫史文化、鬼神信仰、民俗傳統、各類方技術數，以道家黃老之學為旗幟和理論支柱，囊括儒、道、墨、醫、陰陽、神仙諸家學說中的修煉思想、功夫境界、信仰成分和倫理觀念，在度世救人、長生成仙進而追求體道合真的總目標下神學化、方術化為多層次的宗教體系。它是在漢代及以後特定的歷史條件下不斷汲取佛教的宗教形式，從中華民族傳統文化的母體中孕育和成熟的以「道」為最高信仰的具有中國民眾文化特色的宗教。

　　由此說來，道家和道教文化淵源於中國先民女性崇拜的母系氏族公社原始宗教，它是在漢代形成至南北朝時期才趨於成熟的。道教不僅因外來佛教的傳入而催生，而且它本身就包容了儒教的倫理教化功能和佛教的宗教形式。然而道教以「道」名教，對「道」的信仰和追求是道教的特色。特別是宋元以來道派和丹派合一，內丹學成了道教核心的教義教理和道士終極的修持方式，道教的仙人境界便成了依靠內丹修煉的人體系統工程向「道」復歸並同「道」一體化的境界。因此，道教的神性論也就同道論及仿照佛性論而建立的道性論聯繫在一起。

一、道論與道性論

　　道教哲學根本上說是道家哲學的神學化和方術化，道教中的道論也和老莊道家哲學的道論是一脈相承的。《道德經》云：「有物混成，先天地生。寂兮寥兮，獨立而不改，周行而不殆，可以為天地母。吾不知其名，強字之曰『道』，強為之名

曰『大』。」（第二十五章）中國古代的哲人老子「游心於物之初」（《莊子·田子方》），捨棄宇宙萬物的一切具體屬性，尋找宇宙的起始點和產生萬物的總根源，體悟到宇宙萬物之中最本質的共相，這就是道。道是宇宙的本源，它有體有用。作為道體，它是形而上的宇宙萬物之原始本體，呈現「無」和「有」兩種狀態的統一。首先是「無」，即宇宙創生之前的虛空狀態，稱為「天地之始」，具有質樸性和絕對性。然後是「有」，即宇宙創生之際含有一片生機的混沌狀態，稱為「萬物之母」，具有潛在性和無限性。作為道用，它是形而下的法則秩序，即宇宙萬物之中普遍存在的客觀規律，稱為「常道」。道化生出時間和空間，物質與精神，運動與靜止，生命和文化，具體存在於自然界、人類社會和人體之中，它貫穿古今、囊括萬有、其大無外、其小無內，體現了宇宙的真實結構和內在節律。《道德經》云：「道生一，一生二，二生三，三生萬物」（四十二章），這是道論中關於宇宙創生和演化的基本圖式。其中「一」是混沌一氣，內丹家稱為元始先天一炁、真一祖氣、太乙真氣等，是宇宙創生之始混沌狀態中隱藏著的秩序，是產生萬物普適的內在節律的信息源。「二」是陰陽二性，內丹家講「一陰一陽之謂道」，陰陽是排斥和吸引、實體和功能、男女雌雄、相反相成、對立統一的矛盾狀態。陰陽二極之間存在著「中介」物，陰、陽、中三者趨向「和」的狀態，分而為三，合則為一。《道德經》云：「道之為物，惟恍惟惚。惚兮恍兮，其中有象；恍兮惚兮，其中有物。窈兮冥兮，其中有精；其精甚真，其中有信」（二十一章）。道論認為萬物創生之前先有氣、形、質依次出現，也稱作太初、太始、太素。「太初者」，氣之始也。（《列子·天瑞》）「元氣始萌，謂之太初」（《帝王世紀》）。《易緯·乾鑿度》：「太始者，形之始也。」、「自一而生形，雖有形而未有質，是曰太始。」（《萬法通論》）「太素者，太始變而

成形，形而有質，而未成體，是曰太素。太素，質之始而未成體者也。」（《道法會元》卷六十七）道能化生出有氣、有形、有質之物，用現代科學的語言說，也就是含有能量、信息、物質三大要素。「三」就是有象、有精、有信、有物的組成宇宙的信息、能量、物質的三大基本要素。在宇宙大爆炸前，道化生出先天混沌一片，繼而分出陰陽二性，再轉化為信息、能量、物質三大要素，在宇宙大爆炸中由信息、能量、物質組成萬物紛紜、生機勃勃的世界，這就是「三生萬物」的過程。內丹學將人體看作是和自然界「大宇宙」同構的「小宇宙」，也是由父母陰陽交合招攝先天一炁而立性命，性命即神炁，分而為精、氣、神，稱作人體的「三寶」，是煉丹的藥物。先天一炁生陰陽二性，「陽化氣，陰成形」（《黃帝內經素問‧陰陽應象大論》）；陽為功能，陰為形質；陰精是人的生命基礎，陽氣是由陰精（體內精血）產生的生理機能。內丹學將人體分為形、氣、神三個層次，精為形體之精華，內丹修煉的人體系統工程就是將精氣神凝煉為神炁（炁為精氣合一之代號），再將神?凝煉為元神（煉化神），最後復歸於道的人體反演的實驗。顯然，這種「三歸二」、「二歸一」、「一返○」的修煉程式是老子「道生一，一生二，二生三」的圖式宇宙反演的思考。以上是道教中道論的真實含義。內丹學是揭示道家與道教學說內幕的關鍵，內丹之秘的破譯必將帶來道學研究的新進展。道具體化為萬物之性，在自然、社會、人生中體現出來就是「德」。道家與道教將人體、社會、自然界看作是同構的統一體，是一種研究人體生命規律推而至於治國用兵的君王南面政術，是一種以身觀天下的學問。而今學術界對內丹學尚缺少研究，《道德經》的大量注本多為望文生義之作，這是因為魏晉南北朝以來儒學成了占統治地位的國家意識形態，道家被曲解為消極的隱士哲學的緣故。其實道家學術以「無為」為體，以「無不為」為

用，以「中和」二字為綱要，以一個「忍」字應世，以一個「逆」字修煉，以弱勝強，以退為進，「動合無形，贍足萬物。其為術也，因『陰陽』之大順，採儒、墨之善，撮名、法之要，與時遷移，應物變化，立俗施事，無所不宜。指要而易操，事少而功多」（司馬談《論六家要旨》）。道應用於治國、用兵、修身、處世、為學、養生諸方面，融匯百家，包羅萬象；上自哲學思想、自然規律、宗教信仰、國策兵法；中有經世權謀、人生經驗、健體煉養之方技；下至民俗、祭祀、星命、占驗等術數，從而展現出道家與道教文化豐富多采的內容。

人類文明都不能沒有自己理想的超越世界。我們只要認真考察西方的文明史，就會發現西方的哲人和科學家（如牛頓、開普勒等）都對上帝創造了一個有秩序的世界抱有真誠的信仰，為上帝而求證曾是西方偉大哲人獻身學術研究的動機，他們以自己的理性思惟推動了科學和社會文明的進步。中國儒家文化將超越人間秩序與一切價值的源頭統稱為「天」，西方文化將人的理性所不能達到的一切價值之源歸結為「上帝」。這說明這種一切價值之源的超越世界是文化體系的支點，它在人類文明中的位置是不可取代的。當現代科學以理性思惟的成果終於動搖了西方人的上帝信仰時，尼采驚呼「上帝死亡了」，中國的無神論傳統也早就對天神的主宰抱有懷疑，這說明「天」或「帝」的人格神信仰並不是人類理性思惟的極限。然而道家與道教文化中「道」的範疇卻是「先天地生」，「象帝之先」的，即道在天之前，並能生天生地，又在上帝之先，高於上帝。道不僅是一切人間秩序和價值觀念的超越的理想世界，而且是人類理性思惟延伸的極限及宗教的終極信仰，它同現代科學和哲學的研究成果遙相呼應，這在人類文明的發展中具有無與倫比的意義。道的學說使道家文化具有最高的超越性和最大的包容性，它不僅包容進中國諸子百家思想的精華，而且還可以融匯

進東西異質文化中各種最優秀的思想。可以斷言，道的學說體
現了人類文明的最高智慧，是中華民族最偉大的文化資源，也
必將成為世界文明相互交融的凝聚點。這個論斷將被現代科學
和哲學的發展和世界文明進步的事實所證明。

　　西方世界自工業革命以來逐漸形成一種信念，認為大自然
的資源是取之不盡、用之不竭的，人類可以在征服自然中獲得
經濟的無限增長和盡情的物質享受，而不須向大自然支付什
麼。他們認為發展科學技術以征服世界便意味著社會的進步，
這種高科技的進步是不可停止的。然而「科技萬能」的工具理
性固然改善了物質生活，但也同時帶來了生態危機、環境污
染、氣候異常等惡果。這種大自然的報復終於延伸到文化層
次，人成為科學技術產品的奴隸，生態環境的破壞帶來人們心
理上、生理上的多種社會病。因之西方社會許多有識之士越來
越重視道家文化的生態智慧，日益理解老、莊回歸自然的思
想。道家的智慧不僅可以糾正「科學主義」、「技術主義」的偏
頗，給人類生活帶來詩情畫意，而且道家的價值觀也可以成為
新科技發展的重要方向。老了的道家思想和西方哲人巴門尼德
斯的「存在不能從非存在產生」的思想相反，主張宇宙萬物生
於有，有生於無。西方科學已從過去只研究「存在」，不研究
「生成」和「演變」的根深蒂固的「構成論」舊觀念，向「宇宙
萬物都是生成的」這種現代「生成論」的新科學觀念轉變，而
「生成論」恰恰是道家思想的核心。道家思想不僅可以革新西方
科學自古希臘原子論復活以來「構成論」的思惟方式，而且在
科學方法論上也會導致以分析為主的還原論方法向有機整體論
方法的變革。從現代科學發展的大趨勢看，生命科學必將成為
新的科學革命中心，而生命現象是具有自組織能力的有機體，
它是不適宜用拆成小零件的還原論分析方法來研究的。道教內
丹學是中國道家學者數千年來苦苦探究宇宙自然法則和人體生

命科學的智慧結晶，又是一項為探索生命奧秘，開發心靈潛能而修煉的人體系統工程。認識心靈始終是人類科學研究的目標，而內丹學正是指向這一目標的。內丹學的研究是打開人體生命科學的鑰匙，內丹之秘的揭示必將給現代心身醫學、生理心理學、腦科學帶來突破性的進展。

道教發展到隋唐時期，由於受佛教禪宗佛性論的影響，一些高道將道家的道論演化為道教的道性論，被後來的內丹學家所接受並加以完善。本來道教中等同於自然本性的泛神論的「道」，就足以和大乘佛教的佛性相媲美。先秦老莊的道家經典著作中包含有道性說的萌芽，如《老子》有「昔之得一者：天得一以清；地得一以寧；神得一以靈；穀得一以生；侯王得一以為天下王。」（三十九章）之論，《莊子・知北遊》亦言道「無所不在」，甚至「在螻蟻」，「在稊稗」，「在瓦甓」，「在屎溺」。《西升經》云：「道非獨在我，萬物皆有之」，由此在道教中傳出「一切有形，皆含道性」的命題。《本際經》云：「法性即是道性」。《道教義樞・道性義》：「道性者，理存真極，義實圓通。雖復冥寂一源，而復備周萬物。」道教經典多論道性與眾生性本來一致，清淨空虛，並無對待和差別，非有非無，修心掃除蔽障，即復現道性。道教的道性論為道教演化為佛教那樣的世界宗教打下了潛在的理論基礎。內丹學家則更進一步，將道性理解為人心中一點靈明，要通過內丹人體修煉工程才能將人們迷失的道性恢復過來。內丹家繼承了一切有生皆含道性之說，但將範圍從生命界收縮為萬物之靈的人，使之作為人人皆可修煉成仙的理論基礎。這樣，道性論在道教中從一切有形的萬物之性，到一切有生的生命界之性，再到萬物之靈的人，成為內丹修煉學說的支柱之一。雖然道教神話中不乏萬物有靈的思想，內丹著作中也有動物、植物修煉成仙的傳說，但內丹學畢竟是人體生命的系統工程，所以應當以人作為

主體。

二、神靈與仙人

　　道教的根本信仰是對「道」的信仰，因之道教的神性論也是對道性論的神化。根據「一切有形皆含道性」的命題，道教中出現了一批天、地、日、月、星、山、河等自然崇拜的神靈。進而根據「一切有生皆含道性」之說，道教中又有一大批花、樹、龍、蛇、狐、龜、鶴等動植物中的神靈和仙真。在道教中，神靈和仙真有所不同，神靈為宗教中的信仰和崇拜偶像，仙真則是修煉而達到道的境界的生命體。內丹系統工程是由人修煉成仙的基本程序，因之修習內丹有成的人即是仙人，鍾離權、呂洞賓、張三豐等內丹學家皆名列仙班。

　　道教的神靈譜系十分龐雜，它同中華民族形成、發展的歷史和國情、民情息息相關。其中有原始社會先民自然崇拜、圖騰崇拜、女性崇拜、生殖崇拜、祖先靈魂崇拜等原始宗教遺存；有周代敬天崇祖的禮教傳統的延續；有由萬物有靈論而造出的各種保護神和職能神；有按國家政權的形式而設的監督人間善惡、司過、司命和陰司的管理神；有民間信仰和祭祀的偶像及妖神等。三清尊神為道教最高神，包括玉清元始天尊，上清太上大道君（靈寶天尊），太清太上老君（道德天尊）。還有僅次於三清的四御天帝，包括玉皇大帝、北極大帝、勾陳上宮天皇上帝、后土皇地祇。有星君、斗姆，五岳尊神和河海之神，其中包括七曜、五斗、四靈、二十八宿等。另有獨具特色的人體各器官之神，稱作身神，如腦神、眼神和五臟六腑之神。民間俗神包括城隍神、土地神、灶神、門神、雷公、雨師、瘟神、福神、財神及狐仙、黃仙、青蛙神、蛇王、五通神等妖神。主管陰司的酆都大帝、十殿閻君、鬼判等也屬道教神靈。此外功臣烈士的廟宇祭祀傳有靈異，變為道教神靈，如關

羽、霍光、岳飛、張巡、包拯、范仲淹、秦叔寶、劉猛將軍
等；巫覡降神而造的蔣子文等；神話小說裡的齊天大聖、二郎
神等；還有模仿佛教造出的道神，如「四值功曹」、「五顯靈官」
等，名目繁多。其中著名神靈有關聖帝君、文昌帝君、真武大
帝等。道教中北有碧霞元君，南有天后媽祖，成為全國香火最
盛的女神。

　　道教的神靈譜系是逐步形成的，早在方仙道時期就對朝廷
和民間祭祀的神靈廣取博收，至後世更是將中國民間各道派祭
祀的神靈搜羅殆盡。嚴格說來，道教對自己搜羅來的龐雜神譜
還沒來得及細心整理，諸神靈之間的邏輯關係不夠嚴密，三清
四御及以下諸神的地位也序列不明，更沒完成從多神教向一神
教的轉化過程。三清四御中的神性以元始大尊、太上老君、玉
皇大帝最為顯明，由此可以剖析道教神靈的特徵。太上老君是
道教的教主神，同時又是道的化身。早期道教即奉老子為教
主，稱太上老君，是開創道教的教主神。葛洪雖承認老子「應
為教主」，但說老子有師「元君」，並造出一個開天闢地之神
「元始天王」。晉末《度人經》中將元始天尊推為至上神，被陶
弘景《真靈位業圖》排定神譜。唐代尊太上老君，有老子一
炁化三清之說，但沒動搖元始天尊為至上神的位置。中國自古
是一個大農業國，人們對天神的崇拜處於壓倒一切的位置，這
顯然是先民自然崇拜的延續。元始天尊的出現實際上是對古代
原始宗教中天神信仰的繼承，在道教中元始天尊同時又是道的
人格神。《道藏》中元始天尊所說的經開頭多為「道言」，可見
元始天尊即是道。早在南北朝時，太上老君即退居於元始天尊
之下，將元始天尊至上神的地位突顯出來。玉皇大帝雖在南北
朝時已出現，但地位並不高，至唐代漸升格，宋代朝廷誥封為
皇權政治投影在道教信仰世界中的帝王神，稱昊天金闕至尊玉
皇大帝。玉皇大帝的出現是儒家「神道設教」的統治術在道教

中的反映,是封建皇帝為維護現實社會的家長制宗法統治秩序加給道教的。玉皇大帝的形象是中國封建君權的神化,是禮教權威在信仰世界裡的延伸。此後,道觀內設玉皇閣供奉玉皇大帝,世俗上視它為最高神,但在道教神譜中玉皇仍居三清之下,然而玉皇大帝的主神地位加強了道教輔佐禮教的社會教化功能。這樣,遍佈全國的城隍、土地神對應著無孔不入的官僚機構;陽世間的衙門、監獄對應著道教的十殿閻君或佛教的十八層地獄;天上的玉皇大帝對應著地上的皇帝,而且在中國無論天上地下、陰間陽世都要以禮教的倫理綱常作為神聖的教典。這種由皇帝管理有形世界,玉帝管理無形世界的家長制政權模式是中國宗法社會特有的宗教觀念。這種觀念是儒家禮教的核心,它不僅侵襲到道教中,在中國佛教中也有反映。

　　道教中的神靈多屬虛構的偶像,而道教中的仙人卻是由人修煉得道的樣板。仙人也稱真人,是體道合真的人,即仙真。仙真的信仰實際上是道的信仰,這是道教中特有的一種信仰。道教寓道於術,生道合一,主張「我命在我不在天」,因之修道從養生入手,以掌握方術主宰個人命運,超脫生死界限為得道。因之,道士對長生的修煉,即是對仙真的追求,也是對道的信仰。隨著道教的倫理化,行善積德、持戒誦經也成為「道」的要求,並直接影響道士對長生的修煉,甚至出現善人被天神接引升仙的傳說。仙真的隊伍日趨龐大,其中有黃帝、廣成子、赤松子、王子喬、西王母、東王公等古代傳說中的仙人;有張道陵、葛仙公、魏華存、許真君、陳摶、北七真、南五祖等創教祖師;有左慈、鄭隱、魏伯陽、葛洪、孫思邈、王文卿、薩守堅、張三豐等高道或內丹家;還有張果老、漢鍾離、鐵拐李、韓湘子、呂洞賓、藍采和、曹國舅、何仙姑等神話人物及一些神龍見首不見尾的江湖高人。道教以西王母為女仙之宗,東王公為男仙之首,八仙為仙人的典型。道教既不同於禮

教的世間法，也不同於佛教的出世間法，它在世間法和出世間法的連接線上，是對中國現實社會缺陷的補充和人們世俗生活理想的延伸。這樣，道教的仙人世界和中國封建宗法社會的現實世界呈一種互補的關係。它使那些對世俗生活不滿足或感到壓抑的人，轉而向超現實的仙人世界尋求希望，在那裡使原來沒法抗拒的自然和社會等異己力量的壓迫得到超越和補償。

　　仙人完全超脫了自然力量的束縛，也不受社會力量的限制。他們「或竦身入雲，無翅而飛；或駕龍乘雲，上造天階；或化為鳥獸，遊浮青雲；或潛行江海，翱翔名山；或食元氣；或茹芝草；或出入人間而不識；或隱其身而莫之見。」（《神仙傳·彭祖傳》）仙人不僅可以在自然界任性遨遊，而且不受中國世俗社會家長專制政權的束縛，使最有權力的君主都奈何不得。《神仙傳》裡描述漢文帝去見仙人河上公，想用「普天之下，莫非王土，率土之濱，莫非王臣」的禮教倫理觀念迫使河上公低首稱臣，河上公聽後馬上升至半空，自稱「上不至天，中不累人，下不至地」，公然向專制君權挑戰，不肯做俯首貼耳的臣民，竟使漢文帝「下車稽首」向他求道。道是高於君權的，道教的仙人當然能超越君權，同時擺脫了禮教的束縛，又拋開了人世間互相傾軋的災禍和爭名奪利的煩惱。仙人的世界作為中國現實社會世俗世界的互補結構，這中間經過了一個宗教理想的美學變換。道教把人們在現實社會裡孜孜以求的欲望和生活理想投影到天上，以仙人的標準進行淨化和變換後，使這些理想和欲望都在仙人世界裡得到永久性的滿足。因之，仙人的生活實際上是以現實世界為基礎的，它不否定人們世俗社會的現實利益，也不以禁欲主義作宗教基石，而是把仙人的彼岸世界作為現實的此岸世界的宗教補償和人們生活欲望的虛幻延伸。仙人境界是中國數千年來知識份子在皇權重壓中產生的宗教理想，成仙以後可以得大解脫，逍遙自在，無比幸福，具

備足夠的宗教誘惑力。人生渴望自由，可以在仙人的精神解脫中得到滿足；人生渴望平等，可以在人人皆可成仙的原則中得到滿足；人生渴望健康長壽，成仙後可以長生久視，返老還童；人的食色大欲，則有成仙後的九芝之饌和玉女來侍；人生嚮往遊樂和免除災禍，成仙後則可遊於六合之外，無何有之鄉，聽鈞天之樂，並有役使鬼神的神通和法術。仙人可以「騎蜚廉而從敦圉，馳於方外，休乎宇內，燭十日而使風雨，臣雷公，役夸父，姜宓妃，妻織女。天地之間，何足以留其志？」（《淮南子‧俶真篇》）這真是「快活神仙」！

中國家長制的封建宗法社會大概是世界上最壓抑人性的社會制度，而中國土生土長的道教卻是世界上最肯定人欲的宗教，這種現象出現絕不是偶然的。一般說來，某種宗教能在一個國家的社會上廣泛傳播，必是因為它提供了這個社會最需要的東西，人們需要這些東西來填補自己的虛缺。道教的仙人世界填補了中國現實的缺陷，使求仙的人在心理上產生一種和諧的宗教美學效應，從而培養他們的宗教感情，並把仙人境界當作自己終生追求的目標。然而還必須看到，仙人的世界畢竟是超現實的彼岸世界，它不能簡單地直接承認人們的世俗願望，否則就和現實社會沒區別了。這個道理很明白，因為如果道教只一味地肯定人們的世俗欲望，則那些君主、官僚、權貴、豪富之人完全可以在世上恣情享樂，還何必苦苦求作神仙？因之道教首先對現實社會裡的世俗欲望加以否定，在否定中把人們的世俗欲望進行淨化和昇華，從而使之向現實的道教彼岸世界飛躍，在仙人的世界裡達到新的肯定。道教告訴人們，世間的榮華富貴、金錢美色、高官名利都是靠不住的，是通向仙人之路的障礙和負擔。世俗生活的快樂隱藏著災禍和煩惱，脫不開人生的苦難和老病而死的悲涼結局。人們只有拋棄世俗生活的榮華富貴和縱情恣欲的短暫快樂，使自己的心靈得到淨化和昇

華，向仙人境界飛躍，去享受永久幸福的神仙生活。這個心靈淨化、昇華和飛躍的過程，就是修仙體道的過程。只有經過一番苦苦修煉，實現個人生命同道的一體化，才能享受到仙人那種真正的快樂和幸福。道教中甚至還創造出一種地仙，得了地仙品位的人再在世間享受榮華富貴也不妨事了。因為地仙已修煉成超人的體質，在恣情享樂之後可以隨時解脫自己，不會像凡人那樣陷入災禍和悲劇。當然道教的仙人也並非只顧享樂，他們有在世間行善救人的義務，並履行道教的教義度人成仙。

道教的仙人世界本來是一種宗教理想的世界，但它距離人類的現實世界卻並不遙遠。中國原始社會的先民本來相信仙人的世界是真實存在的，神仙居住在人跡罕至的風景如畫的山林和海島上，並為後人留下許多有關仙人的美好傳說。春秋戰國時期的神仙家學派在通向仙人境界的路上繼續披荊斬棘地走著，他們創造了許多修仙方術、仙人傳說，使中國的仙學體系日趨完善。道教將修仙作為宗教的目標之後，歷代仙學大家輩出，他們非要在理想的宗教彼岸世界和現實世界之間鑿通一條隧道，使仙人境界成為現實社會人們通過修煉可以實現的目標。方仙道、黃老道及後世道教的道士歷來都把修仙看作是技術問題，而宋元以來的內丹學簡直是一項通往仙人之路的人體生命系統工程。現實社會的人們依照內丹法訣按程序修煉自己的元精、元氣、元神，從而超越現實社會和人生，最大限度地開發個體生命和心靈的潛能，從而達到道的高度，就是仙人境界。這種仙人境界至少在精神上是可以企及的，在肉體上也是有法可依，有術可煉的。修仙就是追求自身與道的一體化，與大自然的本性契合，修煉內丹有成的人便是體道合真的仙人。這樣，仙人境界就成了人生的最高藝術境界，是一種至真、至善、至美的最能體現人生命價值的真人境界。

中國歷史上的這條仙人之路，是歷代許多才智之士經過千

百年的努力才逐步走通的。先秦時，《莊子》便描述了一些真人「其寢不夢，其覺無憂，其食不甘，其息深深」（〈大宗師〉），以生死存亡為一體，「上與造物者遊，而下與外死生無始終者為友」，「獨與天地精神往來」，「澹然獨與神明居」（〈天下〉），提出了真人的藝術境界。魏晉時神仙道教形成，葛洪堅信神仙實有、仙人可學、長生能致、法術有效，認為修習方術獲得長生便是神仙。從魏晉人的遊仙詩中，可以看出他們已踏上求仙之路，但距離仙人境界還較遠。郭璞〈遊仙詩〉云：「採藥遊名山，將以救年頹。呼吸玉滋液，妙氣盈胸懷。登仙撫龍駟，迅駕乘奔雷。鱗裳逐電曜，雲蓋隨風回。」當時的仙人尚帶有神話色彩，修仙者也以採服長生藥為主。直到唐末五代內丹學成熟，道派漸和丹派合一，仙人境界重新向老莊的真人學說復歸，一些修煉有成的內丹家本身就成了活神仙。呂洞賓、陳摶、張伯端、王重陽等人以內丹功法開發出人體生命和心靈潛能，有了修道結丹的切身經驗，口氣就大為不同。例如張三豐的詩詞和白玉蟾的《快活歌》，自己得仙後的逍遙快活之情躍然紙上，仙人的境界成了他們的現實。呂洞賓詩云：「朝游北海暮蒼梧，袖裡青蛇膽氣粗。三醉岳陽人不識，朗然飛過洞庭湖」，儼然已達到古代仙人的理想境界。宋披雲真人〈迎仙客〉詞云：「水深清，山色好，天下是非全不到。竹窗幽，茅屋小，個中真樂莫向人間道。」「柳蔭邊，松影下，豎起脊梁諸緣罷。鎖心猿，擒意馬，明月清風只說長生話。」反映了他歸隱山林，修習內丹功法，心與道合，趨進仙人境界的情趣。清代內丹家劉一明在修煉有成時詩云：「自從識得本來人，住在塵寰要出塵；衣破鞋穿修大道，簞瓢陋巷樂天真。三千世界歸方寸，一顆牟尼運北辰；隱顯行藏人不識，胸中別有四時春。」詩中隱含著內丹的法訣和行功體驗，洋溢著仙家修煉的樂趣。看來，內丹學就是通向仙人境界的階梯，人們只要修成

了大丹，便成了駐世的仙人，也就達到了仙人的境界。

三、煉虛合道的仙人之路

內丹學是中華民族傳統文化的瑰寶，是數千年來神仙家汲取道、釋、儒、醫等傳統文化的精華，形成的一種融道家與道教的宇宙觀、人生哲學、人體觀、修持經驗為一體的理論體系和行為模式。內丹學是寓道於術的文化體系，它要把老子的道家哲學變為內丹家養生修煉的生命體驗。道教經書上有上千卷丹經，都是古代丹家為了同死亡作抗爭，以人體為實驗室，以精、氣、神為藥物，為揭開生命現象的本質和人類心靈奧秘而終生修煉的實驗記錄。歷史上內丹家在異族進犯中原之際，為了延續中華民族傳統文化的聖脈，將儒、釋、道三教精華融為一爐，當作道教的修持程序以口訣秘傳的方式保存下來，因之內丹學像集舞蹈、音樂、武術等為一體的傳統京劇藝術一樣，是一種特殊的文化現象。內丹學，是道教文化中最核心的學問，是由普通人向具有特異體質的超人邁進的仙人之路。金丹大道是參天地、同日月、契造化、返自然、還本我、修性命的天人合一之道，而今學術界已視之為千古絕學，真正洞察內情的學者寥若晨星。從現代科學和哲學的觀點分析，內丹學包括生命科學和生命哲學兩項內容，它們有機地組成內丹學的基本理論。我們要揭開內丹之秘，必須先從解讀內丹學的基本理論入手。

內丹學要追求一種具有絕對性和永恒性的生命狀態，並以長生久視、體道合真、形神俱妙為修煉目標。根據自然科學定律，世界上凡是產生出來的東西最終總會消亡，長生不死的人是難以存在的。然而中國古代的內丹家發現宇宙中存在一種絕對永恒的東西，就是「虛無」。天地可以崩壞，唯有「虛」不會崩壞，因為虛中無質，杳冥無形，實際上虛就是中國道家哲學

抽象出來的最高範疇—道。《唱道真言》云:「夫道之要,不過一虛。虛含萬象。世界有毀,惟虛不毀。《道經》曰『形神俱妙,與道合真』。道無他,虛而已矣。形神俱妙者,形神俱虛也。」虛是宇宙創生前空無境界,稱為太虛;又是心靈的意念未生前之無意識境界,稱作真空妙有的狀態。《管子‧心術》云:「天之道,虛其無形。」「虛而無形謂之道」。「虛者,萬物之始也」。《中和集》也說:「是知虛者,大道之體,天地之始,動靜自此出,陰陽自此立,萬物自此生」。丹家講「虛極靜篤」,「唯道集虛」,「學人之心,當如虛空,方可入道」,以「虛寂恒誠」作為修煉要訣。寂無靈明,真空妙有,不有不無,便是虛的境界,也是道的境界。內丹西派祖師李涵虛更認為「虛」字為儒、釋、道三教的真傳,有《煉虛歌》傳世。內丹學認為宇宙創生之前,是一片虛無。當宇宙創生之時,虛無之道先化生出元始先天一炁(太乙真氣、元始祖炁),這種先天一炁被認為是宇宙萬物運動的一片生機,也是生命運動的源泉,或者說是一種「宇宙精神」(天心)。因之,陰陽雙修和清淨孤修兩派丹法都以招攝先天一炁為目標。用現代的語言說,這種先天一炁是宇宙大爆炸之前的信息源,是時間和空間還沒展開之前的初始信息,是自然界最根本的內在節律。初始的宇宙中隱藏著秩序,存在著產生普適的宇宙節律的信息源。內丹各門派大致可分為男女陰陽雙修和清淨孤修兩大類型,但基本原理都以招攝先天一炁為要訣。這些丹家大致都把人的意識劃分為三個層次,即表層的常意識(日常的認知、思惟活動,屬於理性的心理範疇,丹家稱之為「識神」);深層的潛意識(非理性的童年記憶和欲望,屬佛洛伊德心理學的範疇,丹功中的幻覺和「真意」皆歸於這一層次,潛意識在丹功中可凝煉為「陰神」);最底層的元意識(遺傳的本能意識,接近於榮格心理學的「集體無意識」、「原型」、「自我」等概念,佛教稱為「阿

賴耶識」，丹家稱作「元神」，可招攝先天一炁凝煉為「陽神」）。[1] 所謂招攝先天一炁的功法，實際上是在「致虛極，守靜篤」的條件下採用師徒秘傳的同類陰陽交感技術將人體節律和宇宙的內在節律進行調諧，從而通過元意識的激發在量子層次上和自然界的本源相互作用，將這種殘留在宇宙中的初始信息招攝到體內，促使人的體質發生根本變化，將元意識（元神）人格化為「陽神」。這樣，內丹學就成了一套凝煉常意識（識神可凝煉為「意念力」作用於外界）；淨化潛意識（「真意」即淨化了的潛意識，在丹功中為誘導精氣和元神交合的「黃婆」）；開發元意識（識神退位則元神呈現）的心理程序。丹家把家神稱作「主人公」，是真正的「自我」，當識神退位呈一片虛靈狀態時（排除常意識進入無思惟的真空妙有境界），元神便呈現，從而認識真正的自我，因之內丹學又是一項開發自我，認識自我的生命科學。內丹家通過丹功修煉使自己的身心與混沌的宇宙融為一體，達到恍惚杳冥的先天初始狀態，才能同宇宙的自然本性契合，達到後天返先天的天人合一境界，稱之為體道合真。打個比方說，宇宙中的道就如同至真、至善、至美和全智、全能的上帝；上帝有一座電臺，如同是宇宙初始狀態的信息源，它向整個宇宙發射的電波就如同先天一炁。丹家的煉丹鼎器如同是架收音機，它利用調諧的技術使收音機的接收頻率和上帝電臺的發射頻率相一致，從而聽到上帝的聲音。清修派和雙修派丹家通過自體或彼體陰陽交感的調諧技術達到恍惚杳冥的渾沌狀態後，就使人體的收音機接受到上帝電臺發射的載有宇宙初始信息的電波，從而使自己和上帝感應，同宇宙的初始狀態契合，將先天一炁招攝到體內。內丹家聽到上帝的聲

---

1 胡孚琛，〈道教醫學和內丹學的人體觀察索〉，載《世界宗教研究》1993年第四期。

音，也就進入上帝那種至真、至善、至美、全智、全能的生命藝術境界，成為具有特異體質、開發出心靈潛能的仙人了。

人們知道，莊子學派的道家哲學認為人的生死是同晝夜交替一樣的自然規律，主張看破生死融身大化以順應物理之情。而道教哲學卻提出「我命在我不在天」的口號，主張以人工參贊天地之化育，相信丹可煉、金可作、仙可學、世可度。內丹家更是「貴逆不貴順」，要對熱力學第二定律提出挑戰，從逆的方向模擬宇宙反演的規律。內丹家早就觀察到世界上的動植物都有一個從生、到長、到壯、到老、到死亡腐朽的過程，也看到東西放置起來會由新變舊變壞的現象，從中省悟到熱力學第二定律的內容，認為死是順應自然規律的，生是悖逆自然規律的，稱為「順死逆生」。然而內丹家在人體修煉工程中將個人的生命變成和宇宙相互交通感應的開放系統，在招攝先天一炁的功法中從宇宙獲得負熵，從而阻止了人體的熵增趨勢，使自己的生命系統有序化，這就是丹經中描述的「返還」現象。本來「可用能」從質上退化為「束縛能」是由於發射「自由信息」的結果，愛因斯坦早已發現物質和能量轉化的秘密，而信息和能量也是可以轉化的[2]。信息和能量的關係式不僅可以給出能量從質上比較的標準，而且為揭示生命現象的內丹之秘提供了科學根據。陳致虛注《周易參同契》云：「太極之分，有先天，有後天。何謂先天？形而上者謂之道，以有入無也。何謂後天？形而下者謂之器，從無入有也。」在丹經中，所謂先天，是從宇宙本原的初始狀態看，那些無形的，自然本能的，功能性的，超越時空界限的東西。所謂後天，是指從現實世界的發展狀態看，那些有形的，人為的，實體性的，同熵增的自然規律相一致的東西。先天用「逆」，後天用「順」。陳致虛《參同契注》中又說：「世人惟順行後天之道，故一生一死而輪轉不

---

2 胡孚琛，〈信息論與熱力學結合的思考〉，載《大自然探索》1988年第三期。

息。聖人善逆用先天之道，故能致知格物正心修身乃長存而不泯。」「順行陰陽，生人生物；逆用陰陽，必成金丹，此原理也。」丹家有「順為人，逆為仙，只在其中顛倒顛」之說，因之我們將「順則生人，逆則成仙」的命題稱作內丹學原理。

《悟真篇》云：「道自虛無生一炁，便從一炁產陰陽。陰陽再合成三體，三體重生萬物張。」這顯然是老子道家的宇宙演化圖式，其中虛無寫作「○」，用一個圓圈表示宇宙創生前的渾沌狀態。人的生成也和宇宙創生的圖式相對應。按「順則生人，逆則成丹」的內丹學原理，人體的生成也要經過三變而成熟。其中父母兩性初交，進入恍恍惚惚的渾沌狀態，和宇宙的虛空狀態相感應。而後有一炁合成，生長出形體未具，神炁未判，性命尚未分立的胎兒，為人道的「第一變」。由心腎成形，神炁始分，到十月胎圓，嬰兒出離母腹而生，為人道的「第二變」。由初生嬰兒至十六歲少年，陽精成熟將洩，情欲始蔭，為人道的「第三變」。丹家以男性用八，男子二八一十六歲性成熟，八八六十四歲元氣耗盡；女性用七，女子二七一十四歲天癸至，七七四十九歲天癸絕，進入更年期。所謂順則生人生物，這是自然界新陳代謝的一般規律；所謂逆則修煉成仙，是通過丹家的煉丹程序阻止人體熵增效應，使人體沿著逆的方向返還到「第三變」，再由「第三變」返到「第二變」，繼由「第二變」返回「第一變」，最後返回虛無之位，丹功就煉成了。

內丹學除了生命哲學和生命科學的內容外，還有一些具體的操作技術，被稱作丹功法訣。內丹家的丹功法訣不落文字，僅以師徒秘傳的方式在內丹修煉程序中應用。內丹修煉的第一步程序叫築基，是為內丹仙術打基礎的道術。築基為內丹入手功夫，主要是補足人體生理機能的虧損，達到精滿、氣足、神旺的精、神、氣三全狀態。丹家以精、氣、神為維持人生命的三寶，又稱為煉丹的藥物。築基階段的精、氣、神尚未從後天

狀態返回先天，還屬於類似氣功師那種養生健身的水準。藥物、火候、鼎爐為內丹三大要件。丹家先煉後天精、氣、神以促生先天藥物，叫作借假修真。火候指煉丹時意念及呼吸運用的程度。急運稱武火，緩運稱文火，停住吹噓稱沐浴。鼎爐為丹家煉藥的地方，藥物起止之處為爐，升上之處為鼎。陰陽丹法以女子為鼎器，以天癸為藥物，以庚甲為火候。清修丹法以身體為鼎爐，以先天之精、氣、神為藥物，以意念運用為火候。陰陽丹法為模擬老樹嫁接嫩枝的功夫，稱栽接術。清淨丹法乃模擬恆溫動物（如熊）冬眠而來，稱活死人法；或返還胎兒先天狀態，稱胎息術。然而無論陰陽雙修或清淨孤修，都以「煉心」一著為貫徹始終的功夫，以「心息相依」為入手法門。丹家入手先要懲忿窒欲，使心高度入靜，心死神活，只有排除識神，虛靈的元神才能活潑潑地寂照不昧，才能由後天轉為先天，進入內丹仙術的程式。

丹功的第二步程序是煉精化炁，屬於小周天功法，稱為初關仙術。初關仙術分調藥、採藥、封固、煉藥、止火等步驟，約需一百天時間才能完成，故又稱百日關。煉精化炁階段陰陽雙修派和清靜孤修派丹法有很大不同，男子丹法和女子丹法在這一階段也有重大區別。一般說來，初關仙術是把精、氣、神三大基本要素煉化為炁和神兩種要素，炁為精和氣合一的代號，因之百日關是「三歸二」的階段。煉精化炁之功完成後，精氣凝合為炁，有馬陰藏相（龜縮不舉如童子）之景，真炁足而生機不動，為無漏之真人，達到地仙境界。丹功之小周天和氣功師的「小周天」、「大周天」有本質不同，稱為轉河車，以泥丸為鼎，以下丹田為爐，以元精為基礎，以氣為動力，以神為主宰，行取坎填離之功，完成三百妙周，便可修成「漏盡通」。初關仙術之關鍵步驟為「採藥」，各派皆有口訣秘傳，清修派於活子時採小藥，煉藥三百周天後促生大藥，便可進入中

關仙術。

丹功的第三步程序是煉炁化神，屬大周天功法，稱中關仙術。煉精化炁的小周天功夫完成後，便經過入圜（釋家稱坐關）的過渡階段，轉入煉炁化神的大周天功法。大周天功夫開始步驟為採大藥，需七日之功，乃真陽七日來復之意。大藥又稱丹母，採大藥階段有「大死七日」之景，人處於冬眠狀態，丹家主張「欲學生，先學死」，「若要人不死，須是死過人」，認為只有經過瀕死體驗的人才能抓住生命的本質，進入丹家的生命科學系統工程。大周天時人體的精氣全化為炁，只剩下神、炁兩個成分，在下丹田和中丹田之間運轉，不再循河車之路。中關仙術的目的是將神炁凝煉為一，神炁凝結之物稱為聖胎，又名嬰兒，屬於「二歸一」的階段。丹家於靜定中有「六根震動」之景，說明正子時已到，即可採大藥，而後先以神入炁，再以炁包神，神炁交媾產育聖胎。中關仙術實際上是進一步的煉藥功夫，以洗心滌慮、綿密寂照之功和入定之力，經過十月養胎之功使元神歸天大定，故中關仙術又稱十月關，這和母親十月懷胎產育嬰兒的程序相類似。煉?化神階段包括採大藥和養胎兩個步驟，中關仙術完成後丹家食睡全無、息停脈住，出現六通之驗，神全大定，達到神仙境界。

丹功的第四步程序是煉神還虛，為上關仙術。煉炁化神的中關仙術完成後，只剩下一寂照之元神，這時先要移爐換鼎，以遷法將元神遷至泥丸宮。移胎之後接下來是三年乳哺之功，使元神人格化為陽神，然後調神出殼，再行六年溫養之功，使出殼的陽神逐漸老成。陽神出殼之後，再加煉虛一段功夫，使法身（陽神）千變萬化，達到天仙境界，這套功法約需九年完成，故又稱九年關。最後一步撒手功夫是還虛合道，也稱虛空粉碎，丹家煉到聚則成形，散則為炁，不有不無，使陽神與太虛合一，這就是「一返○」的階段，方稱為還虛合道。內丹學

所謂「長生不死」、「萬劫不壞之軀」、「本來面目」、「形神俱
妙」、「體道合真」，無非是化歸虛無的意思。這樣，丹家根據
「逆則成仙」的返還原理，使人體沿逆的方向由衰老之體修補到
「第三變」的少年之體；再由「第三變」返到「第二變」的童真
之體，最後返回「第一變」的胎兒階段。丹家反演老子的道家
宇宙論為「三歸二」、「二歸一」、「一還○」，達到不生不滅的
虛無之道。煉神還虛，就是要煉得神不自神，形神兩忘，不見
有道法可修，不見有神仙可證，返歸虛無，才叫與道同體。內
丹學所謂「得道成仙」，只不過是虛無一個圈子。世人像在現實
社會求名、求利、求色、求權一樣追求長生成仙，這本身就和
內丹學的理論背道而馳。因之《唱道真言》說：「夫無上之
道，原無可道；無上之丹，原無所為丹；欲執象而求之，背道
遠矣！」

　　由此可見，道教的神仙之學和道家哲學在本質上是統一
的。道教外丹術是在煉丹爐中按道家的宇宙論模擬宇宙演化的
實驗，因之煉出的仙丹是一種固體化了的「道」，服了仙丹便成
為得道的真人。內丹學更是試圖將老子的道家學說變為丹家的
切身體驗，在人體中將道家的宇宙論作時間反演的實驗，並使
自己的精、氣、神向道復歸。內丹學的人體生命系統工程為道
教建築成一條仙人之路，而仙人就是達到道的境界的人。神仙
的絕對性和終極性對內丹學家來說不僅是理論上的宗教信仰問
題，而且是實踐上可操作的科學技術問題。內丹家在人體修煉
系統工程中證得老子的道家學說，便成了道教中得道的仙人。

基督教觀點

卓新平（中國社會科學院世界宗教研究所 研究員）

　　神性論在基督教中乃其信仰的核心問題，即信仰者對其信仰對象的理解、推測、把握和言述。由於信仰之人本身的存在和認知局限性，這種理解和言述因而是相對的、難臻最終完美之境。不過，人關於神性之論雖為「說不可說之神秘」，卻保持了其開放性和能動性，從而使人對神的認知及言述可以不斷發展、豐富和完善。這樣，有限之人關於神的理解展示了其思想認知勇於探索、勤於精進的無限過程，其囿於生存時空的這種相對言述也因其持守的超越之態而獲得絕對意義。

　　基督教所崇拜的「神」在天主教的漢語表述中被稱為「天主」，而在新教及其他教派中則被稱為「神」或「上帝」。神名表達上的不同並不影響到各派對神性本質的認知。這樣，我們在此採用「上帝」一詞來論述基督教的神性理解，以從其多元之中探窺見其信仰認識的基本統一。

一、「上帝」的性質

　　在基督教傳統中，上帝作為人之信仰對象，其本身被理解為持久不變的永恆存在，這種存在對於其信者有著終極性，並會塑造或影響其信者的生存方式。但這種恆久不變之終極性乃對上帝本身而言，其信者作為有限之人對上帝的認識和理解，則會出現發展、變化，從而構成基督教神學理論中神性觀的演進歷史。

　　基督教對「上帝」這一神名的表述，反映出其豐富的文化背景。其源自希伯來文化傳統的神性觀中多以「雅赫維」（Jahweh）和「厄羅音」（Elohim）為神名。其中常見的神名「雅赫維」亦譯「雅畏」或「雅威」，過去亦習稱為「耶和華」。

由於古代猶太人按其信仰習慣不能直呼神名，書寫時亦只寫其不發音的輔音JHWH，而以「阿特乃」（Adonai，意為「主」）代替其稱呼，故在歷史的流變中出現其神名輔音與「阿特乃」之詞的元音結合為一體的讀法和寫法「耶和華」（Jehovah）。這一奧秘在十九世紀中葉被歐洲學者所發現，其代表性論述見於格·艾瓦德《基督以前的以色列民族史》（1852）一書。但「耶和華」之名仍被一些基督徒所沿用，且在許多基督教文獻中經常出現。因此，源於這一傳統的神性觀在《聖經·舊約》中使用了「上帝」、「主」、「耶和華」、「耶和華上帝」、「主耶和華」、「萬軍之耶和華」等術語來表達神名。現代西文中的「上帝」有英文God、德文Gott和法文Dieu等表述，其中God和Gott從語源上來自日耳曼語族中的古哥特語guth，而Dieu則與拉丁語神名Deus相關。此外，古希臘人的神名theos（theoi）亦影響到基督教的神性觀，theos原意指希臘諸神神性的集中和抽象，基督教從這一古希臘哲學傳統而引申出其「神學」（Theology）之義。

　　按照基督教的理解，「上帝」乃自有永有的精神實體、體現出其絕對性和終極性，上帝的本性由此亦表現為無始無終、全知全能、全美全善、至聖至潔、至仁至愛、至公至義之特徵。這種神性可以從其自存性和關係性這兩個方面來概括：前者指上帝自身存在的本性，包括其純靈、無限和完全這三個層面；其「純靈」層面說明上帝為純精神實體，上帝的生活及其實有神格都反映出上帝的純精神本體性；其「無限」層面揭示上帝自有永有、獨一無二、永不改變之特性，人對上帝的認識故乃面對著「無限的視域」；而其「完全」層面則指出上帝的完滿完美，上帝乃真實無妄、至仁至愛、至聖至潔的本真之在。後者則為上帝關係外在的本性，包括上帝與時空、與萬有、與人靈的關係，這種關係反映出上帝的創造性和主宰性。

就其時空關係而言，上帝為時空的創造者，其本身則超越時空；從時間之類比來看，上帝無始無終、為永恒本體；從空間之類比來看，上帝充滿宇宙，無邊無際，為無限本體；就其與萬有的關係而言，上帝創造宇宙萬有並為萬有的主宰，這種關係體現出上帝既超越萬有、又內在於萬有，故有上帝「無所不在、無所不知、無所不能」之說；就其與人靈的關係而言，上帝直指人心，體現出神人之間的靈性溝通，上帝對人靈表現為一種信實可靠、憐憫仁愛和至公至義的精神關係。

對上帝本性的最基本理解，乃指明上帝為最高的精神體上帝的絕對性和終極性指其原初意義的自明、自在、自現和自持性。這種上帝本體之構成性乃非物質實體的，即沒有屬體而純為精神。《聖經》中將上帝稱為純靈無質的真神，強調「上帝是個靈」（約4：24），正是從精神意義上來把握上帝。物質與精神之別，是基督教中經常討論的議題。一般認為物質有分量、有廣延、顯形體，可對之加以無窮分割；而且，物質動而無靜、靜而無動。精神或靈性則無形無質、既無分量又不占面積，它不可分割卻無不相入；而且，精神則動而無動、靜而無靜，或曰靜能自動、動能自靜。精神可分為有限、相對精神和無限、絕對精神，前者指世人之靈和《聖經》中所言天使、邪鬼；而後者則為自有永有之上帝。羅光在論及天主教教義時曾指出，「凡是物質物，都有構成的部分。物質物越大，構成的部分越多。精神體則常是單純的，精神體越高，它的單純也越完全。最高的精神體，也就是最單純的實體。」「天主本性的萬有，融於他的本性而為一最高的精神體。」[1]上帝作為最高精神體真實存在卻不被世人所看見，〈歌羅西書〉曾稱耶穌基督為「那不能看見之上帝的像」（西1：15），《舊約》中的約伯亦談到上帝「從我旁邊經過，我卻不看見。他在我面前行走、我倒

---

1 羅光編著，《天主教教義》，香港：生命意義出版社，1991年，頁45。

不知覺。」（伯9：11）因此，基督教強調對上帝敬拜一不可用神像、二不可拘方所、三不可憑外禮，而須用心靈誠實敬拜。至於《聖經》所提到的上帝的形像，亦絕非物質存在意義上的形像，而乃象徵上帝所具有的真理、仁愛、聖潔和智慧。[2]根據這種理解，「從來沒有人看見上帝。」（約1：18）不過，上帝作為最高精神體雖不可見，卻能自顯。這種自顯即指上帝通過創世在萬物之中，通過道成肉身在基督之中，通過啟示在《聖經》之中而向世人顯現，從而使人得以認識上帝。

基督教所信奉的上帝具有「全在」（omnipresence）、「全知」（omniconscience）、「全能」（omnipotence）之義，這種理解包括了基督教神性論中存在論，認識論和意志論的種種內容。

從存在論來看，上帝之「在」乃無始無終、自有永有的。《聖經》中記載摩西問神名，上帝對摩西回答說：「我是自有永有的。」（出3：14）上帝作為自有永有的實體乃由自己而有的存在，這種「在」乃是一切存在得以存在的原因而自無外因，乃以「自有」（ens a se）、「自在」（ens subsistens）而為包含一切「有」和「在」的完全有、完全在之「絕對現實」（actus purus）。這種「在」從空間意義上作類比理解乃無所不在、充滿宇宙。《聖經‧舊約》中對此曾有如下表述：「耶和華說，我豈為近處的上帝呢，不也為遠處的上帝麼。……我豈不充滿天地麼。」（耶23：23-24）「耶和華如此說，天是我的座位，地是我的腳凳。」（賽66：1）《新約》亦言明「創造宇宙和其中萬物的上帝……是天地的主。」（徒17：24）上帝的「全在」從時間意義上作類比理解則無始無終、常有常存。上帝既在萬物之先、沒有開始點，又永存於萬物之後、沒有終止點。《舊約‧詩篇》在歌頌上帝恩典永久不易時曾如此讚美上帝說：

---

2 見丁良才，《經訓類纂》，香港：福音正主協會證道出版社，1988年，頁5。

「諸山未曾生出，地與世界你未曾造成，從亙古到永遠，你是上帝。」（詩90：2）「你起初立了地的根基，天也是你手所造的。天地都要滅沒，你卻要長存。天地都要如外衣漸漸舊了。你要將天地如內衣更換，天地就改變了。唯有你永不改變，你的年數沒有窮盡。」（詩102：25－27）《舊約》中還將這一常有常存、超越時空的上帝稱為「永在的上帝耶和華、創造地極的主」（賽40：28）。《新約》中亦稱其信奉的主上帝是「阿拉法」、「俄梅戛」，「是昔在今在以後永在的全能者。」（啟1：8；4：8）上帝作為不偏於一地、不滯於一時而具有超越時空意義的「全在」，按基督教的認知乃最真實的存在。既然一切在者都是真實的，那麼上帝作為一切在者之在、作為所有一切存在的統一性之所在則無疑是最真實、最根本的。對上帝的「全在」這種認知，在基督教思想發展上曾導致了探究上帝作為「在」之在的形而上學命題、以及詢問「在」之真實性和「在問題」之意義的存在主義神學理論。

　　從認識論來看，上帝乃「全知」之在。上帝作為最高的精神體乃是具有理智的本體，以其智識和理解，上帝則無所不知。對上帝「全知」的理解，關於上帝以其無窮智慧鑒察萬物、洞悉一切的論說在《聖經》中多有記載。如在《舊約》中，〈撒母耳記〉說「耶和華是大有智識的上帝」（撒上2：3）；〈歷代志〉稱「耶和華的眼目遍察全地」（代下16：9），〈約伯記〉將上帝視為「那知識全備者」，認為世人無法知曉其「奇妙的作為」（伯37：16）；〈詩篇〉讚美上帝無所不知的詩句說：「耶和華啊，你已經鑒察我、認識我。我坐下，我起來，你都曉得，你從遠處知道我的意念。我行路、我躺臥，你都細察，你也深知我一切所行的。耶和華啊，我舌頭上的話，你沒有一句不知道的。你在我前後環繞我，按手在我身上。這樣的知識奇妙、是我不能測的，至高、是我不能及的。」（詩

139：1－6）。〈箴言〉論及「耶和華的眼目無處不在，惡人善人、他都鑒察」（箴15：3）。此外，〈約伯記〉（5：9）、〈詩篇〉（147：5）和〈以賽亞書〉（40：28）也都談到上帝的「智慧」「無法測度」。在《新約》中，〈約翰福音〉記載耶穌的門徒稱其主「凡事都知道」（16：30）；彼得亦曾對耶穌說：「主啊，你是無所不知的」（21：17）；〈羅馬書〉在其結尾處提到「獨一全智的上帝」（16：27），〈哥林多前書〉論及「上帝奧秘的智慧」（2：7），〈約翰一書〉也指出「上帝比我們的心大，一切事沒有不知道的」（3：20）。上帝的「全知」涉及到上帝的「智慧」和「知識」。上帝作為精神乃「至全至純的實體」，這種非物質性存在按其本質而有「知」、有「智」。按阿奎那的理解，「非物質的實體，除自己的形相以外，能夠接納別的物體的形相。這種形相即是知識的觀點。」[3]上帝的「全知」既包括對其無限本體的自我認識，亦包括對時空事物的明察秋毫。這種神聖之「知」無所不包，對宇宙萬物盡收其內、人世行為洞若觀火。從宏觀宇宙的無限之大到微觀宇宙的無限之小、從時間的永恆之流到其稍縱即逝的瞬間，都在上帝「全知」的把握之中。而世人已行、未行之事，其意念和思想，苦難和歡樂、罪惡或德性，以及人世歷史已往之事、未來之事，都無法逃脫上帝之「知」的無限視域。因為時空之中過去、現在與未來的任何事情對於超越時空的上帝之「知」而言，都距離相等，不分先後，並無古往今來之區別。

　　從意志論來看，上帝的「全能」亦代表其有意志的存在。根據基督教的信仰，作為最高精神體的上帝既有理智、也有意志，其理智洞觀真善美與假惡醜的存在，其意志則揚真棄假、賞善罰惡、褒美貶醜。具有自由意志的上帝，在基督教的理解

---

3 托馬斯・阿奎那，《神學大全》，1a. P. 14. a. 2. 3.；轉引自羅光編著《天主教教義》，頁47。

中頗為重要。在《聖經》中,關於上帝「無所不能」亦多有記載。〈創世紀〉論及上帝將以色列先祖亞伯蘭易名為亞伯拉罕、並與之立約時所說,「我是全能的上帝」(17:1),以及應許撒拉老年仍將生子時所言「耶和華豈有難成的事。」(18:14)〈約伯記〉在談到約伯承認上帝萬能、人難仰望時亦記有「約伯回答耶和華說,我知道你萬事都能作」(42:1-2)之句。〈馬太福音〉曾引用耶穌的話說:「在人這是不能的,在上帝凡事都能。」(19:26)〈約翰福音〉則敘述了上帝以太初之道創造宇宙萬物的大能:「萬物是藉著他造的。凡被造的,沒有一樣不是藉著他造的。」(1:3)對於人的理解而言,上帝的全能則主要體現在上帝以其自由意志來創造宇宙、治理萬物和拯救人世這些方面。按照基督教的信仰表述,上帝在太初以自由意志創造了天地人世,並給人以自由意志,但人類始祖以這種意志自由而擇惡棄善、犯下原罪,為此上帝以其全能不僅對人的惡行加以懲罰,而且又派聖子耶穌基督和聖靈降臨人世,以拯救人類。上帝以無所不能而顯明上帝乃宇宙萬物的主宰,由此亦形成世人對上帝的敬畏之感和對上帝公義之舉的信賴。

在基督教思想傳統中,「全在、全知、全能」的上帝是統攝宇宙萬有及人類存在「至高無上」、「唯一」之神。由於上帝的「在」、「知」、「能」包羅萬象、內容豐富,人對神性的認識和理解亦有著其多樣性和複雜性。基督教神性論的發展因此而經歷了漫長的過程。《聖經》記載反映出基督教信仰中希伯來與古希臘思想文化傳統之結合,其展示的上帝既具有賞善罰惡、給人恩典和仁愛等人格神特徵,亦體現出超越萬有、永恒絕對等抽象神特徵。新約時代的神學家保羅體會到上帝的超然之在與人的現實存在乃有著不同的認知及價值尺度,指出「上帝奧秘的智慧」(林前2:7)要遠遠高於世俗智慧,所謂塵世智慧在上帝那兒只是一種「愚拙」,因而勸勉人要認識上帝,追求

上帝的能力和智慧。早期基督教思想家鑒於人的認識有限性而強調人對上帝的「信」要比「思」重要，這種見解對早期基督教神性論的發展有很大影響。例如，德爾圖良曾強調上帝非生、非造、無始、無終，代表著至高、永恒，認為人只需對神信仰而不必作進一步的思辨之探。亞歷山大的克雷芒亦承認上帝不可洞見、不可言述，世人論及神性時所用的「太一」、「至善」、「精神」、「存在自身」、「天父」、「創世主」或「上帝」等術語暴露出其識神上的「窘迫心態」，他深感人並不能確認上帝是什麼，而僅能辨別出上帝不是什麼。這一思路實際上開始了基督教神性觀上的「否定神學」或「神秘神學」之發展，即以間接論述的方法來討論上帝的本體和本性，在認識到有限之人對神性本真無法確知的前提下間接推論上帝的存在、理解上帝的本質。奧利金則提出上帝既乃一種超越精神與存在的絕對統一，亦為創造萬物之主。上帝以其超越性而超出人的觀察和認識範圍，但上帝作為造物主又無處不在、包羅萬象。

　　基督教的上帝論在奧古斯丁的神學體系中開始得到系統論述。奧古斯丁認為，上帝不變、永恒、創造、仁愛、全能、全善，上帝作為最終實在沒有形體，而是體現真理的最高「精神」。上帝給人認識真理的光照，帶來希望和幸福。因此，人類在其靈性即精神生活行為中，在思想、情感和意願中可以發揮永恒、不變、必然和絕對的真理。此即上帝存在的「精神證明法」。奧古斯丁亦承認對上帝的認識乃是「對不可知的認知」，故其證明乃典型的間接認識法和類比推導法。他指出，人可藉助於一切非完善事物而接觸到盡善盡美之物，藉助於有限、相對之物而觸及無限、絕對之物，藉助於人類自然存在而領悟神聖超然之在。在此，上帝作為完善者而為人所知，若無完善，則不完善現象失去類比。上帝乃一切真理、價值和基礎的原初真理、原初之善和原初基礎，是自存自在之真理。對這種認知

進路,奧古斯丁曾概括說:「我們必須盡可能如此來思考上帝:上帝為善,但沒有質的範疇;上帝為大,但沒有量的範圍;為造物主卻無需求,高於一切卻無空間,包攝萬物卻無狀態;無所不在、完整無缺而無居所,永恆而無時間;為變化之物的創造者,本身卻絕對不變。」[4]奧古斯丁以信仰為前提而運用了哲學理性的方法,如目的論、心理論、道德論等來證明上帝的存在,這種「在信仰中思想,在思想中信仰」的模式開啟了中世紀基督教思想家證明上帝本性和存在的思路。

安瑟倫繼承奧古斯丁信仰在先、思想隨後,信仰找尋、理智發現的方法而提出其「信仰以求理解」的名言。他曾提出有關證明上帝存在的宇宙論證明、目的論證明、本體論證明、倫理論證明和歷史論證明這五種方法,其中以在《獨白篇》和《論道篇》中提出的「本體論證明」最為著名。《獨白篇》中的證明是從「眾善」的存在而推論「善」之本體「最高之善」的存在,從自然事物的存在等級而推至「存在」本體「最高存在」本身的真實可信。其《論道篇》中提出的形式邏輯三段論式的證明則以上帝作為最大完美者必定包括其存在來論證上帝之在,這一證明因被其反對者視為「同語反覆」、「不證而明」而成為西方思想史上爭論至今的懸案。

總結安瑟倫之證明方法的經驗教訓,托馬斯·阿奎那運用亞里士多德關於「第一推動者」、「第一因」和「宇宙的究極目的」等說法而提出了從「有限」、「相對」存在到達「無限」、「絕對」上帝的「思路」,即被後人稱為「宇宙論」、「目的論」(或「設計論」)的上帝存在之五種證明:[5]第一是從宇宙之運動而推論出一個自己不受推動的推動者;第二是從因果關係而推出最初原因即「始因」;第三是從宇宙萬物的生滅、可能與必

---

4 奧古斯丁,《論三位一體》(De Trinitate),V.1, 2。
5 參見阿奎那,《神學大全》,1a. 9. 2. a. 3.

然而推論出作為一切有生者之源的自生者即最初的必然存在；第四是從美善程度之等級和比較關係而推出全美全善之絕對和最高級存在；第五是從宇宙的規律而推出其總的設計或創制者。阿奎那亦認為上帝是不能直接去認識的，對於神性的奧秘不必都去達到透徹的理解，從而突出了信仰的意義和作用。

人對神性只能達到相對認識，以及其認識亦顯出對神的「無知」這種見解在基督教神性論中形成深遠的影響。到中世紀的後期，庫薩的尼古拉在其《有學識的無知》中試圖用「絕對的無限」、「絕對的統一」、「絕對的極大」、「無限的創造力」、「存在與認識之源」等術語來解釋上帝，並承認靠人的理性認知並不能根本論述那本不可把握的上帝，因此只能靠那無法言述的信仰中之「心靈體驗」和「神秘仰望」。

基督教神性論在近代以來的發展中又增添了許多新的內容，其典型特點則是以「上帝存在的主體論證明」來補充近代之前關於上帝存在的「本體論」或「客體論」證明。例如，笛卡爾指出「上帝」乃是人確立世界意義的原則與尺規，因此主張從「人」的主體性出發來證明上帝的存在、理解「上帝的觀念」。康德更是以其批判哲學而提出從人的實踐、倫理上的價值意義來討論「上帝」、「永生」和「自由」問題，認為人不可能從唯理意義上認識到「自在」的上帝，卻可從道德意義上認識到「為我」的上帝，由此推出其道德神學原則。

笛卡爾與康德的神性觀影響到費希特、謝林等人的思想。費希特保留客體認知的思路而強調上帝為絕對原則和道德秩序，是至聖、至福、至能的本質存在，因而反對從「意識」或「人格」意義上談論上帝。但他認為上帝具有整體性和能動性，而不能將上帝理解為一成不變的存在或客體。基於這種辯證流動的觀念，他指出人對上帝的認識也是通過把握閃現上帝本質的那正在進行、流動不居的事件與行為。謝林則開始尋找一種

主客體認識的統一。他既堅持上帝乃絕對唯一的真實存在，為「絕對的真實」、「絕對的一切」，又承認上帝亦為「完全活生生的人格本質」，是處在「形成過程」中的上帝。他認為在對上帝的認識中，不僅可發現「永恒的存在」、亦可領悟「永恒的形成」。

黑格爾從主、客體認知的結合上肯定了歐洲思想傳統中關於上帝存在的各種唯理證明。他從「無限生命」、「絕對」、「真理」、「絕對概念」、「絕對觀念」、「絕對精神」、「絕對真實」、「絕對人格」和「永恒過程」這些理解上來論說神性。在他看來，上帝作為「無限生命」指上帝乃一切個體生命之源、萬物皆生活在上帝之中；上帝作為「絕對」涵蓋了主體與客體、思想與存在的絕對等同；進而言之，「絕對概念」指上帝乃總結一切創造性行為的概念本身，而非某個單一概念；「絕對觀念」指上帝代表著無限現象世界絕對而具體的觀念，上帝既為萬事萬物的實體，又是創造、運動的主體；「絕對精神」指上帝為包攝萬有、蘊含一切的至高精神；「絕對真實」指上帝為一切真實的真實性，體現真實存在的本質和精髓；「絕對人格」則指上帝代表著具有自我確定性的無限主體意義。此外，上帝作為「真理」乃指上帝是一切存在至高、終極且具體的真理，其真理性不僅在於主體認識，而且也在客觀事物本身；而上帝作為「永恒過程」則指上帝體現了無限與有限之間的運動，以及歷史發展的辯證關係和真正意義。

黑格爾的理論代表著近代基督教神性論的有機綜合，以及西方宗教哲學中神性認識之集大成者。在現代基督教神性理論的發展中，這些認知傳統得以繼承和延續。各派神學家關於神性的討論亦不離「自在」或「本體」的上帝與「救世」或「內在」的上帝之理解，注意上帝「超越」與「內在」、「存在」與「行為」之間的關係。以上帝的性質為核心，基督教的神性論涉

及到上帝的本體、上帝與世界及上帝與人等重大方面。

二、「三一」神論

「三一」神論即基督教「三位一體」（Trinity）的上帝觀，天主教亦稱其為「聖三」或「天主聖三」論。「三位一體」的上帝觀是基督教神性論的最根本特徵，也是人們理解基督教上帝觀的關鍵所在。基督教信仰以耶穌基督的降生、受難和復活來講述上帝對世人的拯救。因此，上帝與耶穌基督的關係在這種信仰理解中極為重要。為了講清這一關係，基督教發展出「三一」神論，即以「三位一體」來表述上帝本體的三種不同位格及其共在一體的關係。

在《聖經》中，沒有「三位一體」這個詞的專門表述，尤其在《舊約》中不見有三位一體的明顯文據。但這種神性教義的基本思想已暗含在《舊約》經文之中。至於在《新約》的記載中，則已有關於「三一」上帝的各種論述。《聖經》文獻的這些基本思想和文據記載，為此後基督教會明確提出「三位一體」的神性論提供了依據、打下了基礎。

「三位一體」的神論則是指聖父、聖子和聖靈（天主教稱「聖神」）乃三位而一體。《舊約》中雖沒有論及「三位一體」，但卻屢次提到聖父、聖子、聖靈，並論及父、子、靈的神性及其相互關係。例如，《舊約》論及上帝創造天地時提到「上帝的靈運行在水面上」（創1：2），「你發出你的靈，他們便受造」（詩104：30）；而在論及上帝對人世的主宰時提到先知乃「耶和華和他的靈差遣」（賽48：16）；上帝之靈無所不在，「我往那裡去躲避你的靈」（詩139：7）；在論及聖子時則提到「有一嬰孩為我們而生，有一子賜給我們，政權必擔在他們肩頭上，他名稱為奇妙、策士、全能的上帝、永在的父、和平的君」（賽9：6），這一聖子「誠然擔當我們的憂患、背負我們的痛苦，⋯

…為我們的過犯受害，為我們的罪孽壓傷，因他受的刑罰我們得平安，因他受的鞭傷我們得醫治。」（賽53：4－5）這些論述指出聖父、聖子和聖靈為神，但不是各自分開的三位神，而乃一位神，如〈出埃及紀〉強調除此一上帝之外「不可有別的神」（20：3），〈申命紀〉宣稱「耶和華我們上帝是獨一的主」（6：4），〈以賽亞書〉亦指明「耶和華以色列的君、以色列的救贖主萬軍之耶和華如此說，我是首先的、我是末後的，除我以外，再沒有真神」（44：6）。聖父、聖子、聖靈的神性唯一，三位乃是同永、同榮、同德、同權、同工、同等的一神之思想，在《舊約》經典中已經蘊含，並對《新約》中「三一」神性之彰顯昭示起著預表作用。

在《新約》中，聖父、聖子、聖靈的說法則極為普遍，對三位之間的關係亦有眾多的表述。除了《新約》經文對聖父、聖子、聖靈的各種區別論述之外，這三名同列的現象亦時常出現。例如：〈馬太福音〉最後一段論及耶穌差遣其門徒去普世宣道時所說：「天上地下所有的權柄，都賜給我了。所以你們要去，使萬民作我的門徒，奉父、子、聖靈的名給他們施洗。」（28：18－19）〈約翰福音〉談到耶穌應許賜保惠師（即聖靈）時所言：「我要求父、父就另外賜你們一位保惠師，叫他永遠與你們同在，就是真理的聖靈」（14：16－17）；〈哥林多前書〉在論屬靈的恩賜時有如下記載：「恩賜原有分別，聖靈卻是一位。職事也有分別，主卻是一位。功用也有分別，上帝卻是一位」（12：4－6）；〈哥林多後書〉最後一段的祝福亦為：「願主耶穌基督的恩惠、上帝的慈愛、聖靈的感動、常與你們眾人同在。」（13：14）此外，〈以弗所書〉（2：18）、〈希伯來書〉（9：14）和〈彼得前書〉（1：2）等《新約》章節都以不同方式而將聖父、聖子和聖靈三名同列、從而體現出基督教信仰的「三一」之神的寓意。

　　總結《聖經》中的見證，基督教神性論對「三一」之神中的聖父、聖子、聖靈各有分析和論述。一般認為，父、子、靈雖然三位同等，同為一神，但神之三種位格卻各有區別、彼此迥異。例如，聖父被理解為第一性的，是創造世界的造物主和差遣耶穌基督及聖靈降世救人的主宰者，有著神性本體本源之蘊涵。聖子指通過道成肉身而降臨人世救助人類的受差遣者和救世主；《新約‧使徒行傳》曾以彼得的理解而從四個層面論述了聖子耶穌與聖父上帝的關係：其一，耶穌指被上帝榮耀的「僕人」（3：13）；其二，耶穌乃受上帝的「差遣」（3：20）；其三，耶穌為與摩西地位相同的「先知」（3：22）；第四，耶穌是上帝的「兒子」（3：26）。而耶穌是上帝獨生的「兒子」這一意義在基督教會中得以加強和突出。聖靈則為與基督教會及其信徒同在的保惠師，聖父通過聖靈而使聖母瑪利亞受孕生下聖子、並通過聖靈而與基督徒及其教會同在；在此，聖靈乃上帝與基督教會及世人「同在者」的地位得以凸顯。在《新約‧羅馬書》中，有一段關於上帝、基督、聖靈之關係及其意義的最精練表述：「如果上帝的靈住在你們心裡，你們就不屬肉體，乃屬聖靈了。人若沒有基督的靈，就不是屬基督的。基督若在你們心裡，身體就因罪而死，心靈卻因義而活。然而叫耶穌從死裡復活者的靈，若住在你們心裡，那叫基督耶穌從死裡復活的，也必藉著住在你們心裡的聖靈，使你們必死的身體又活過來。」（8：9-11）這裡，「上帝的靈」、「聖靈」、「基督的靈」、「基督」，以及「叫耶穌從死裡復活的靈」這種表述意義相同、地位相等，可替換使用。根據基督教新教教會的基本理解，「聖子聖靈雖是同體，同榮，同權的，按著聖書說，也有區別。（一）父是第一，子是第二，聖靈是第三。（二）子是屬父的，聖靈是屬父和子的；父差子，父子差聖靈。（三）父藉著子行事，父子藉著聖靈行事。」[6]天主教會亦認為

「三位一體」表明了上帝本體內的三個關係：其一，「父對子的
關係＝主動的產生＝父的特殊面＝父＝（愛的給予）」；其二，
「子對父的關係＝被動的產生＝子的特殊面＝子＝（愛的接
受）」；其三，「聖神由於父子的關係＝被動的產生＝恩惠＝聖
神＝（愛的合一）」。[7]這種「三一」神論的認識在基督教各大教
派中並未達到真正的共識，因而被視為基督教教義中「最奧妙
的一項」。「三位一體」教義的發展，亦曾經歷了極為漫長和複
雜的歷史過程。

在基督教會歷史上，「三位一體」（trinitas）的術語最早由
德爾圖良所使用，而這一時期的伊里奈烏則被視為「三位一體」
神性論的思想先驅。在基督教神學理論初創時期，查斯丁、亞
歷山大的克雷芒、希坡律圖、奧利金、亞大納西等人都曾論及
「三位一體」的學說。伊里奈烏認為上帝是獨一的，是創造天地
萬物的主宰；聖子由聖父而獲生，故同為上帝，聖子乃上帝之
道，經童貞女瑪利亞而成了肉身。伊里奈烏將聖子、聖靈理解
為相互合作的上帝的話語和上帝的智慧，代表著上帝用以創造
人世萬物的雙手。他指出，聖子成為肉身、以受難、復活之經
歷而為人之表率與楷模，由此乃人類的救主。查斯丁等人亦將
聖父視為原初的、本源的、不變的、永恒的絕對實體，聖子則
為「邏各斯」，上帝通過「邏各斯」來創造世界，故聖子有著
「受生」和「自我展現」之象徵。查斯丁認為降臨在瑪利亞身上
的聖靈即上帝的道本身。聖靈則起著溝通神與人之間關係的作
用，聖靈使父及子在教會中永在。不過，查斯丁覺得聖父的位
格應高於聖子，以體現父子之別。希坡律圖則在其位格理解上
將聖父與上帝之道分為兩位，認為上帝之道雖然完全，仍需在

---

6 丁良才著，《經訓類纂》，頁11-12。
7 參見谷寒松、趙松喬合著，《天主論‧上帝觀》，台北：光啟出版社，1992年，
　頁372。

世上以肉身體現為神子和人子時，才具完全的聖子之意。在此，他對上帝之道與聖靈並沒有加以清楚區分。奧利金也承認聖父乃萬物之源，具有純然、超越和絕對的本性；「邏各斯」在永恒之中與天父同在，故同為世界的創造者；在這一層面上，聖父與聖子的關係則如蠟燭與燭光的關係。不過，「邏各斯」以其分離之「位格」（Hypostasis）而又為上帝與世界之間的中介，「邏各斯」的人格化即道成肉身所指耶穌基督，聖靈亦體現出「邏各斯」所蘊含的上帝本質。奧利金所用希臘文「位格」一詞的原義指「實體」，與亞里士多德哲學中的「本體」（ousia）之義頗為相關，其拉丁文的對應詞即「自體」（Substantia），指一種自立實體。奧利金用此「位格」之表述論說聖父乃第一位的神，聖子乃第二位的神，而聖靈則屬第三位；這種三位之分旨在弄清同一上帝所具有的三種存在形式或三種獨特屬性。

針對聖子和聖靈都次屬於聖父之說，奧古斯丁則強調其合一性，認為三位完全同等。為了講明「三一」上帝的內在關係，奧古斯丁曾撰有《論三位一體》一書。據傳奧古斯丁在構思此書時曾在海灘獨自漫步細想，遇到一個小孩用羹匙不斷取海水灌入其在沙灘所挖的小孔之中。奧古斯丁覺得奇怪故停下步來問小孩在幹什麼，小孩答曰要把海水全灌到此小孔中去。奧古斯丁聞此言而深有感觸，認為使自己的頭腦思考上帝三位一體的奧妙正如小孩要將海水舀入小孔的作為一樣。奧古斯丁在「三一」神論上的突破則是提出了「內在關係說」，即認為上帝的完美本質乃通過聖父、聖子、聖靈之間的內在關係而表現出來，正如愛者、被愛者與愛三者關係一樣。在這種關係中，聖父（太一）通過聖子（邏各斯）而展現並認識自己，聖子則靠聖父而使自己得以展現和認知，聖靈作為聖父聖子之間的愛而代表著太一與邏各斯之間的相互依存及相互之愛。此外，奧

古斯丁反對古代東方教會所主張的聖子、聖靈次屬於聖父、聖靈只是從父而非從子出來的理論，鮮明提出聖靈乃從父和子而來的說法。這一「和子」（filioque）說後經多次爭論而終於被西方教會所承認，並被列入《尼西亞信經》的重要部分而在西方教會流傳下來。

由於在三位一體論上的不同看法，早期教會中出現了「正統見解」與「異端」學說的爭議及區分，涉及到聖父、聖子、聖靈這三方面。在「聖父」理解上，教會正統觀點乃認為上帝一體三位，父、子、靈都具神性，三者同質（homoousios），但此時出現的「神性論異端」則要麼主張上帝乃一體一位，要麼反對聖子與聖父「同質」或有「同一實體」之說，前者被稱為「模態說」，後者則指阿里安派和半阿里安派。模態說亦稱一位一體論、聖父受難論或父苦說，代表人物包括帕克西亞和撒伯里烏等人；模態說認為上帝是一個，父、子、靈並非三個位格而是其三種形式或模態，就如太陽乃同時表現為光、熱、圓形這三態一樣；因此，基督本人就是聖父，是上帝自己成了肉身、遭受苦難並復活升天。阿里安派的代表阿里烏則將聖子置於聖父之下，貶低子的神性，認為聖父無始、創造萬有，聖子則有始、受造，在歷史中出現，因而不與聖父「同質」。這種觀點又被稱為「異質派」（Anomoians）。半阿里安派亦堅持聖子非與聖父同性同體的「同一實體」，但承認子乃與父「同質」的「相似實體」，此派故亦有「同質派」（Homoians）之名。在「聖子」理解上，教會正統觀點認為聖子有一體兩性，即神性和人性，與之相對立的「基督論異端」則包括二體二性說、一體一性說、一種意志說、嗣子說等。二體二性說以聶斯托利為代表，故稱聶斯托利派，他反對由於把聖子尊為神而亦將耶穌之母瑪利亞稱為「神的母親」，認為神不可能再有母親，因此主張基督的神、人二性相分，聖子包括二體二性，即神體和神性與

人體和人性的並列相存。一體一性說又稱一性論派，以優迪克為代表，他認為基督只有一體和一性，即神性，它像海洋吸收一滴奶水那樣同化了人性。一種意志說則改變了一性論派的觀點，指出意志的唯一性乃聖子的特徵，在聖子身上人的意志始終與神的意志一致，聖子雖有神、人兩性，卻只有一個意志和作用，即神的意志和作用。嗣子說以提阿多圖、薩姆薩塔的保羅等人為代表，認為聖子本來只是一個非凡的人，並無神性，後因領受約翰洗禮才被聖父認作嗣子，因此由瑪利亞所生的耶穌不能稱為上帝之子，而只可說是上帝的嗣子或義子。在「聖靈」理解上，教會正統觀點認為聖靈亦有神性，與聖父、聖子同體、同在。反對此說的「聖靈論異端」以馬其頓尼為代表，馬其頓尼派否認聖靈的神性，認為「聖靈不是上帝」，故被稱為「聖靈之敵派」。不過，在對聖靈的認識上，早期基督教會亦經歷了一段發展過程。在教會《使徒信經》和325年的《尼西亞信經》論及聖靈的條文中，僅提到「我信聖靈」一句而未加展開。381年在君士坦丁堡召開的第二次公會議上則譴責了馬其頓尼派，並給《尼西亞信經》關涉聖靈之處加上一些措辭，以陳述聖靈的神性：「我信聖靈，賜生命的主，從父出來，與父子同受敬拜，同受尊榮，他曾借眾先知說話。」[8]。在此期間，奧古斯丁在構建其「三位一體」學說中對聖靈的地位及作用講得更為清楚透徹。他指出，聖父非造、非創、非生；聖子僅出自聖父，受生而非造、非創；聖靈則從父和子出來。這一「和子」之說被西方教會所肯定、吸納，因而最終在589年西班牙托萊多會議上對《尼西亞君士坦丁堡信經》關於聖靈「從父出來」的那句話中加入了極為關鍵的「和子」字句，形成「從父和子出來」（Qui ex Patre Filique procedit）的正統信條。「和子」句對「三位一體」神性論的正統表述起過非常大的作用，但此

---

8 《尼西亞君士坦丁堡信經》，第八條，「三位一體論」。

說不為古代東方教會所接受，並成為此後東西教會大分裂的重要原因之一。

　　「三一」神論的奠立為基督教神性論充實了重要內容，尤其是「三位格」之說既避免了多神崇拜之嫌，又使基督教信奉的上帝具有其神性上的豐富。「位格」（persona）在古希臘文原義及其拉丁文含義中本指「面具」，由此引申出演員「在劇場上扮演的角色」及個體臨在之特色等涵義。同一上帝以三種「位格」顯現，由此則可說明上帝本性的三個重大方面或作用；上帝作為「父」說明上帝創造萬物、超越萬物，起著創造者的作用並有著絕對超越的意義；上帝作為「子」說明上帝對人世的仁愛和拯救，起著拯救者的作用並有著經世內在的意義；上帝作為「靈」則說明上帝對信者的恩惠和普世關切，起著與教會同在者的作用並有著關聯溝通的意義。

　　在歐洲中世紀教會發展上，阿奎那等人曾設法使「三一」神論得到進一步完善。他從純粹現實性來理解上帝的三個位格，同時特別強調聖子一位兩性的關係。在他看來，聖子作為「道」而為三位中的一位，但因其道成肉身又具有神性與人性這兩種性格，其神性使聖子與上帝一體、維護了上帝本性的統一，並使神性知識或聖言進入人性理智；其人性則使聖子獲得了人的理性知識和社會經驗，具有其歷史感和對世界的現實關切。這種理解將聖子視為溝通永恆與現實、上帝與人世的橋樑或中介。這樣，奧古斯丁所奠定的「本質的」或「內在的」三位一體論又擴展為「救世的」或「經世的」三位一體論。

　　「三一」神論在當代基督教中仍受人注重和研討。例如，巴特曾從啟示的意義上來解釋「三位一體」，認為啟示作為上帝之言只有從上帝自身出發才得以證實，而這一自我證實則已蘊藏在三位一體之中；就啟示而論，「上帝包含在啟示概念自身中的三重身份，即啟示者、被啟示者和啟示活動自身」[9]，此即

「三位一體」學說的基礎和根源。潘能伯格在論及「三位一體」
的意義時亦言：「上帝的統一性並不在任何意義上先於位格的
三重性。它僅僅生存於三個位格的共同性中；它之所以是有位
格的，乃是因為三個位格中的每一個都是唯一的上帝。這也適
用於諸位格相互之間的關係。即便是對神性的諸位格來說，唯
一的上帝也是表現在其他位格之中的。他們就是這樣相互頌揚
的；只有如此，上帝才是真正的無限者，既內在於世界又超越
世界。」[10]新福音派神學則試圖從對「關係」的理解上來重新解
釋「三一」神論，認為基於對上帝「質體」之認識的形而上
「內在三一論」需要以「自啟三一論」所具有的歷史視域來重新
審視和補充。新福音派由此發展出一種新的「三一神學」，即把
「關係」引入上帝本體，看到其多而一之關係；聖父差遣聖子、
聖靈，乃揭示出神的本質是「三位一體的關係」，而非抽象「形
而上之質體」。這一神學認為基督教「三位一體」教義是「關係」
的教義，即「從神的位格來看人的關係」。上帝的位格具有父、
子、靈的獨特個別性，以及相互之間的平等性、自我超越性、
相互構成性和共在群體性；若無三位格的關係，則無一體之
神。這種「融會契合」的關係乃與「上帝是愛」這一基督教信
仰的核心精神相吻合，由此可確定人在「愛」之精神指導下與
各方面的融洽關係，如人與上帝、人與自我、人與他人、人與
自然等的和諧共構之關係，人在這種關係中亦獲得其存在的基
礎。[11]此外，天主教在梵蒂岡第二屆大公會議後也對「三一」神
論重加表述，其最具代表性者即教皇保羅六世1968年6月30日

---

9 參見潘能伯格，〈上帝的主體性與三位一體〉，《道風‧漢語神學學刊》第六
    期，香港：卓越書樓，1997年，頁11。

10 參見潘能伯格，〈上帝的主體性與三位一體〉，《道風‧漢語神學學刊》第六
    期，香港：卓越書樓，1997年，頁29-30。

11 參見許志偉，〈從神的位格看人際關係〉，《今日華人教會》，1993年第二-四
    期。

在信德年閉幕典禮中所宣佈的《天主子民的信經》：「我們信天主在永恒生子；我們信子，天主的聖言，在永恒受生；我們信聖神，是發自父及子的永恒的愛，而非受造的一位。因此在彼此永恒而相同的天主三位中，充滿唯一天主的生命和真福，自有而非受造者所特有的尊敬與光榮。為此必須『在三位中欽崇唯一的天主，在天主唯一的性體中，欽崇天主的三位』。」[12]

三、神人關係

基督教「三一」神論在論述神之位格的內在關係和經世意義時，實際上已間接地觸及神人關係問題。上帝作為「聖父」既以造物主之態創造了世界，亦按照上帝自己的「形象」和「樣式」造出了人類。正因為有這層關係，世人才得以稱上帝為其「天父」。上帝作為「聖子」而道成肉身、降臨人世，成為人類的救贖者和賜福者，與人類有了更為直接和貼切的關係。基督教以耶穌基督作為神人之間的中介，耶穌既是「上帝之子」、又為「第二亞當」，故集神聖人格和人之聖傑於一身。聖子以這種雙重身份構成了神人合一的縮影和人之理想中的完美人格。在此，神人關係集中體現在耶穌所代表的「上帝之道」和「基督的十字架」這兩種寓意上。「上帝之道」象徵著天國與人間的關聯、上帝與世界的溝通。「上帝之道」在《舊約》中最初以「上帝的話」、「上帝的靈」、「上帝口中的氣」、「上帝的命令」等來表述，其希伯來文dabar一詞即指「話語」、「言語」、「事件」、「行動」之意。在此，「上帝的話」亦指先知所傳達的上帝對世人的啟示，故亦有「神啟」、「天啟」和神聖「智慧」的涵義。在《新約》中，「上帝之道」已專門用來表達「耶穌基督乃上帝之道成為肉身」這一救贖意義。這樣，耶穌宣講的種種教誨同為「上帝的道」，是耶穌帶給人世的上帝救世「福

---

12 引自谷寒松、趙松喬合著，《天主論‧上帝觀》，頁331。

音」。所以，〈約翰福音〉強調「太初有道，道與上帝同在，道就是上帝」（1：1），並指明「道成了肉身，住在我們中間，充充滿滿的有恩典有真理」（1：14）。耶穌作為道成肉身，標誌著「上帝之道」已成為世人親眼可見，親手可摸的「生命之道」。「基督的十字架」則以耶穌在十字架上受難犧牲來替世人贖罪而表現「第二亞當」，即指人的新生、獲救。聖子在此以一種自我犧牲的神聖之愛而象徵著上帝的盡善盡美及對人的眷顧、仁愛和恩寵。十字架形象地代表著神人之間的關係，其上端預示著上帝永恒、無限、超越、絕對、完善等終極意義，其下端則表現出人世歷史的相對、有限、短暫和欠缺。基督立於十字架上則意味著聖子以其永恒對歷史的昭示和其人性的完美無缺而使這本不可逾越的兩極相通，使上帝的無限恩典與人的終極關切達到相遇。這樣，「基督的十字架」象徵了神人相通、神人結合中上帝由上往下降臨、世人由下往上昇華這兩種不同方向之進路的疊合。上帝作為「聖靈」則使神聖力量和恩典在世上廣傳，使聖父、聖子與教會、信徒及其世界和鄰人永遠同在、永不分離。在此，「聖靈」為神人之間這種神聖共在之關係本身的象徵和體現。所以說，只有深刻體會這種神人關係，才可能對「三一」神論有較完整的理解和表達。

　　神人關係從上帝到人世的進路，一是表現為上帝對人及其生存世界的創造；二是表現在上帝塑造人性時所注入的神性，以及給予人自主選擇的自由意志；三是表現在上帝對人世萬物的管理和其賞善罰惡的公義之舉；四是表現在上帝道成肉身而對世人的寬恕、救渡和仁愛；五是表現在上帝應許未來將有的新天新地和新人而給人帶來的希望、期盼和信心。神人關係從世人到上帝的進路則遠為複雜和艱難，因為這是有限之人超越自我、走向神聖之舉，故此絕不可能一蹴而就。這一進路包括人對自我的認識、對神聖的認識，以及達到這種認識的正確方

法。對上帝的認知，人採用了理性推測和神秘領悟的兩大方法及這二者的結合，以求漸進和頓悟。而這種進路之所以可能，乃在於人的理智和精神中亦蘊藏有神性。如中世紀神秘主義思想家艾克哈特曾言，人神之所以能夠求通，其奧秘就在於人之靈魂所具有的神性；靈魂乃神性之眼，反映出神性本質，它作為神性的所屬部分而與上帝相似。所以，「在靈魂的根基中隱匿著上帝」，人由此而可超越神人之間的無限距離。近代思想家康德曾以「頭上的星空」、「心中的道德律」來比喻人對上帝的找尋。施萊馬赫也認為人求神之路是對無限意義的渴求、傾慕，表現為一種「絕對依賴的感情」。這種認知的複雜及其結局的難定，使帕斯卡爾提出其著名的「信仰之賭」，而克爾凱郭爾則乾脆提倡一種「信仰的跳躍」。在當代神學家中，蒂利希認為人對上帝的求索表現為人的「終極關切」，而拉納爾則指出此即人作為在者而對其之所以在或絕對在的「在之問」。

神人關係還包含著神人之間的神聖感應和契合。《舊約》中曾強調上帝與先知、祭司、族長等民族領袖的交感關係，以此促成世人建立敬奉上帝的宗教。《新約》更是認為人人均可與上帝交往、溝通。由此而論，基督教的神人感應關係有著人與上帝交通、人與聖靈交感、上帝自身感動人、聖靈在人心裡工作等內容，既表現出不同的路向，亦為雙向互動與回應。這種神人關係被當代神學家概括為一種「我」、「你」關係，也就是作為「人」的「我」與作為「神」的「永恆之你」所具有的關係。「我—你」關係表現了一種相關、相遇、對話、認同的關係，它超越了「我—它」關係所體現的疏遠、隔閡而給人一種貼近、親臨之感。「我—你」關係是一種「溝通」、「信任」及「契合」的關係，人在這種關係中對「神」的感覺不再是像奧托所描述的那樣令人仰視卻神秘莫測，而如奧古斯丁所體會的「幽邃沉潛」、「不違咫尺」，或如路德所言「神之可靠」與

「人之信賴」之間的有機對照和相互呼應。在此，上帝的神聖內在得以強調。作為「永恆之你」的上帝無時不在、無處不在、鑒臨一切、關照一切，在「我」身旁伴「我」漫步、遨遊，在「我」心坎與「我」細語、共思。正是在這種意義上，當代天主教學者瓜爾蒂尼才感到宗教的真正語言不是高深、玄妙地論證、推理，而乃盡情盡心地祈禱、傾吐。神人之間的這種「你-我」相交、對應的關係在《聖經》中有眾多的範式，如上帝與世人、天父與子民、救世主與蒙召者、基督與使徒、主與僕、師與徒、保惠師與屬靈者、牧人與羔羊、新郎與新娘等。但在這種感應中，作為上帝之「你」是作為人之「我」的「慈父」、「摯友」和「知音」，而「我」則表露了一種雖軟弱、謙卑、依賴，卻又渴求理解、幫助和救贖的心態。

結 語
宗教對話的果實
許志偉

自我的反省與認識

友誼最珍貴的地方在於朋友能夠反映自己的優與劣。同樣，真正的對話就如誠懇的朋友互相傾訴生命的經歷與故事，使人對自己的遭遇、處境、立場作出深刻的反思。對話是一面鏡子，使人發現自己、看清自己。換言之，在宗教對話的過程中，我們對自己信仰與立場的瞭解與隨著對對方的認識而加增。大多數其他對話的方式使人感到需要不斷替自己辯護，但敘事式的對話使人對自己的傳統作出反思；在對方的經歷與立場衝擊之下，意識到自己的立場與理解有否修正的必要。大衛·塞斯就說過，宗教間的對話往往包含一個宗教內部的對話。[1]舉例而言，塞斯博士在與猶太教宗教家的對話中，領會到猶太人在第二次世界大戰的沉痛經歷及他們對此經歷在神學上的嚴肅反思，使他反省到當代基督教神學過分強調上帝的慈愛與憐憫，而忽略了上帝公義和憤怒的一面。我們對他的對話經歷深切認同。

1995年秋，在一個醫療服務的課題上，我有機會到泰國交流訪問並與佛教人士作宗教對話。當中使我驚訝的是，泰國90%以上的愛滋絕症病發者，都因為種種社會及經濟因素不為正規醫院及醫生所接納和醫治。他們在病危之際，更為社會所唾棄，照顧與醫治他們的竟然幾乎全部是當地的佛教僧侶，容納他們的也是當地的佛堂寺廟。這交流經歷使我深深反省到基督教群體對基督的愛之社會性，在理解上的不完全，和在體現

---

1 參考大衛·塞斯（David Tracy）*Dialogue with the Other*, Grand Rapids, Michigan: Eerdmans Publishing Company, 1990.

上的不足。深化自我意識和對各自傳統本身的反思與修正，正是宗教對話所帶來的影響，當中包括拆毀與重建的代價，但也是對話的價值所在。這是宗教對話應有的第一種果實。我們相信我們編的這本小書已經收穫了這個美果。

「他者」的肯定與接受

在宗教與宗教間的對話中，學者常常提出一種說法，認為對話必須站在對方的觀點與立場去認識對方，並從而站在對方的立足點去接受對方。這種對話的態度與方式是誠懇可嘉的，而且在滿足對話的相互性和平等性的要求上也是必須的。但我們亦需指出這種宗教對話本身的局限性。因為嚴格來說，這個對話的態度與方式的具體效果充其量使人理解、諒解以至最終容納或容忍對方的觀點與立場而已。這情況彷彿某一方跑到另一方的立足點去理解對方，說一句：「果然信之有理，可以理解。」然後就停在這點上。事實上，我們還需要提問的是，當回到自己的信仰立足點然後再一次去理解對方時，我們所抱的又是一個什麼的立場呢？我們是否在說：「你的宗教對你而言是對的，但對我而言卻又不是同一回事了。」我們對這種對話的結果之最高期望充其量是容忍，而非真正地接受。若真正的接受是對話的最終目標，則互相認真地去嘗試肯定對方的宗教信仰之合法性及真理性是無可避免的。而這種肯定若真要達到接受的水準，而非僅是容忍，則雙方還是必須從自己的信仰立足點及神學理論框架去理解、思考、肯定、最終接納對方的立場與理念。換言之，從對方的立足點去理解對方是應有的態度和可達到的目標。但接受對方與否卻還是要跑回自己的立足點去考慮的。從這角度而言，在自己的神學框架中去理解對方的立場是最誠懇、最認真及最嚴肅的對話方法，也是向「他者」──對方表示最高的尊敬。但與此同時，對話也就在這個階段特

別呈現出對話的批判層面。對話者一方面對自己的宗教傳統的扭曲作出自我批判，深化前面所討論的自我反思及重建；另一方面又以自己的角度及框架為立足點向對方提出批判性的挑戰，但目的不在否定對方，而是在一種建設性的批判精神中肯定及接受對方。在這種情況下，宗教之間才能真正建立友誼式的對話，體現對話最基本的關係本質。

從關係的建立去瞭解宗教對話的本質，一方面強調自我反思、自我批判的精神，抗拒任何自以為超越權威的心態；另一方面，在不排除批判成分的運作下，這種對話強調如何去肯定一個有異於己的「他者」。因為任何關係都不能缺少了「我」與異於我的「他」，一個宗教對話的神學理論具體來說必須先建立一個「他者」的神學理論。[2] 在導言一節中，我們提到不少宗教理論表面上是肯定宗教文化的多元性，但它們的肯定往往都是希望達到一種統一的目標。換言之，這些理論認為宗教的多元不外是一種現象，背後其實是有一種共同的本質的。但這些理論卻忽略了一個後果，就是在把一種普遍性或通約性強加之於不同宗教去建立一種宗教大同之時，不同宗教的獨特性與個殊性亦同時被消滅了。在這種多元論中，種種不同的宗教之間的分歧無非是「小異」，宗教對話的目的是把世界不同的宗教與文化匯合為一條世界宗教的大河。

但在這種大同中，多元的面貌還能辨識嗎？「他者」與「我」還能區分嗎？所謂世界性的宗教豈不是把「他者」變為「我」的另一場把戲麼？嚴肅的宗教對話不會輕易將「多元」混淆為「統一」，因為堅持以關係為本質的宗教對話明白到「他者」與「我」在一個關係的建立與持續上有基礎性的意義。「他者」

---

2 法國學者雷文納斯（E. Levinas）正確地指出以希臘為中心的西方哲學的特徵是將「他者」變為「己」，將所有的「異」變為「同」，將「眾」變為「一」。不少文化、宗教對話的理論似乎都不自覺地流露了這種傾向。

的消失是關係的瓦解，亦是對話的終結。宗教對話當前迫切的任務不是去構想宗教不同（這也不是它的最終目的），而是尋求一個對話的進路與方法，以致在過程中「他者」及他的「他者性」不會被改變為「同」、「己」而消滅，而是被肯定與接受。換言之，宗教對話的目的不是「求大同、存小異」，而是如何在自己的神學、信仰框架內去理解、肯定，並嘗試接受「他者」的觀點、信念與立場。

世界上任何一個宗教都不能否定人類種種不同的宗教經歷。面對世界各宗教最大的挑戰是不盲目地否定其他宗教經歷的真實性，或將所有宗教通約為單元的世界性宗教；我們認為宗教對話最重要的任務，是如何在自己的神學框架內建立一個「他者」的神學。本書排列了四個在中國彼此非常不同（異）的宗教，我們期望可以藉此向每一宗教提出以下的問題——我的宗教有沒有足夠的神學資源去接受大異於我的「他者」？我的神學框架可否讓我在堅持自己的信仰立場與信念的同時，仍能肯定「他者」的合理性及合法性？肯定「他者」及維護他的「他者性」將是宗教對話最大的挑戰，也是我們期待的果實。

群體的建立

「他者」與「我」的身分與地位得到肯定與接受是建立關係的前提；關係的建立則代表群體建立的可能性。群體的建立是我們對宗教對話所期待的第三個果實。在導言中我們指出世界的全球化引發出兩個促使宗教間必須對話的理由：世界不同宗教再不能漠視其他宗教的經歷而孤立發展，以及需要共同面對和承擔地球村面對的種種災難性的困難。宗教對話的群體是達到這兩個目的的基礎。由於這兩個相當不同的目的，宗教群體的對話就有兩種內容：一是在宗教經歷與信念上交流、理解與互相肯定；二是對世界面臨的種種困難有一份共同的關懷和承擔，成為地球村內守望相助的鄰舍。而宗教對話的群體因而也

有兩個特徵：團結與自由。

團結的鄰舍：地球村的種種困難逼使我們有一個共同的目標。因為面臨一個共同的困難，人們明白到具有不同的文化、宗教與傳統的人彼此有一種唇亡齒寒的關係，迫切地需要有一種同舟共濟、並肩作戰的精神與態度。因為對話的焦點不僅是宗教的觀點與立場，而是以各宗教彼此共有的地球村為對象，宗教對話就不存在競爭或敵對的態度，而且由於地球村的成員需要面對共同的威脅，宗教對話就包含了一個強烈的團結性。而這種團結性也不可能是抽象的、僅僅在精神上的某種彼此認同，而是具體的牽涉到某種群體的建立。而在這對話的群體中，彼此願意以「我」與「他者」的立足點去反思、審視自己及其他人的處境與立場。在這對話的群體中，任何一方都不會持有一種優越的態度去對待「他者」，亦不存在任何壓力，使對話者必須在觀點上作出認同，以求達到一種統一或「不同」。在這對話的群體中，人們只需認同共有的人性及威脅人類的困難，並且明白到作為地球村的成員，彼此是同舟共濟的夥伴。對話者因而彼此尊重對方的信念，體會對方的經歷，互相關注對方的困惑與感受。這種「並肩作戰」的群體的建立是宗教對話一可期待的果實。

自由的群體：在上一節我們強調維護「他者」的重要性時，我們曾堅持不同宗教不具必然的共同性。但強調「他者」的獨特性與個殊性的同時，我們也不是堅持不同宗教具有必然的獨立性。不同的宗教至少有一個基本的作用是共通的，就是通過不同宗教符號（包括文字與行為的符號）去表達人類對終極實存的瞭解，及人類與這終極實存的關係。從作用而言，不同宗教都扮演同一的角色，它們都是終極實存一張張的符號性地圖，向人類解說人在宇宙的價值、目的與位置，並嘗試指引人類在這宇宙中存活的方向與路徑。不過，不同宗教的共通點

也到此為止。[3]

　　過去因為人類不同的種族散居世界各地，各自帶著不同的地域、歷史、社會、文化等等時空因素，故此不同地區的人採用了不同的宗教符號，畫成了不同的「地圖」，塑造了形式不同的敬虔生活，建構成種種不同的宗教理論。同時，每一個民族及其成員，在宗教取向上都極受限制。舉例而言，因著時空因素，幾乎全部生活在亞洲的中國人的宗教取向都屬於儒釋道的宗教系統，而非基督信仰；西歐民族則反之。這可說是宗教取向的「遺傳性」。

　　由於宗教對話的關係本質在不強調宗教之必然通約性或必然獨特性，進行宗教對話的群體因而能夠充分尊重「他者」與「我」的身分與價值；在這前提下，宗教對話便建立起另一種世界宗教群體。這群體是由眾多不同的故事及「敘事式」的對話聯繫著。這群體的特徵是提供一份空間，讓所有的對話者有一種完全的自由，將自己真實的故事傾心吐意地描述出來。這自由的空間使「我」能夠保存自己高度的本真性，無需為了討好對方或害怕對方而放棄或掩飾自己所堅持的信念，而是把自己看為真理的體會向「他者」剖白；這自由更包括一種完全的謙虛，好去聆聽「他者」的故事。換言之，這對話的空間讓真實的經歷在「我」與「他者」之間自由地交流。對話者有機會推到「他者」的處境去盡量經歷「他者」認為是真實的經歷與信念，[4] 而又回到自己的宗教框架去評估其可靠性及適切性，進而

---

3 希克用盲人摸象來比喻世界不同宗教的錯誤在於誇大了不同宗教的共通點。這比喻背後有兩項假設：一是彼此都是瞎子，二是大家都同在摸一頭象。比較精確的比喻應該是，不同的宗教是不同的盲人去尋找和談論大象。我們沒有理由假定所有的盲人都已經找到了象。這比喻還有一個好處：未尋獲大象的盲人故然可能對假的「象」有某些真的描述；而有些找到「象」的盲人對真的「象」卻有不少假的描述。這應是宗教界的現實情況。

4 宗教的可靠性是指在宗教以外，符合人一般的常識與經驗標準；適切性是指某宗教與某一地域的文化、言語、道德、標準體系銜接的可能及程度。

將「他者」所展現、從「我」自己立場又看為合理和可靠、適切真實的價值與信念，接受並融入自己的信仰系統之中。換言之，宗教對話建立一個具有自由空間的群體，大大降低了不同文化、地域生存的人在宗教取向的「遺傳性」，因而增加其「選擇性」。這是我們對宗教對話最終期望收穫的果實。

1997年11月7日

國家圖書館出版品預行編目資料

對話：儒釋道與基督教 / 何光滬，許志偉等
-初版.-臺北市：世界宗教博物館基金會出版：
農學總經銷，2003〔民92〕面；公分.
--(經典對話系列4)
ISBN 957-28692-4-8（平裝）
1.宗教 - 比較研究

218   92018559

經典對話系列　4

對話：儒釋道與基督教

發 行 人 / 釋了意
作　　者 / 何光滬、許志偉等
責任編輯 / 黃健群
執行編輯 / 蔡明伸
美術編輯 / 林世鵬
校　　對 / 詹弘達、蔡明伸
法律顧問 / 永然聯合法律事務所
出 版 者 / 財團法人世界宗教博物館發展基金會附設出版社
地　　址 / 234 台北縣永和市保生路2號21樓
電　　話 / (02)2232-1008
傳　　真 / (02)2232-1010
統一編號 / 78358877
網　　址 / books@ljm.org.tw
郵政劃撥帳戶 / 財團法人世界宗教博物館發展基金會附設出版社
郵政劃撥帳號 / 18871894
印　　刷 / 凱立國際資訊股份有限公司
電　　話 / (02)2776-1201
總 經 銷 / 農學股份有限公司
電　　話 / (02)2917-8022
版權所有・翻印必究
初版一刷 / 2003年12月
定　　價 / 320元　ISBN 957-28692-5-6（平裝）

本版授權譯自中國北京社會科學文獻出版社出版的中文簡體字
（文）版。

＊本書若有缺損，請寄回更換＊